U0870810

21世纪
我国城镇居民体育消费实证研究

赵江鸿 王孟盈 刘长江 刘志强 汪祝骏 吴阳倩 李明智 编著

西安交通大学出版社
XI'AN JIAOTONG UNIVERSITY PRESS

图书在版编目(CIP)数据

21世纪我国城镇居民体育消费实证研究/赵江鸿等编著. -- 西安：西安交通大学出版社，2025.5.
ISBN 978-7-5693-0894-5

Ⅰ. G80-052

中国国家版本馆CIP数据核字第20252LM727号

书　　名　21世纪我国城镇居民体育消费实证研究
21 SHIJI WOGUO CHENGZHEN JUMIN TIYU XIAOFEI SHIZHENG YANJIU
编　　著　赵江鸿　王孟盈　刘长江　刘志强　汪祝骏　吴阳倩　李明智
责任编辑　侯君英
责任校对　张　娟
封面设计　伍　胜

出版发行　西安交通大学出版社
（西安市兴庆南路1号　邮政编码710048）
网　　址　http://www.xjtupress.com
电　　话　(029)82668357　82667874(市场营销中心)
(029)82668315(总编办)
传　　真　(029)82668280
印　　刷　西安五星印刷有限公司

开　　本　700 mm×1000 mm　1/16　**印张**　13　**字数**　285千字
版次印次　2025年5月第1版　2025年5月第1次印刷
书　　号　ISBN 978-7-5693-0894-5
定　　价　79.80元

如发现印装质量问题，请与本社市场营销中心联系。
订购热线：(029)82665248　(029)82667874

版权所有　侵权必究

前　言

党的十九届六中全会强调实现高质量发展是我国经济社会发展历史、实践和理论的统一，是开启全面建设社会主义现代化国家新征程，是实现第二个百年奋斗目标的根本路径。近年来，随着我国社会经济的高速发展，体育产业作为现代服务业的重要组成部分，成为推动国民经济发展的重要力量。2019 年国务院办公厅印发的《体育强国建设纲要》中提出，到 2035 年，体育治理体系和治理能力实现现代化，体育产业将更大、更强、更活、更优，成为国民经济支柱性产业。体育消费作为大众在精神、健康层面消费的一种形式，是消费升级的必然产物，随着居民消费升级，体育消费将持续提质扩容，从而为相关产业带来巨大市场空间。

近年来，我国体育产业增加值提高迅速，产业规模迈上新台阶，发展前景十分广阔，但从体育产业内部结构来看，体育用品销售业及相关产品制造业所占比重过高，体育竞赛表演和体育健身休闲业规模还远未达到本体产业应有的核心地位，体育产业结构优化升级的任务依然艰巨。根据经济学理论，消费结构是经济结构的重要组成部分，消费需求是经济增长的动力和源泉，因此，必须从完善体育消费市场环境、优化居民体育消费结构入手，深入研究居民体育消费需求结构的特征、趋势及消费需求结构与产业结构优化升级的影响机制，以引导体育产业结构的优化升级，促进体育消费结构与产业结构之间的良性循环，保证体育产业的持续稳定发展。

本书是基于课题组成员 20 多年来围绕体育消费相关领域进行的理论与实证研究，汇集了多个基金项目的研究成果。

本书第一章为体育消费的理论研究，主要梳理了体育消费领域较为常见的一些概念并对体育消费行为决策的过程等问题进行了全面深入的探究。从第二章起，主要为实证研究部分，本书以消费心理学、消费行为学、消费升级理论、经济区域理论和体育产业结构优化等理论为研究基础，运用文献资料、问卷调查、数理统计、扩展线性支出模型和层次分析等研究方法，定性定量相结合，理论联系实际，就我国居民体育消费现状、体育消费的需要与动机、体育消费预期、体育消费结构及体育产业结构优化升级的影响机制等问题进行了深入的调查分析。

在整个调查研究过程中，我们得到了很多学者、老师和朋友的热心帮助，我们谨向所有支持和帮助过我们的组织和个人表示衷心的感谢！期望本书关于体育消费的研究能够对体育工作者和研究人员带来新的启迪和帮助，以促进我国体育产业健康有序、可持续发展。尽管在调查研究和本书的撰写过程中投入了大量的时间和精力，但难免在观点、理念和数据上出现瑕疵和纰漏，为此，诚恳地希望各位读者不吝批评指正！

编者

2023 年 11 月

目 录

第一章　体育消费基础理论研究

第一节　体育消费相关概念界定

一、体育消费

(一)消费的概念

较早开展消费研究的是在经济学领域，所有关于消费的定义，最早都来源于经济学。《证券投资大辞典》中对消费的定义是“人们用社会产品来满足自己需要从而使用和消耗产品的过程。广义的消费包括生产消费和个人消费。通常所说的消费是指狭义的个人消费。在社会生产总过程中，产品通过分配和交换而达到消费”。[①]《经济大辞典》中，对消费的定义是“社会再生产过程中生产要素和生产资料的消耗”。[②] 在《马克思恩格斯选集》中，将生产消费称为“与生产同一的消费”，将个人消费称为“原来意义上的消费”。将消费看作是集社会、经济、文化、心理等现象为一身的综合现象，认为消费除了个别方面外，并不属于经济学的范畴。这说明消费不仅仅是经济学问题，还应从其他学科视角来研究消费[③]。

(二)体育消费的概念

体育消费是现代人生活消费的一个重要组成部分。我国关于体育消费的研究最早开始于20世纪80年代末，对于体育消费的概念至今众说纷纭。学者钟天朗将体育消费定义为“人们在体育活动方面的个人消费支出”。并将体育消费分为广义的体育消费和狭义的体育消费。广义的体育消费包括一切和体育有直接或间接联系和关系的个人消费行为；而狭义的体育消费是指直接从事体育活动的个人消费行为，如买票观看体育比赛、体育表演，购买运动器材从事体育锻炼等[④]。张岩认为，各种消费品基本上都是以商品形式出现的，人们是通过支付货币来购买体育消费所需的消费资料而实现体育消费的，所以体育消费是用于体育消费支出的货币量[⑤]。鲍明晓认为体育消费是指人

---

①韩双林，马秀岩．证券投资大辞典[M]．哈尔滨：黑龙江人民出版社，1993.

②于光远．经济大辞典[M]．上海：上海辞书出版社，1992.

③马克思，恩格斯．马克思恩格斯选集[M]．北京：人民出版社，1972.

④钟天朗．我国体育消费发展趋势研究[J]．成都体育学院学报，1990(4)：15－18.

⑤张岩．略论体育消费[J]．成都体育学院学报，1993(04)：19－24.

们用货币购买体育效用的经济活动，即人们为满足多样化的体育需求，采用不同的方式消耗体育物质产品和服务产品的过程①。可以看出，我国学者对于体育消费的定义尚未达成一致，但是大多数学者同意体育消费的定义有广义和狭义之分。

体育消费是指人们参与体育活动和观赏运动竞赛而对体育资料的使用和消耗。它包括狭义的体育消费和广义的体育消费。狭义的体育消费即直接的体育消费，就是在参与体育活动和观赏运动竞赛过程中对体育服务产品及与体育消费直接有关的实物产品和精神产品的消费，如购买观看各种体育竞赛的门票、参加武术、健美、气功、瑜伽、健身操等学习班的学费和个人购置的简易运动器材、服装等费用。广义的体育消费不但包含直接体育消费，还包括间接的体育消费，即为参加体育活动或观赏运动竞赛而需要外出旅行所支付的交通费、住宿费及购买食品、饮料等方面的费用。

二、体育消费需要与消费需求

(一)消费需要的概念

需要是指人(包括个人、群体、阶级阶层、社会)为了维系自身的延续与发展，在与外部事物交互作用过程中所产生的欲望、要求。它一般可分为自然需要、社会需要、物质需要、精神需要②。柳思维、尹向东将消费需要定义为：具有客观性的消费欲望，是为了满足自己的生存、发展和享受的需要而产生的获得各种消费资料及服务的内在欲望或意愿。它是消费行为产生的原动力，是一切经济活动的出发点和归宿③。

(二)体育消费需要的概念

体育消费需要可以理解为当人们基本满足了生理和安全需要后，为了健康、娱乐、交往、尊重等需要，有机体对体育消费需求的一种必然反映，它是社会生产力发展到一定阶段的产物，是现代人们生活消费结构中不可或缺的组成部分。从体育消费需要的对象来看，可分为体育的物质性消费和精神性消费两大类。物质性消费的需要主要是指人们对各种实物性体育产品的需求(如运动服、运动鞋、健身器材等)。精神性消费的需要主要是指人们对观赏体育比赛、参与体育活动和培训、享受体育服务等方面的需求，以达到满足生理和精神上的需要。

(三)消费需求的概念

市场经济是需求导向型经济，英国著名经济学家马歇尔提出：“一切需要的最终调节者是消费者的需要。”④消费需求是人们为了满足物质和精神需要而对物质产品和服务的具有货币支付能力的欲望和购买能力的总和。

---

①鲍明晓．体育产业基本理论问题研究[J]．体育科研，2005(4)：22－29.

②卢之超．马克思主义大辞典[M]．北京：中国和平出版社，1993.

③柳思维，尹向东．消费经济学[M]．北京：高等教育出版社，2018.

④马歇尔．经济学原理上卷[M]．朱志泰，译．北京：商务印书馆，1981.

消费需求的作用体现在对产品生产的导向上，首先，生产目的是满足人们日益增长的物质文化需要的消费需求；其次，消费需求可以拉动经济增长，满足市场需求并有利于提高居民消费水平和质量，提高市场消费总量；再次，它有利于转变经济发展方式，消费需求不仅能引导消费的合理发展和投资方向，还能实现转变经济发展方式，进一步促进经济发展①。

(四)体育消费需求的概念

体育消费需求是人们为了满足物质和精神需要而对体育物质产品和体育服务的具有货币支付能力的欲望和购买能力的总和。体育消费需求可分为潜在体育消费需求和实际体育消费需求。潜在体育消费需求是指人们对体育消费品的强烈需求愿望，具体表现为消费者虽然对某种体育消费有需求愿望，但由于消费者自身购买力不足或理想商品短缺而没有转化成消费行为；实际体育消费需求是指消费者对体育消费品有消费欲望并且有能力支付的需求。潜在消费需求是消费的初始阶段，在体育消费行为中，大部分的需求都是由于潜在需求的存在而引起的，在具备一定消费实力的前提下，体育潜在消费需求则取决于主观的消费心理，包括体育的消费意识、观念、动机等方面。

三、体育消费动机

(一)消费动机的概念

动机是引导人们做出行为的过程。有学者将动机定义为目标导向引起的一种内在驱动，这种由内在驱动而产生的力量，在个体需要的基础上产生。消费动机是指消费者从事购买或消费的原因或动力。需要是动机产生的基础，没有需要就不会有动机。只有需要而没有满足需要的目标和诱因也难构成动机。因此，当外界出现能够满足需要的对象时，需要就进一步转化成行为的动机，并推动人们进行有目的的体育消费行为。也就是说只有需要指向一定的目标，而且客观环境也具备了达到目标的可能性时，才能形成消费动机。

用公式表示：消费动机＝需要＋目标＋实现目标的可能性。

(二)体育消费动机的概念

体育消费的动机是指推动体育消费者去从事体育消费活动，以满足对体育消费需要的意图、愿望、信念等，或者说是体育消费者针对特定的消费目标而发出的一种内驱力或冲动。

体育消费的动机首先来自人们对体育的需要，但由于人与人之间存在着明显的个体差异，其生理、心理状况不同，兴趣爱好不同，所处环境和经济条件不同。因此，

---

①尹世杰．消费与产业结构研究[M]．北京：经济科学出版社，2010.

人们对体育的需要也是多种多样的，需要的动机和消费内在行为方式也不尽相同。研究表明，在人们的多种体育需要中，发展身体、增强体质和提高健康水平是大多数人基本、主要的体育需要。除此之外，则集中表现在为适应社会和集体的需要和实现自我价值等个性化的需要，如娱乐消遣、调整情绪、人际交往、美容健美等①，同时这些需要也决定着人们的体育消费取向和动机行为方式。

四、体育消费行为

(一)消费行为的概念

《财经大辞典》②对于消费行为的解释是消费者的需求心理、购买动机、消费意愿等方面心理的与现实诸多表现的总和，其最主要的行为表现是购买行为，制约它的因素有以下几个：①需要。包括生理的、社会的和心理的需要。消费者的需要是购买的直接动因。②可支配收入水平和商品价格水平。一般来说，消费总额和可支配收入水平是向同一方向变化的。但就某一具体商品来说，可支配收入水平的提高并不一定意味着消费量的增加。例如，随着可支配收入水平的提高，对某些中、高档商品的购买和消费量会增加，而对低档商品的购买和消费量则会减少。商品价格对消费者的购买动机有直接影响。③商品本身的特征及商品的购买、保养和维修条件。如商品的性能、质量、外观、包装等，商店的位置、服务态度等购买条件及商品的保养和维修条件等都能在不同程度上诱发和影响消费者的购买行为。④社会环境的影响。消费者的需要尤其是社会、心理的需要，受这种影响而变化的可能性更大。

(二)体育消费行为的概念

体育消费行为是指体育消费者寻求、参与、评价等能够满足自己需要的体育活动的行为。行为科学认为"人的行为既是人的有机体对刺激的反应，又是有机体通过一连串的动作实现其预定目的的过程"。并强调从心理和社会两方面去理解人、诱导人和激励人。因此，将行为科学的理论运用于体育消费的研究有利于正确理解体育消费者的心理活动，正确诱导和激励人们对体育的需要，引发其体育消费的动机，达到健康消费的目的，体育消费行为是社会生产力发展到一定阶段的必然产物，是个人或家庭在满足了基本生理需要的消费之后而追求的又一个较高层次的消费行为，也是现代人类消费行为的重要一环。从体育的实际消费内容来看，可分为体育的物质性消费行为和精神性消费行为两大类。物质性消费行为主要是指人们为了满足体育活动的各种需要而购买各种实物性体育产品的消费过程(如购买运动服、健身器材等)；精神性消费行为主要是指人们为了满足生理和精神上的需求而进行的消费过程(如参与体育活动、观赏体育比赛、享受体育服务、参加体育培训等)。

---

①曹杰．行为科学[M]．北京：科学技术文献出版社，1987.

②何盛明．财经大辞典：上卷[M]．北京：中国财政经济出版社，1990.

五、体育消费心理预期

(一)消费心理预期的概念

随着我国市场经济的逐步建立，消费主体意识不断提高，作为消费者行为过程的一个重要环节——消费者心理预期，已引起有关部门和学者的高度关注，并就消费者心理预期的概念、性质等理论问题进行了有益的探索和研究。

刘厚平认为，个人心理预期：即个人对其所处的经济环境、经济发展未来走势、个人收支的心理估计及承受能力。杨大光认为，消费心理预期是指经济主体根据有关信息(这种信息不单指统计资料，而且也包括有关各种经济变量的因果关系的知识)对未来将会发生事件的判断。吴孝政、刘佳刚认为，心理预期是经济当事人当时对决策有关的未来经济变量所作出的估计或预测，是依据过去和现在的信息做出的。石文典、原献学、马进瑜认为，心理预期既是一种对未来的预测活动，又是一种包含情绪、情感成分和行为意向成分的心理活动，而预测仅仅只是一种对未来的认知活动。江林认为，消费预期是指消费者根据自己掌握的经济形势和经济变量等信息，对未来变化及自身利益的事进行预测、估计、判断和臆想，并受此制约参与商品交换、投资等经济活动的心理与行为现象。江世银认为，预期指经济当事人或经济行为人对经济变量在未来的变动方向和变动幅度的一种事前估计，他还认为在经济学上，预期有狭义与广义之分。狭义的预期是指人们对未来商品市场价格波动的预测；广义的预期是指包括投资者、消费者等经济行为主体在做出行动决策之前对未来经济形势或某一经济变量所做的估计、判断或预测。上述研究成果从不同视角分析了我国消费者心理预期概念的内涵和外延，充实了我国心理预期的理论体系，为深入研究消费者心理预期奠定了理论基础。然而，在上述概念的论述中，仍有值得商榷之处，如心理预期到底是一种能力、心理活动还是一种行为现象，尚未明确和统一，仍有待进一步探讨。

(二)体育消费心理预期

从以上我国学者就消费心理预期含义提出的个人见解来看，主要包括以下几个方面的内容：①消费行为实施者。②消费者实施消费行为决策前对未来经济活动的一种判断、预测或估计。③帮助消费者形成判断、预测的各种信息。④消费者心理预期是一种心理活动。因此，为了便于理解体育消费心理预期的含义，笔者将消费主体、企业家、经济当事人或经济行为人等消费行为实施者统称为消费者，并将体育消费心理预期定义为：消费者在实施体育消费行为决策前根据已掌握的与自身体育消费行为有关的经济形势和经济变量，对未来体育消费行为进行判断、预测或估计的心理活动。

六、体育消费结构

(一)消费结构的概念

消费结构既是反映居民消费倾向的重要指标，也是目标市场宏观经济的一个重要特征。学者尹世杰提出，消费结构是在一定社会的经济条件下，人们在消费过程中所消费的各种不同类型的消费资料和劳务的比例关系①。林白鹏指出，狭义的消费结构是指人们在消费过程中形成不同种类消费资料量的比例关系；广义的消费结构是指人们生活过程中各种要素之间按一定方式、一定顺序建立起来的相互关系的总和②。

消费结构是动态发展的，会随着社会经济发展水平、居民收入水平、物价水平、消费心理、消费环境等多种因素的改变而不断变化。经济较发达的地区，居民衣、食等基本生活必需品的消费支出在家庭总消费支出中所占比重较小，而娱乐、旅游、教育等发展享受类型的消费支出占比较大，经济欠发达地区则相反。因此研究消费结构的意义在于如何通过合理调整各种影响因素从而促进消费的升级。

消费结构可分为两种，即宏观消费结构和微观消费结构。宏观消费结构是指一个国家或地区总体的消费结构情况；微观消费结构是指家庭和个人的消费结构情况。

（二）体育消费结构的概念

学者钟天朗认为，体育消费结构是指在一定社会经济条件下，人们在体育消费过程中所消费的各种不同类型的体育消费资料（包括服务）的比例关系③。王乔君认为体育消费结构是指人们在体育消费过程中不同类型的体育消费资料的比例关系，即居民购买各种体育商品或体育服务的数量和比例④。刘志强等（2008）提出，体育消费结构是指在体育消费过程中所消费的各类消费资料包括实物性、劳务性和博弈性等在消费支出总额中所占的比例⑤。

（三）体育消费结构的分类

在最早的研究中，体育消费划分为实物型体育消费和劳务型体育消费。体育消费结构实际上就是研究这两类体育消费各自所占的比例关系，随着分类标准的细化，体育消费结构便以多样性作为评判优劣的尺度。一般认为，单一集中在实物型体育消费上的体育消费结构是初级状态，而高层次的体育消费结构表现为不同类型的体育消费比例均衡、多样发展。体育消费结构的层次能反映一个国家或地区的经济发展水平、社会文明程度、全民健身意识等状况。

王莉莉、杨妮超等在研究南京市大学生体育消费结构体系的构建时，将体育消费划分为实物型体育消费、观赏型体育消费和参与型体育消费⑥。赵江鸿、刘志强从性别

---

①尹世杰．消费与产业结构研究[M]．北京：经济科学出版社，2010.

②林白鹏．中国消费结构学[M]．北京：经济科学出版社，1987.

③钟天朗，徐琳．体育消费研究[M]．上海：复旦大学出版社，2013.

④王乔君，童莹娟．长三角城市居民体育消费结构研究[J]．体育科学，2013(10)：52－53.

⑤刘志强，赵江鸿．我国不同年龄段城市青少年体育消费结构比较研究[J]．西安体育学院学报，2008(1)：22.

⑥王莉莉，杨妮超，丁晟春．南京市大学生体育消费结构体系的构建研究[J]．体育科技，2017，38(06)：147－149.

差异出发研究陕西省不同性别居民休闲体育消费结构时将体育消费按照消费方式划分为实物性消费、参与性消费、观赏性消费和博弈性消费4种类型①。张瑛玮、王东等在论述体育消费结构多样性中指出，体育消费结构能够划分为不同的类型，而在其论文中根据体育消费资料的具体存在形式、物质形态将体育消费结构划分为体育实物消费、体育劳务消费和体育信息消费②。在文献的梳理中，并没有发现国外关于体育消费结构分类的研究，但在其他的研究侧重点上有一些与体育消费结构相关的理论成果。

通过对国内外体育消费结构相关研究文献的整理，发现国内学者对于体育消费结构的分类主要有三种观点：其一，按照消费方式划分为实物性、参与性、观赏性体育消费，随着体育消费的日趋发展，在此基础上有学者增加了博弈性体育消费的概念；其二，按照体育消费外在表现形态划分为实物性体育消费和服务性体育消费两种；其三，按照体育消费资料的具体存在形式、物质形态划分为体育实物消费、体育劳务消费和体育信息消费三种类型。

由于当代社会信息已经渗透到人们消费领域的各个方面，成为消费活动的重要内容，信息消费能够超越时空的限制，开拓新的消费领域和内容，信息消费的发展，不仅能够带动信息产业的发展，而且由于信息技术渗透到体育产业之中，使体育产业结构发生重大变化③。因此，将体育传媒信息消费作为独立的消费类型，对于研究体育消费结构的变化具有重要意义。笔者结合体育产业的行业分类和不同学者对体育消费结构研究成果的梳理，将体育消费细分为五大类，即实物型、参与型、观赏型、体育彩票和传媒信息消费，各类型又包含了若干细分项目的消费内容。

七、体育产业结构

（一）产业结构的概念

产业结构，也称国民经济的部门结构，是国民经济各产业部门之间及各产业部门内部的构成。根据三次产业分类法，产业结构可分为第一产业（农业）、第二产业（工业）和第三产业（除第一、第二产业以外的其他各业），因此产业结构实际就是研究第一产业、第二产业和第三产业在一个国家或地区经济结构中所构成的比例。为了满足经济发展的内在需求，产业结构需要不断优化升级，以实现经济与社会的进步发展。英国经济学家科林·克拉克（Colin Clark）提出普适性的变化规律，人均收入的提高使劳动力从以第一产业为主向第二产业转移继而向第三产业转移，进而导致产业结构的演变④。产业结构的升级是以产业结构合理化和高度化的统一为目标，合理化表现在产业

①赵江鸿，刘志强．陕西省不同性别居民休闲体育消费结构比较研究[J]．西安体育学院学报，2017，34(06)：694－697.

②张瑛玮，王东，李颖．辽宁省城市居民体育消费结构水平的研究[J]．辽宁体育科技，2008(06)：14－16.

③尹世杰．消费与产业结构研究[M]．北京：经济科学出版社，2010.

④Clark C. The Conditions of Economic Progress[M]. London：Macmillan，1957.

之间比例协调达到社会供给与需求的平稳，高度化意味产业结构从低水平向高技术、高集约和高加工度水平发展。

(二)体育产业结构的概念

卢嘉鑫、张社平认为，体育产业结构是指体育产业内部的构成以及内部各部门之间存在的相互联系、相互制约的比例关系①。黄晓灵认为，体育产业结构是指体育资源在体育部门之间配置的构成和相关性②。具体来讲，就是体育产业内部各子行业之间的数量比例关系和组合方式。根据体育产业的功能可以将其划分为三类：第一类是体育本体产业，即以体育自身特性有关的体育竞赛、体育健身的生产或服务部门，如体育竞赛表演产业、体育健身娱乐产业等；第二类是体育相关产业，它是以体育为重要手段和资源进行实体产品生产的部门，如体育用品、体育器材、体育服装等产业；第三类是体育延伸产业，它是体育产业与其他产业链交叉形成的无形产品的生产部门，如体育旅游业、体育彩票业、体育保险业等。体育产业是指为社会提供各种体育产品(货物和服务)和体育相关产品的生产活动的集合，包括体育管理活动、体育竞赛表演活动、体育健身休闲活动等 11 个大类③。

根据国家统计局《体育产业统计分类(2019)》文件将体育产业分为 11 个大类，如图 1-1 所示，本研究又将这 11 大类依据产业功能进行归类，如图 1-2 所示。

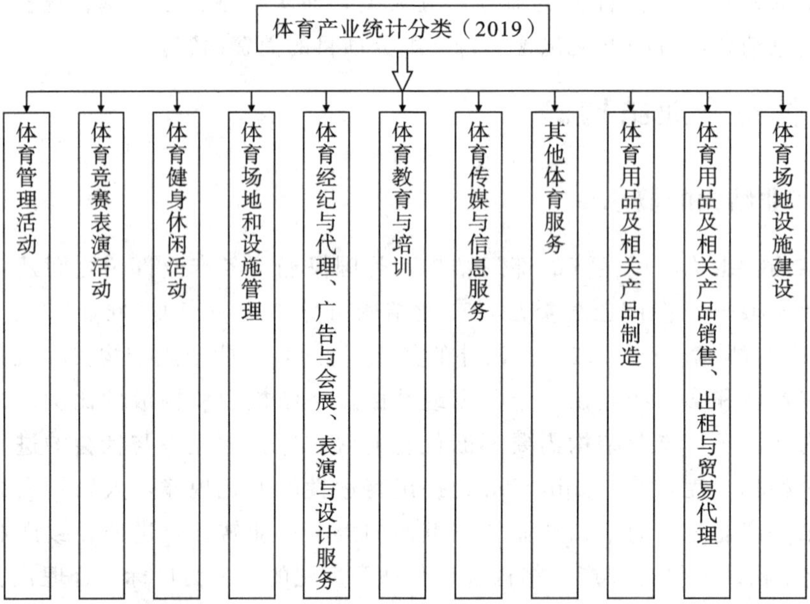

图 1-1　我国体育产业统计分类标准(2019)

---

①卢嘉鑫，张社平. 体育产业发展理论与政策[M]. 北京：北京大学出版社，2011.

②黄晓灵 . 体育经济学[M]. 重庆：西南师范大学出版社 . 2005.

③《体育产业统计分类(2019)》(国家统计局令第 26 号)[EB/OL]. 国家统计局 http://www.stats.gov.cn/tjgz/tzgb/201904/t20190409_1658556.html.

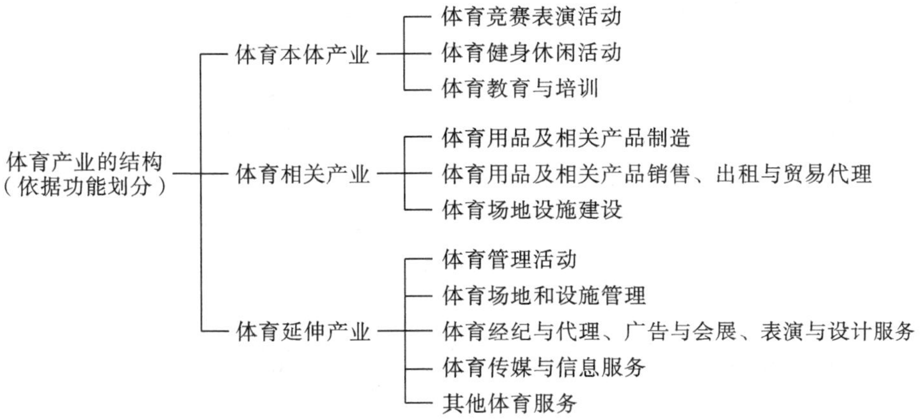

图 1－2 11 大类体育产业归类

第二节 体育消费行为决策过程研究

近年来，在《关于加快发展体育产业促进体育消费的若干意见》(以下简称《意见》)引导下，体育产业迎来了爆发式的增长。体育产业的增加值从 2014 年的 4041 亿元增至 2019 年的 11248 亿元，年均增长率达 22.7%①。体育消费作为体育产业的重要组成部分，是推动体育产业发展的关键。我国已经进入高质量发展新阶段，对体育消费和体育产业来说，这既是新的发展环境，也是更高的发展要求。为了在激烈的市场竞争中获得更大的社会效益和经济效益，体育组织者和相关企业必须进一步了解我国居民体育消费行为决策过程中各阶段的不同特点和规律，只有这样，才能从真正意义上适应“以市场为导向，以消费者为中心”的营销理念，正确制定管理、营销策略，使生产营销活动有的放矢；同时，还有助于消费者在消费过程中做到有目的、有计划、有理性地进行决策、消费，避免盲目冲动，造成浪费和后悔等消极影响。为此，本小节以消费行为学、体育经济学和体育社会学等理论为基础，采用了文献资料、社会调查等研究方法，就我国居民体育消费行为决策过程的一般规律进行了深入分析与研究，为政府有关部门和相关企业制定有效的营销策略，持续提高居民体育消费水平，加速体育产业发展提供理论依据。

研究结果发现，居民体育消费行为取决于消费者的决策过程。消费者决策是指“识别问题，寻找解决方案，对诸多选择进行评价，做出选择并对选择结果进行评价的过程”②，市场的核心在于供与需的关系，“供”属于生产者和营销者，而“需”源于消费者，消费者对某种物质或精神的需要，是通过消费行为来满足的，任何消费者的消费行为活

①任波，黄海燕．体育强国建设背景下我国体育产业现实问题与发展策略[J]．体育文化导刊，2022(4)：68－74，89.

②JohnC. Mowen，MichaelS. Minor．消费者行为学[M]．黄格非，束珏婷，译．北京：清华大学出版社，2003.

动都是建立在对商品及与商品有关方面的认识基础上的，具备足够的信息与认识，才能最后做出决策，并进一步付之于行动。尽管人们的消费行为千差万别，且会受各种主观、客观因素的影响，但总的来说，体育消费行为的最终实施将取决于消费者的决策过程。决策过程一般可分为注意、认识、决策执行和回顾评价四个阶段(如图1-3所示)。

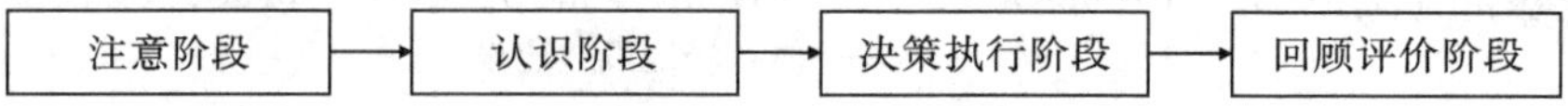

图1-3　消费者决策阶段

一、居民体育消费行为决策过程中的注意阶段

消费者对商品的注意，往往是由商品的形象、属性及传播媒介输送的各种信息引起的，是消费者相应的感觉器官的反应，它是消费者消费行为的第一步，如橱窗中陈列的运动服装、健身器材等商品，通过作用于消费者的视觉器官引起消费者的注意；各种广告、体育俱乐部、娱乐健身中心、体育比赛、体育培训等，通过电视、广播、报纸、杂志、各种在线媒体、自媒体直播等传播媒介，以引起消费者的注意，它具有选择功能和保持功能的特点。所谓选择功能即选择有意义的符合自身需要和与自身当前活动一致的各种影响，避开或抑制其他非本质的、附加的或与当前活动相对抗的影响；所谓保持功能，可以理解为能坚持把心理活动对象的内容在一段时间保持在头脑中，一直到活动的目的完全实现为止。同时，消费者对商品的注意，还可分为有意注意和无意注意两种。有意注意是指消费者从自己的需求或兴趣出发，在各种体育商品和有关信息中选择某些有关的商品或信息作为自己认识了解的对象，它是一种主动的、服从于一定目的要求的注意；而无意注意则是指消费者偶然地、不自觉地对某些体育商品信息产生的注意，这种无意注意到的事物，如果引起了消费者的兴趣，也会进一步发展为有意注意，进而激发其消费的欲望。总之，体育消费者的决策消费行为，首先是从对商品或有关信息的注意开始的，如果相关企业在从事体育经营活动的过程中，能够充分发挥消费者的注意功能，就能有效地刺激消费者的需求和消费欲望。

二、居民体育消费行为决策过程中的认识阶段

消费者对商品和有关信息的注意，仅仅是消费者实施消费行为的准备阶段，如果某商品或信息引起消费者的注意和兴趣，激起了消费者的消费欲望，消费者便会从注意阶段进一步发展到对某商品或信息进行深入了解、分析、比较、综合的全面认识阶段。整个认识过程主要通过消费者的感觉、知觉、记忆、思维等一系列心理活动来完成。

1. 感觉的种类

(1)根据刺激的来源不同可分为内部感觉和外部感觉。内部感觉是指来自消费者自身的一些刺激所产生的感觉，如需要感、饥饿感、疼痛感等；外部感觉指消费者由外界的刺激所引起的感觉，如商品、广告、环境等引起消费者的感觉。

(2)根据刺激作用的感觉器官不同，可分为听觉、视觉和味觉等。消费者对商品或有关信息、环境等所产生的这些感觉将会影响其整个消费行为过程，而直接或间接地促进消费者的消费行为。

2. 知觉的种类

(1)按知觉过程中的感官不同可分为：视知觉、听知觉、触知觉和味知觉等。

(2)按知觉对象的性质可分为：空间知觉、时间知觉和社会知觉等。

空间知觉包括形状知觉、大小知觉、深度知觉和方位知觉。运用消费者的空间知觉，生产者可以通过有针对性地设计体育商品的外观或体育广告的形式(如在特殊场合组织体育商品的现场表演、顾客体验活动等)，给人以良好的空间知觉，达到商品畅销的目的；时间知觉指消费者对事物运动过程的长短和先后的知觉，消费者主观的时间知觉往往受情绪的影响，当消费者在某种运动消费过程中玩得开心愉快时，就会觉得时间过得很快，所以，体育娱乐场所可针对顾客的这种心理，组织各种趣味性较强的体育活动，让顾客觉得很开心、难尽兴，玩了还想玩；社会知觉是指体育消费者对社会性刺激的知觉，如营销员，服务员，工作人员及家庭成员，亲朋好友的语言、表情、态度等的知觉。消费者总是对那些有问必答、不厌其烦、微笑服务的营销员、服务员和高质量服务产生良好的知觉，有利于更好地刺激消费者的消费欲望。因此，对管理者来说，培养较高素质的营销员、服务员和工作人员非常必要。

3. 消费者记忆的种类

(1)根据消费者进行记忆的自觉性与目的性可分为无意记忆和有意记忆。消费者在使用体育商品过程中往往没有刻意地要去记忆某商品或信息的特点、特征。但实际上在消费者头脑中总还是能保留有关商品或信息的一些表象，这些表象对消费者以后的消费行为起着指导作用，这属于无意记忆。反之，在进行实际消费之前，常常要搜集有关体育商品健身场所或某个赛事等方面的一些信息，这些信息对消费者来说是有意地加以记忆，即有意记忆，因为这些信息留给消费者的表象对其消费行为起着重要的参考作用。

(2)根据消费者对表象保持时间的长短可分为瞬时记忆、短时记忆和长时记忆。作为消费者总希望自己能对某些有关的商品或信息保持长久的记忆，以便缩短以后的决策过程。而对于生产者、经营者来说，更是希望自己的商品能永久地在消费者头脑中保持美好的形象和记忆。所以，在整个市场中记忆这一心理活动对消费者起着十分重要的作用，它是消费者由感性认识上升到理性认识的过渡环节，在现代体育市场中，广告对这一环节起着举足轻重的作用，而体育广告又是最薄弱的环节，应引起生产者和经营者的高度重视。

4. 消费者的思维与想象

一般情况下，消费者要想达到最终消费(即购买某体育商品、参与某健身活动或观赏某一赛事等行为，就必须经历理性认识阶段，理性认识是人们关于事物的本质全体以及内在联系的认识，是人脑对客观事物的间接概括的反映。消费者对商品或某些信息的理性认识主要通过思维和想象两种过程来实现的。

(1)思维过程。对于消费者来说，反映出来的是客观事物各种特性和规律之间的联系和相互关系，消费者不仅要通过自己的知觉和记忆来认识了解商品，还要通过分析、综合、比较、分类、抽象等一系列思维过程，更全面地认识有关商品或信息的属性。从而能从纷乱复杂的市场信息中找出自己所需要的商品或消费对象，使自己的消费决策更加合理，更加理智，更加科学。

(2)想象过程。想象是人脑在原表象的基础上形成新形象的心理过程。在体育消费活动中，想象发挥着独特的作用，如健身房和运动场的环境布局、舒适的灯光、悠扬的音乐、明朗爽畅的原野风景、服务人员的衣着形象及温馨而专业的优质服务等都会使消费者有一种心旷神怡、温馨浪漫之感；又如，在商品广告的设计上若能注意画面的色彩、动感、音乐解说词的效果，往往会令人浮想联翩，给人以无穷的想象。总之，在体育商品的生产与销售的各个环节上采取文字寓意、图案象征、色彩搭配等方法都可以为体育消费者提供想象的感知材料，使消费者产生丰富、美好的想象，从而促进其强烈的消费欲望。

三、居民体育消费行为的决策与执行阶段

决策意味着做出决定，体育消费者在对商品或消费对象有了一定的认识之后，实施消费行为之前，将会考虑究竟是否消费、如何消费等问题，只有把这些问题解决了，消费者才能做出决策并实施最后的消费行为。一般情况下，体育消费行为的决策需经过以下几个过程。

(1)确认体育消费的需要。体育消费的需要是指当人们基本满足了生理和安全需要的前提下，为了健康、娱乐、交往、尊重等需要，有机体对体育消费需求的一种必然反映。它是社会生产力发展到一定阶段的产物，是现代人们生活消费结构中不可缺少的部分，尽管不同性别、不同年龄、不同职业、不同文化层次的消费者其体育需要不尽相同。但确认体育消费的需要是任何体育消费者决策过程的起点，只有具备了对某种商品或事物的需要，才会产生消费动机，有了消费动机，还需要有明确的消费目标，只有这样才能进一步推动人们进行有目的的体育消费行为。

(2)搜集信息。即消费者对有关体育商品的质量、式样、价格、服务、地点等方面信息的搜集。通过搜集信息，可以使体育消费者的消费行为指向更加集中，标准更加明确，决策过程趋于简化而理性，避免盲目消费。

(3)评估选择。这是指体育消费者就有关消费对象的信息进行分析、比较、概括、推理等思维活动，最后做出选择和决策，这也是建立在第一、第二阶段基础上进行的高度概括。

当体育消费者做出最后决策之后，将进入消费行为的执行过程，即消费决策转化为实际的消费行为过程。正常情况下，体育消费者会根据决策购买或参与自己最喜爱的体育商品或运动。在特殊情况下(如受到别人意见的影响，或碰到新产品试销或活动场所环境的突然改变，服务人员态度不好或消费者本身情绪等)，消费者也可能会改变或终止原有的决策标准和消费行为。

四、居民体育消费后的回顾阶段

消费行为的回顾阶段即体育消费者通过自己的亲身实践和感受而对其消费对象的再认识过程，也是消费者对消费对象认识的延续和发展。

消费者买到健身器材或运动服装、看了一场球赛、打了一场保龄等之后常常会做出一定的自我检验，不仅要检验商品的质量，性能效果如何，还会检验是否从消费活动中得到了预期的满足，如果同实际效果之间进行比较，差距越大其不满意程度也越大，从而也会影响到消费者以后的消费决策和消费行为。因此，消费后的回顾阶段作为一种经验，将加深消费者对体育消费的认识，并将影响其下一次的消费决策和消费行为。

综上所述，通过对消费行为决策过程各个不同阶段的深入分析，揭示了体育消费行为过程的一般规律，使我们进一步了解到体育消费行为各阶段之间的关系是互相依赖、互相促进、相互影响的，它们彼此之间的结合将支配着体育消费的整个消费行为过程。因此，对生产者、营销者和管理者来说，进一步了解居民体育消费行为的一般规律，更有利于企业制订适宜的生产、营销方针和策略，有助于体育消费者在消费过程中做到有目的、有计划、有理性地进行消费决策，避免盲目冲动造成浪费和后悔等消极影响。

第三节　小　结

研究结果表明，体育消费行为的实施取决于消费者的决策过程。决策过程可分为注意阶段、认识阶段、决策与执行阶段和消费后的回顾四个阶段。注意阶段和认识阶段是决策执行阶段的基础，决策阶段决定着消费行为的实施，决策和回顾评价阶段将直接影响到体育消费者以后的消费行为。

体育消费者的需要是任何体育消费决策过程的起点，只有具备了对某种商品或事物的需要，才会产生消费动机，有了消费动机，还需要有明确的消费目标才能进一步推动人们进行有目的的体育消费行为。

建议有关部门加强对体育消费观念的宣传和引导，使广大的体育消费者能够遵循体育消费行为决策过程的一般规律，培养高素质体育营销人员、服务人员、工作人员和管理者，利用各阶段对消费心理和行为所产生的不同作用，强化体育消费的决策过程，有效提高体育消费水平。

第二章　我国城镇居民体育消费现状研究

第一节　我国城镇居民体育消费的现状分析

“十三五”期间，我国经济社会各领域取得了显著成就，中国经济开始进入高质量发展阶段。根据国家统计局统计显示，2021年我国人均GDP达到80976元，按年平均汇率折算达12551美元，超过世界人均GDP水平，接近高收入国家门槛①。根据国际经验显示，当人均GDP超过5000美元时，体育产业会呈“井喷”式发展，近年来体育产业增加值的增长速度高于同期GDP的增长速度，其在国民经济中的地位和作用显著提升。体育消费作为体育产业的重要组成部分，是其高质量发展的核心动力。同时，体育消费作为现代消费领域的新兴力量，在拉动消费增长过程中扮演着越来越重要的角色。随着我国经济快速发展，人们生活水平的提高，城镇居民的消费类型正在从基本生活消费转变为发展型、享受型消费。

清华五道口体育金融研究中心发布的《中国城市体育消费报告》(以下简称《报告》)显示，目前我国体育消费规模约1.5万亿元，预计2025年将增长至2.8万亿元，复合增长率超过13%②。实物消费是我国居民消费的主要模式，在体育消费领域，实物型体育消费占据了半壁江山。实物型体育消费主要包括运动鞋、运动服和其他体育用品，前两者的市场规模均超过3000亿元，是我国体育产业和体育消费的中坚力量。参与型体育消费同样也是我国体育消费的重要组成部分之一，其中健身休闲消费和体育培训消费是参与体育运动的主要形式。根据《报告》显示，我国居民的健身休闲消费和体育培训消费合计超过4000亿元，对我国体育消费的发展起到了至关重要的作用。观赏型体育消费是现阶段我国体育消费的薄弱环节，2019年我国体育竞赛表演业产值为308.5亿元，仅占全年体育产业总产值的1.05%。其消费形式主要为线上观赛消费和现场观赛消费。线上体育消费主要是指转播商通过购买转播权，以付费观赛的方式引导观赛者进行体育消费；现场体育消费以门票收入作为重要的收入来源，2019年中超赛每场均上座2.38万人，是我国现场关注吸引人数最多的体育赛事。广州恒大全年门票收入达到5726万元，位列联赛首位，北京国安也斩获4500万票房，而上海则凭借上海上港和绿地申花两支中超球队不俗的门票收入反超广州。

---

①国家统计局．国家统计局人均国内生产总值．[EB/OL]．https：//data.stats.gov.cn/easyquery.htm?cn=C01.

②清华五道口体育金融研究中心．中国城市体育消费报告[R]，2022.

笔者于 2018 年通过随机向全国 16 个城市城镇居民发放问卷 10405 份，利用 SPSS 软件箱型图功能剔除异常值问卷 629 份，人工筛查无效数据问卷 1439 份，共得到有效问卷 8337 份，问卷有效率 80.1%。

经统计计算得知我国城镇居民年均可支配收入为 37839.75 元，年均体育消费占年均可支配收入的 14.1%。对 8337 名城镇居民年均体育消费金额区间出现的频率进行统计如图 2－1 所示，图中显示 1～1000 元的消费区间的频率最高，为 23.1%，40001 元以上的频率最低，为 1%。因此可以看出，我国城镇居民的体育消费在居民消费结构中已占有不小的比重，居民年均体育消费金额较多集中在 1～1000 元的区间。

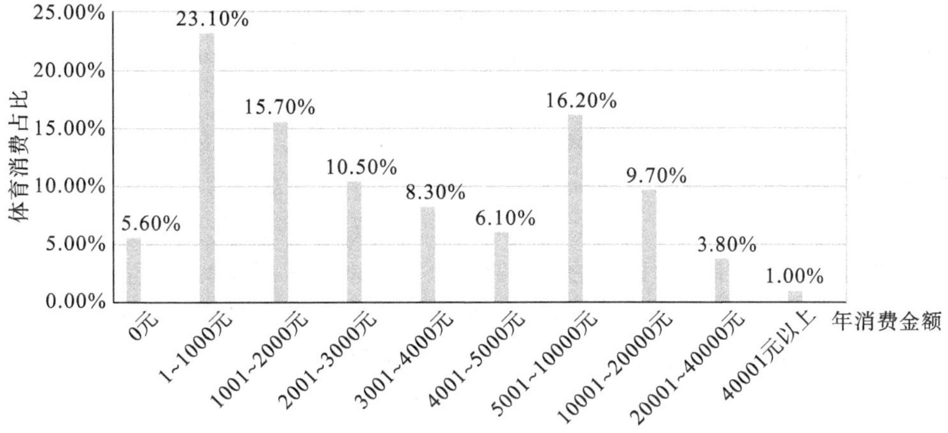

图 2－1　我国城镇居民年均体育消费金额区间频率

结果表明，我国城镇居民年均体育消费金额为 5330.12 元(见表 2－1)，各类型年人均体育消费金额由高到低依次为：实物型体育消费、参与型体育消费、体育彩票消费、体育传媒与信息消费、观赏型体育消费。由此可以看出，我国城镇居民体育消费结构以实物型体育消费、参与型体育消费为主，观赏型体育消费、体育彩票消费、体育传媒与信息消费比例较低。纵向对比发现，实物型体育消费比例下降明显，参与型体育消费比例增加迅速，观赏型体育消费比例有所下降，体育彩票消费、体育传媒与信息消费比例变化不大。参与型体育消费与实物型体育消费比例的差距呈现逐渐缩小趋势，说明我国城镇居民体育消费结构得到了进一步的优化升级。

表 2－1　我国城镇居民体育消费情况

体育消费类型	金额/元	占体育消费总支出比例
实物型体育消费	3047.48	57.1%
参与型体育消费	2055.93	38.6%
体育彩票消费	84.23	1.6%
体育传媒与信息消费	84.05	1.6%
观赏型体育消费	58.43	1.1%
体育总体消费	5330.12	100%

第二节　我国区域性城镇居民体育消费现状分析

一、我国中西部地区城镇居民体育消费现状分析

进入 21 世纪以后，我国根据全国各地的自然条件、经济基础、发展水平和对外开放程度等情况，把全国划分为东部、中部、西部和东北四大地区。东北地区包括辽宁省、吉林省和黑龙江省。东部地区包括北京、上海等地。中部地区包括山西、河南等省。西部地区包括内蒙古、广西等地区①。根据国务院《关于促进中部崛起的若干意见》的有关文件，中部地区包括山西、安徽、江西、河南、湖北和湖南 6 个省份；西部地区包括内蒙古、广西、重庆、四川、贵州、云南、西藏、陕西、甘肃、青海、宁夏和新疆 12 个地区。

学者王丽君提出，中西部经济发展相比东部差距较大，其产业结构也存在较大的距离，体育消费及其相关产业在中西部尚处于起步阶段②。一方面，居民的体育消费意愿、消费能力与东部沿海地区相比有所欠缺。尤其是鉴于恩格尔系数与消费结构的负相关性，恩格尔系数越高，能用于食物以外的消费越低，中西部地区居民的体育消费需要随当地经济的发展变化而变化。另一方面，中西部地区体育产业的飞速发展，也会反哺地方经济。同时，体育产业的发展必定也会刺激更多的企业进入，因此也就带来了更多的就业机会。但体育相关产业依然受到地域弱势、融资难、消费需求减少、劳动成本高、原材料上涨等诸多影响因素的制约。在“西部大开发”“中部崛起”战略进一步推进下，在“一带一路”政策逐渐深入的背景下，需要进一步加大对中西部体育消费的研究及其相关产业的扶持。

总体而言，目前我国体育消费仍存在结构比较单一并且区域间不平衡的问题③。地域辽阔、人口众多的中西部地区其体育消费能力与行业发展状况均受到相对较落后的经济状况的制约，因而具有与东部发达地区不同的特征。为了解我国中西部地区居民体育消费的现状，进一步揭示中西部地区城镇居民体育消费结构的基本特征和需求，笔者采用了分层抽样的方法，在全国四大经济区域中抽取了中部地区和西部地区各 50％的省份的省会城市，如郑州、武汉、太原、西安、成都、南宁、西宁、兰州和贵阳的城镇居民作为研究对象，各城镇居民调研人数分布情况见表 2 - 2。

表 2 - 2　各城镇居民样本分布情况(调研人数为 4723 名)

城市	郑州	武汉	太原	西安	成都	南宁	西宁	兰州	贵阳
人数	503	525	521	565	474	549	547	508	531
百分比	10.7%	11.1%	11.0%	12.0%	10.0%	11.6%	11.6%	10.8%	11.2%

①刘丽娜，李俊杰．基于省域视角的我国东中西部地区体育竞争力比较研究[J]．山东体育学院学报，2015(1)：19 - 24.

②王丽君．我国产业结构变迁对经济增长影响的区域差异化研究[D]．上海：上海师范大学，2015.

③何青．我国公共体育服务供给创新研究[D]．北京：北京体育大学，2016.

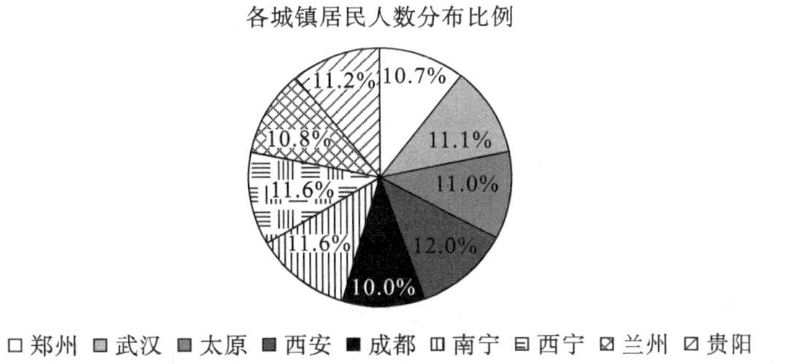

图 2-2 各城镇居民人数分布比例

本研究通过问卷星对我国中西部城镇居民体育消费结构进行了线上调查，共回收问卷 5751 份，剔除无效问卷 1028 份，实际有效问卷 4723 份，有效问卷占比 82.3%。中西部地区研究对象的性别、年龄和文化程度等基本信息如图 2-3 所示。

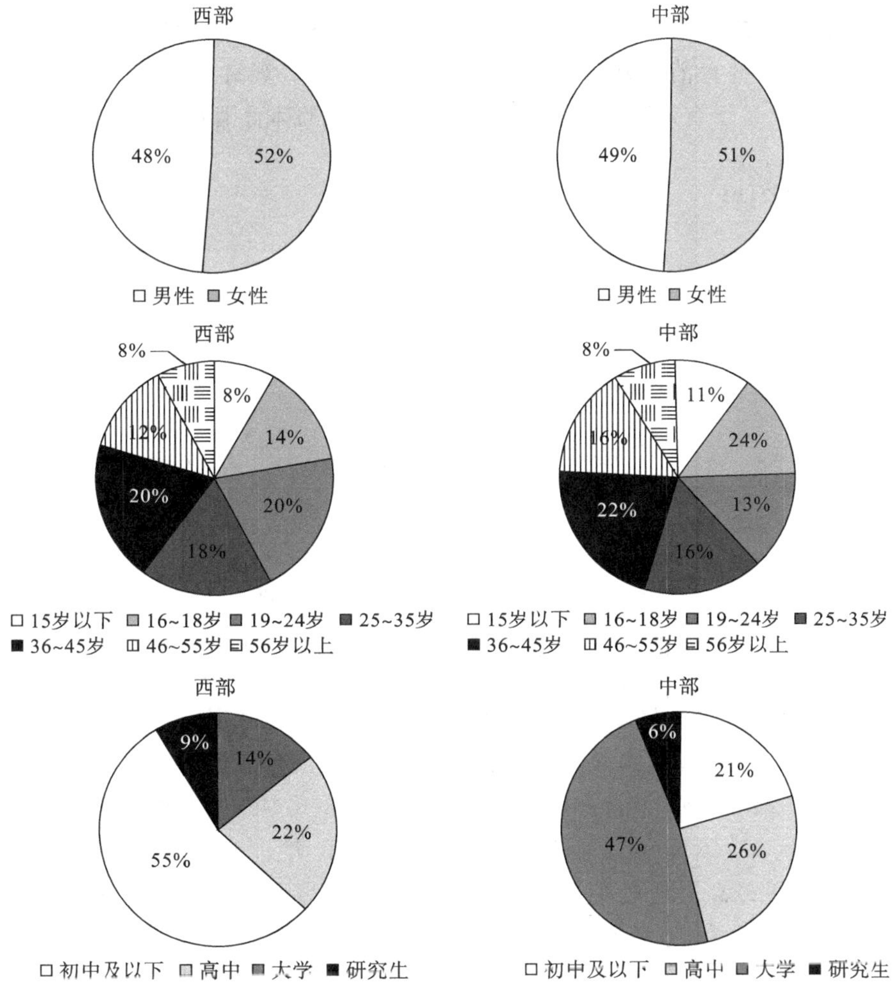

图 2-3 中西部地区研究对象的基本信息对比图

(一)我国中部地区城镇居民体育消费的现状分析

党的十八大以来，我国深入实施区域协调发展战略，区域空间结构不断优化，资源配置效率全面提高，为经济高质量发展注入澎湃动力。中部地区以其承东启西、贯通南北的优越区位因素和人口数量巨大、经济发展势头较快的良好发展潜力，在新发展格局构建中理应承担更多的责任和发挥更大的作用。2014 年—2019 年中部地区城镇居民平均消费支出水平从 16356 元提高到 23972 元，年均增长 7.9%，比全国城镇居民消费支出水平年均增长率高 0.9%；城镇居民平均收入水平从 24733 元提高到 36597 元，年均增长 8.1%，比全国平均水平高 0.2 个百分点。消费支出水平基本与收入水平保持了同步增长，且平均增速都快于全国平均水平，是推动我国经济发展的重要动力①。体育消费作为新时代体育产业高质量发展的重要抓手，探索区域性体育消费现状对促进体育消费和体育产业的可持续发展具有重要意义。

本研究采用分层抽样的方式，在中部地区选定的 3 个样本城市分别为郑州市、武汉市及太原市，通过“问卷星”平台在该 3 个城市发放的调查问卷中，共计回收有效问卷 1549 份。问卷将体育消费类型划分为实物型、参与型、观赏型、体育彩票、体育传媒信息等 5 类消费。基于有效回收问卷所反映的中部地区的体育消费现状如图 2 - 4 所示。

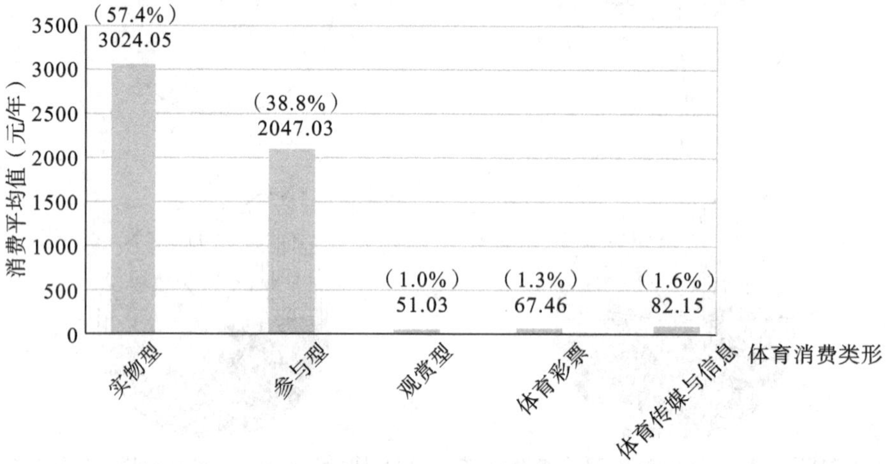

图 2 - 4　中部地区城镇居民体育消费结构

图 2 - 4 所示为中部地区城镇居民的体育消费结构总体状况。体育消费水平由高到低依次为实物型、参与型、体育传媒与信息、体育彩票和观赏型，5 种类型的平均年消费金额依次为 3024.05 元/年，占比 57.4%；2047.03 元/年，占比 38.8%；82.15 元/年，占比 1.6%；67.46 元/年，占比 1.3%；51.03 元/年，占比 1.0%。总体而言，实物型体育消费水平最高，超过了总消费额的一半；参与型体育消费水平次之，两者年

①李支立，麻宝斌．中部地区城镇居民消费结构的实证分析[J]．统计与决策，2021，37(17)：103 - 106.

平均消费额相差 977 元，并且远大于观赏型、体育彩票和体育传媒与信息。这说明了中部地区人均收入水平较高，并对体育消费持有比较乐观、积极的态度。愿意花费一定的费用进行体育消费，同时也给体育建设单位一定的启示，比如可以根据当地市场饱和度适当增设体育馆、健身馆、销售运动器械等。另一方面，中部地区城镇居民在观赏型、体育彩票、体育传媒与信息等方面的消费表现并不积极。

1. 中部地区实物型体育消费现状分析

在实物型体育消费方面，中部地区城镇居民年均实物型体育消费为 3024 元。通过表 2－3 我们可以看到，中部地区城镇居民体育实物型消费中，占比最大的为运动服装消费，共计 1119.9 元，占所有实物型体育消费总支出的 37.0%。通过分析认为其原因主要在于这部分物品用途多样，既可用于实际运动，也可以是日常生活用品，即双重价值，故而受众面更广，而且其消耗和迭代的速度更快，因此会反复刺激消费者进行消费。排名第二的是家用大型健身器械消费，共计 970.3 元，占比 32.1%，这一方面说明居家锻炼已成为一部分居民优先选择的重要锻炼方式之一，不仅能够达到健身的目的，同时可以满足其锻炼的灵活性和减少外出的机会成本等需求；另一方面也反映了居民的生活条件和收入水平对价格昂贵的大型健身器械有足够的购买力。小型运动器材和运动辅助装备消费分别为 494.6 元和 439.2 元，消费水平比较接近。

表 2－3　实物型体育消费情况

实物型体育消费类型	金额/元	占实物型体育消费总支出比例
运动服装等消费	1119.9	37.0%
小型运动器材消费	494.6	16.4%
家用大型健身器械消费	970.3	32.1%
运动辅助装备消费	439.2	14.5%
合计	3024	100%

2. 中部地区参与型体育消费现状分析

本研究将参与型体育消费划分为 7 个消费内容：健身会员年费、参加健身培训的消费、购买健身锻炼的门票消费、器材租赁消费、运动保健消费、购买体育保险消费、体育旅游消费等。研究结果表明，中部地区城镇居民年均参与型体育消费为 2047.1 元。通过表 2－4 可以看出，在所有的参与型体育消费中，体育旅游、健身会员、健身培训的占比较高，分别为 40.1%、27.9% 和 19.8%。这说明居民倾向于亲身体验并更加注重专业性、知识性体育消费，逐步显现出对有偿性体育锻炼的认可与接受，同时也表明了体育旅游消费的迅速崛起。

表 2－4　参与型体育消费情况

参与型体育消费类型	金额/元	占参与型体育消费总支出比例
健身会员年费	571.7	27.9%
参加健身培训的消费	405.1	19.8%

续表

参与型体育消费类型	金额/元	占参与型体育消费总支出比例
购买健身锻炼的门票消费	75.5	3.7%
器材租赁消费	21.9	1.1%
运动保健消费	122.2	6.0%
购买体育保险消费	28.9	1.4%
体育旅游消费	821.8	40.1%
合计	2047.1	100%

3. 中部地区观赏型体育消费现状分析

本研究将观赏型体育消费划分为14个消费内容，具体如图2-5所示。统计发现，中部地区城镇居民观赏型体育消费年均51.1元。其中篮球、足球和田径项目的比赛门票排在前三位，分别为12.81元、8.46元和6.84元，占比依次为25.0%、16.6%和13.3%，其他项目的消费数额更低。出现这种情况的原因有两方面，第一是消费者的自身因素，比如收入状况、空闲时间和消费意识的不足影响消费行为；第二，赛事的客观因素，比如门票的价格过高、竞技水平偏低，比赛的现场体验感和舒适度欠缺等。国内大多体育场馆的硬件设施并不是很先进，场馆环境舒适度欠缺，赛事包装不够充分，缺少赛场气氛和视听体验，让体育爱好者感受不到现场观赛与电视直播的不同。最后是网络电视和网络平台赛事直播、转播的快速发展，很多人更愿意选择在家中和亲朋好友一起观看赛事。

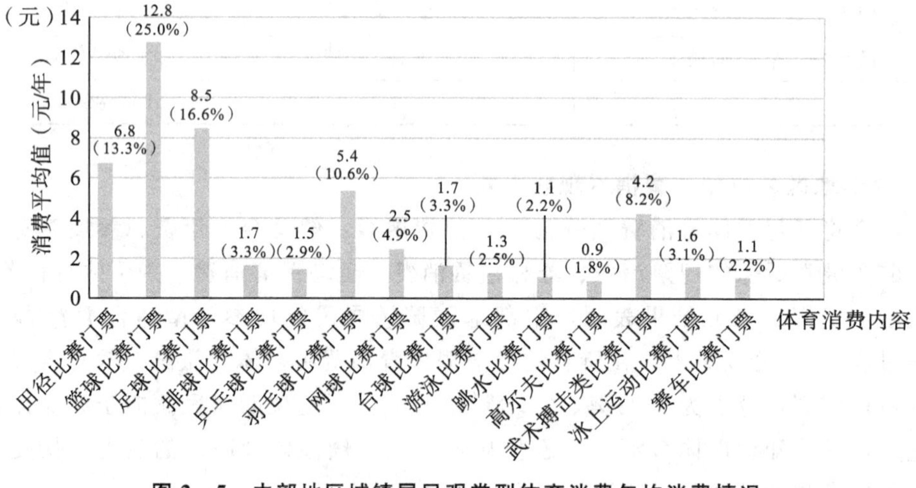

图2-5 中部地区城镇居民观赏型体育消费年均消费情况

4. 中部地区体育彩票消费现状分析

体育彩票消费方面，本研究选择的体育彩票调查类型包括9个消费内容，具体如图2-6所示。中部地区城镇居民年均体彩消费为67.4元，其中最受欢迎的是超级大乐透和足球彩票，两者分别为人均20.6元和14.9元，占比30.6%和22.1%。除此之外，七星彩人均消费 9.4 元，占比 13.9%，篮球彩票和地方彩票分别占 8.0%和 7.4%，其他类型的彩票消费水平更低。总的来说，居民体彩消费水平较低，这与体彩本身的博弈性行为和娱乐性不高等有关。

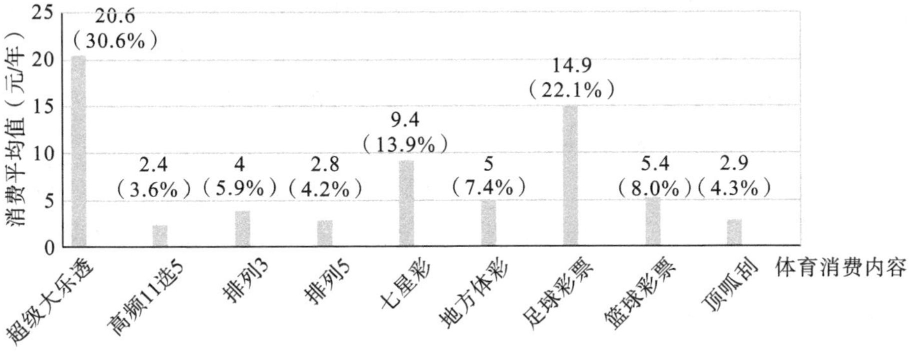

图 2－6　中部地区城镇居民体育彩票消费年均消费情况

5. 中部地区体育传媒与信息消费现状分析

本研究选择的传媒与信息消费类型中共包含 10 个消费内容，分别为体育书籍、期刊、报纸、音像制品、电子出版物、电视频道、电子竞技、动漫游戏、健身咨询和体育应用软件。统计发现，中部地区城镇居民在体育传媒与信息消费上，年均花费 82.2 元，具体如图 2－7 所示。其中消费最高的是体育书籍，年均为 24.5 元，占 29.8%，其他类型消费金额较为接近。从整体来看，中部地区城镇居民体育传媒与信息消费水平较低，说明居民目前对传媒和信息类的体育消费并没有达到我们想象的热度。

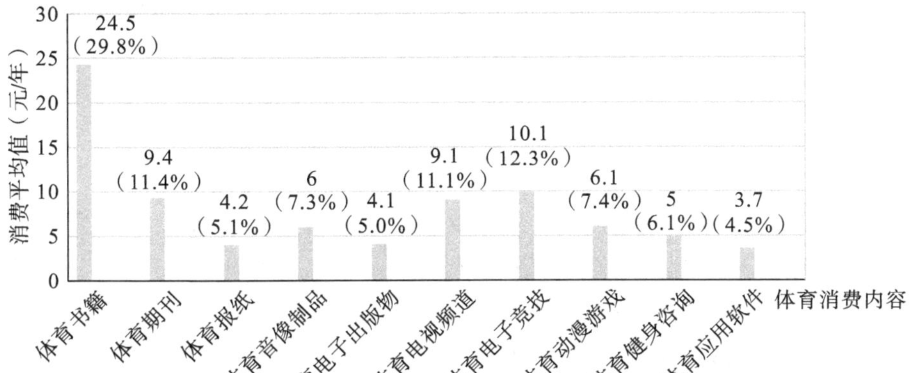

图 2－7　中部地区城镇居民体育传媒与信息消费年均消费情况

通过对中部地区城镇居民体育消费结构现状的分析可以看出，居民体育消费主要集中在实物型和参与型体育消费上，两者占比共计达 95.3%。一方面是由于实物型体育消费品使用范围不仅仅局限于体育本身，在日常生活中同样可以得到广泛使用；另一方面，参与型体育消费能够让居民参与健身实践，获得更多的健身知识、技能和专业的指导，因此更能得到居民的认可和青睐。除此之外，调查中发现其他类型的消费如观赏型的篮球比赛、体彩中的超级大乐透以及传媒类信息类的体育书籍相对更受居民欢迎。

(二)我国西部地区城镇居民体育消费现状分析

党的十九大报告指出，我国经济已经由高速增长阶段转向高质量发展阶段。近年来，随着西部大开发战略的实施，我国西部地区的社会生产力不断提高，经济发展持续增长，中等收入人群不断扩大，为地区消费的发展奠定了坚实的基础。但同时，西部地区发展不平衡不充分问题依然突出，与东部地区的发展仍然存在较大的差距。为了进一步提高西部地区的经济发展水平，推动新时代区域经济高质量发展，体育产业成为城市经济发展有力的助推剂。研究西部地区体育消费现状能够了解西部地区城镇居民的体育消费水平和偏好，并提出促进居民参与体育消费的建议，为我国体育产业发展提供参考。

本研究在西部地区选定的 6 个省会城市分别为西安市、成都市、南宁市、西宁市、兰州市和贵阳市，共计回收有效问卷 3174 份。西部地区城镇居民体育消费水平如图 2－8 所示。

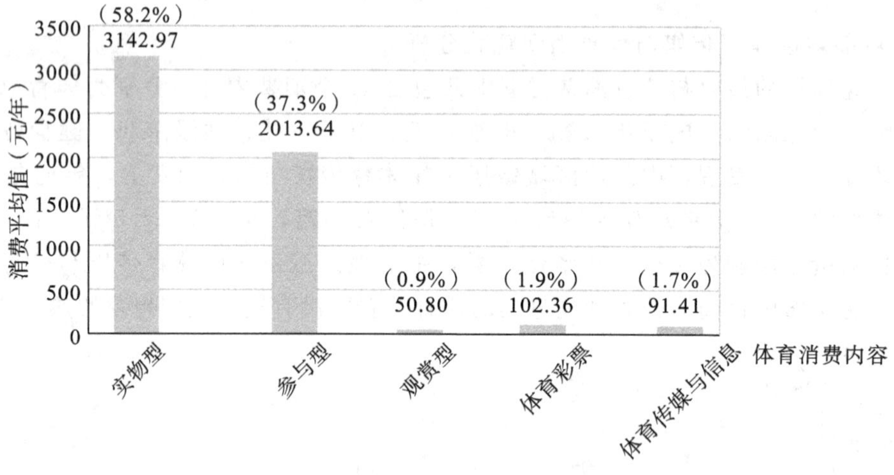

图 2－8　西部地区城镇居民体育消费水平

实物型体育消费、参与型体育消费、体育彩票消费、体育传媒与信息消费和观赏型消费的金额依次为：3142.92 元/年，占比 58.2%；2013.64 元/年，占比 37.3%；102.36 元/年，占比 1.9%；91.41 元/年，占比 1.7%；50.80 元/年，占比 0.9%。总体而言，实物型体育消费水平最高，超过了总消费额的一半，参与型体育消费次之。两者年平均消费额相差 1129 元，说明参与型体育消费有较大幅度的提高，体育消费结构有所升级并趋于合理，并且实物型和参与型体育消费远大于观赏型、体育彩票和体育传媒与信息这三种类型的体育消费。

1. 实物型体育消费现状分析

经统计，西部地区城镇居民年均实物型体育消费为 3142.97 元。其消费占比形式与中部地区相类似，具体见表 2－5。主要消费也在于运动服装方面，人均年消费为 1207.8 元，在实物型消费中占比 38.4%。因为运动服装等实物适用面较广，可成为常规服装等的替代品。小型运动器材、大型健身器材和运动辅助装备的消费情况与此类似。

表 2-5　实物型体育消费情况

实物型体育消费类型	金额/元	占实物型体育消费总支出比例
运动服装等消费	1207.8	38.4%
小型运动器材消费	521.5	16.6%
家用大型健身器械消费	868.3	27.6%
运动辅助装备消费	545.4	17.4%
合计	3142.97	100%

2. 参与型体育消费现状分析

经统计，西部地区城镇居民在参与型体育消费项目中，年均消费为 2013.7 元。具体分布情况见表 2-6。其中占比最高的依旧为体育旅游、健身会员、健身培训费用，三者分别为 748.3 元，占比 37.1%；550.5 元，占比 27.3%；469.1 元，占比 23.3%。而器械租赁消费和购买体育保险消费等同样表现较差，分别只有 33.5 元，占比 1.7% 和 23.4 元，占比 1.2%。

表 2-6　参与型体育消费情况

参与型体育消费类型	金额/元	占参与型体育消费总支出比例
健身会员年费	550.5	27.3%
参加健身培训的消费	469.1	23.3%
购买健身锻炼的门票消费	75.4	3.7%
器材租赁消费	33.5	1.7%
运动保健消费	113.5	5.6%
购买体育保险消费	23.4	1.2%
体育旅游消费	748.3	37.1%
合计	2013.7	100%

3. 观赏型体育消费现状分析

研究表明，西部地区城镇居民观赏型体育消费年均 50.8 元。具体如图 2-9 所示，其中排名第一的是足球比赛门票费用，为 15.6 元，占比 30.7%。而中部地区足球类比赛门票在同类中排名第二，由此可见西部地区城镇居民对足球更为热衷。分析原因一方面可能和历史文化和社会环境影响有关，在西部地区民间有着广泛的足球爱好氛围，具体表现为西部地区民间足球俱乐部和业余比赛较为普遍；另一方面，这也跟西部地区近几年在足球领域取得的成绩有关，比如 2016 年赛季贵州冲超成功等。其他项目上，排名前三的依旧是足球、篮球和田径。而跳水、游泳等项目占比较低，分别为 1.0%和 0.8%，这可能跟自然环境、气候等因素有关。

4. 体育彩票消费现状分析

西部地区城镇居民体育彩票消费情况如图 2-10 所示，年均消费为 102.4 元。而

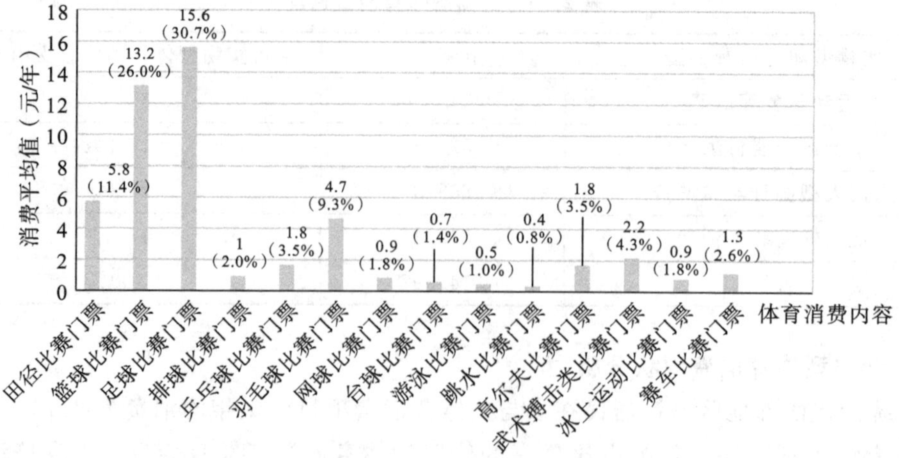

图 2-9　西部地区城镇居民观赏型体育消费年均消费情况

其中最高的为足球彩票，年均消费 32.4 元，占比 31.6%。由此可见，社会环境和舆论对居民消费影响较大，甚至会直接引导民众消费。除了足球彩票，排名第二的是超级大乐透，人均消费 25.6 元，占比 25%。而其他几类体彩的消费情况相差无几，从整体来看，西部地区城镇居民的体彩消费水平并不算太高，这也跟体彩的博弈本质有关。

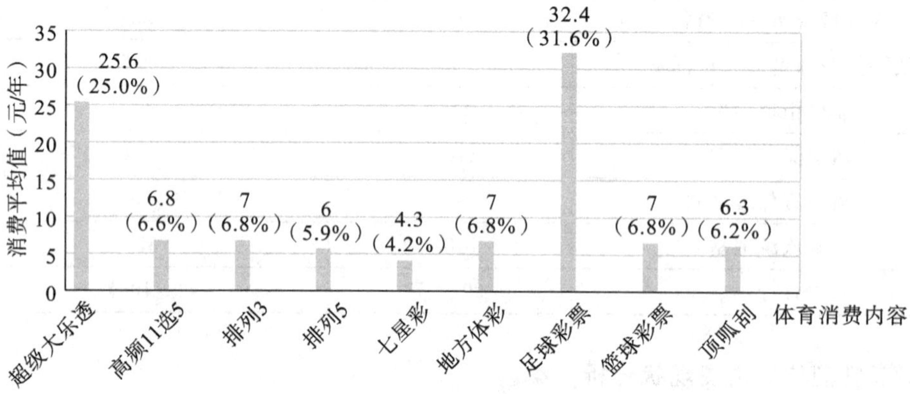

图 2-10　西部地区城镇居民体育彩票消费年均消费情况

5. 体育传媒与信息消费现状分析

西部地区城镇居民体育传媒与信息消费结构情况如图 2-11 所示。总人均消费 91.6 元。其中体育书籍类人均消费 25.5 元，占比 27.8%，在此项调查中排名第一，与中部地区结果相类似。排在后续几位的依次为体育电视频道人均消费 12.6 元，占比 13.8%；体育期刊人均消费 10.9 元，占比 11.9%；体育电子竞技人均消费 10.8 元，占比 11.8%。从整体来看，西部地区城镇居民体育传媒与信息消费水平较低，说明居民对传媒和信息类的体育消费并不热情。客观来说，目前已经是全媒体时代，免费的体育资讯信息几乎在各大视频、图文网站都已覆盖。因此，居民有了更多的选择，付费体育传媒消费必然会受到冲击。

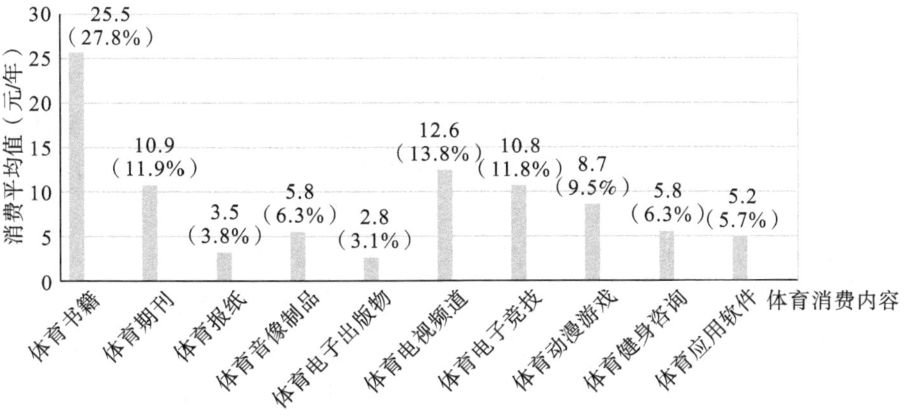

图 2-11　西部地区城镇居民体育传媒与信息消费年均消费情况

通过对西部地区城镇居民体育消费现状的研究，从整体上看，消费主要集中在实物型和参与型消费中，两者占比共计达 94.6%。分析认为，一方面是由于实物型体育消费面较广，而且使用范围也不仅仅局限于体育本身，在日常生活中同样可以得到广泛应用；另一方面，参与型体育消费能够让居民更加直观地体验体育赛事，或者能够让自己获得更多的健身知识、技能，得到专业的指导，因此更能得到居民的认可和青睐。此外，足球类运动由于在西部地区有着广泛的民众基础，社会知名度和认可度高，民间有很多业余的足球比赛和球队，这些都带来了大众足球热潮。因此，无论是观赏型体育消费还是在足球体彩中，都有较好的表现。但是，体育彩票和体育传媒与信息的整体消费都不高，体育消费结构有待进一步调整。

二、我国南北方体育消费现状对比分析

2019 年 9 月，国务院办公厅发布《关于促进全民健身和体育消费推动体育产业高质量发展的意见》，文件指出要以习近平新时代中国特色社会主义思想为指导，强化体育产业要素保障，激发市场活力和消费热情，推动体育产业发展成为国民经济支柱性产业，并为此提出十项指导意见，其中第七项为“优化产业布局，促进协调发展”①。由此可见体育产业高质量发展离不开体育产业的全面、协调、可持续发展。推动体育消费区域性研究是解决我国体育消费发展不均衡的重要环节。文献研究发现，该方面的研究焦点集中在我国东、西部居民的体育消费特征分析上，具有代表性的有蔡军、钟天朗等学者通过对上海和西安居民体育消费情况的分析，探讨了东西部城市居民体育消费的一般特征和体育消费结构运动变化规律②，王友华、水祎舟综述了我国东西部体育

①国务院办公厅．国务院办公厅关于促进全民健身和体育消费推动体育产业高质量发展的意见［EB/OL］．［2019-09-17］．

②蔡军，钟天朗，郭树平，等．东西部城市居民体育消费的比较研究：上海、西安居民体育消费的现状和发展趋势［J］．体育科学，1998(03)：16-20.

产业特征及消费现状并分析了东西部地区体育消费发展趋势①。虽然关于南方城市与北方城市的体育消费研究比比皆是，但以南、北为界研究两个区域城镇居民的体育消费水平并进行比较的文献尚不多见，且研究只是限定在南北方的特定人群或局部地区，如程云峰通过对浙江省和黑龙江省大学生的比较，分析了南北方高校大学生群体体育消费状况的差异②。我国南北方地区在地理气候方面存在较大差异，南方温暖多雨，而北方寒冷干燥，在历史的传承中也形成了各自独特的政治、经济、文化特点，这些自然与人文的差异对我国南北方城镇居民的体育运动项目、时间、环境产生了不同影响。综上，就我国南北方地区城镇居民体育消费水平和结构进行深入研究，对推进体育产业的合理布局和南北区域经济的协调发展具有重要的理论与实践意义。

本研究以我国 14 个省会城市和直辖市的城镇居民为研究对象，采用分层抽样的方法，以南、北方地区为分层抽样标准。首先在我国南方与北方地区各确定 7 个具有代表性的城市，调研的南方城市为武汉、广州、杭州、上海、成都、南宁、贵阳，北方城市为长春、郑州、太原、北京、济南、西安、西宁。通过问卷星线上平台对调研城市的城镇居民发放问卷，共回收问卷 9264 份，有效问卷为 7324 份，有效率为 79.1%。其中南方地区样本量为 3619 份，占比 49.4%，北方地区样本量为 3705 份，占比 50.6%(调研城市样本量如图 2-12 所示)。

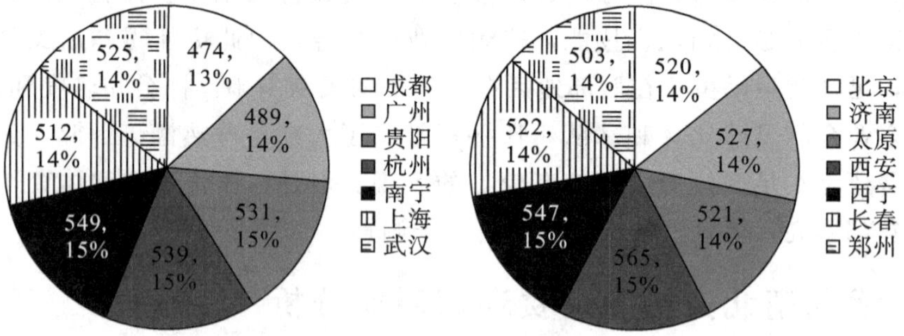

图 2-12　调研城市样本量

(一)体育消费整体水平对比分析

体育消费水平是反映人们在各种体育消费行为中所能够承受的物质与精神的支出能力③，一般用价值单位(货币)来体现。在比较体育消费的指标中，体育消费水平实际显示消费的数量多寡。据调查数据显示，我国南方地区城镇居民年均体育消费金额为 5824.44 元，北方地区为 5014.82 元，南方地区城镇居民年均体育消费金额显著大于北方地区(显著性 $P<0.05$)。体育消费档次方面，南方城镇居民集中在 1001～3000 元消

①王友华，水祎舟．我国东西部体育消费特点及发展趋势研究[J]．浙江体育科学，2008(02)：5-8.

②程云峰．我国南北高校大学生体育消费的比较研究[J]．浙江体育科学，2006(06)：67-69.

③李新．青海省城镇居民体育消费现状调查及对策研究[J]．北京体育大学学报，2005(05)：609-611.

费区间，北方城镇居民集中在1000元以下消费区间，另外比较最低和最高两个消费档次的比例发现，南方城镇居民在1000元以下消费的比例小于北方城镇居民，而南方城镇居民在10000元以上消费的比例大于北方城镇居民(各消费档次人数比例详见表2-7)。以上结果说明，我国南方地区城镇居民体育消费水平和消费档次均高于我国北方地区。

表2-7　南北方城镇居民体育消费档次人数比例

消费档次	1000元以下	1001～3000元	3001～5000元	5001～10000元	10000元以上	合计
南方	24.3%	27.1%	15.9%	17.2%	15.5%	100%
北方	32.3%	25.0%	13.3%	15.7%	13.7%	100%

(二)实物型体育消费水平对比分析

本研究界定的实物型体育消费是指消费者购买运动服装鞋帽、体育器材装备、运动饮品、纪念品的实物消费资料的费用。据调查数据显示，我国南方地区城镇居民年均实物型体育消费为3299.89元，北方地区为2894.78元，南方地区城镇居民年均实物型体育消费显著大于北方地区($P<0.05$)。南方城镇居民实物型体育消费档次主要集中在1001～2000元区间，此档次消费人数占总人数的比例为20.2%，而北方城镇居民消费档次主要集中在500元以下区间，人数占比为25.6%。另外，除了1000元以下两个档次的比例北方地区高于南方地区外，其他消费档次的人数比例南方地区普遍高于北方地区(详见表2-8)。以上结果说明，我国南方地区城镇居民实物型体育消费水平明显高于我国北方地区。

表2-8　南北方城镇居民实物型体育消费档次人数比例

消费档次	500元以下	501～1000元	1001～2000元	2001～3000元	3001～5000元	5000元以上	合计
南方	18.6%	13.2%	20.2%	13.8%	15.2%	19.0%	100%
北方	25.6%	15.0%	18.8%	11.4%	13.4%	15.8%	100%

(三)参与型体育消费水平对比分析

参与型体育消费是消费者为参加体育健身锻炼、体育运动培训、运动保健保险、体育旅游的活动而支出的费用，此项消费商品的价值不以实物形式呈现，而是通过享受权利和服务获取。据调查数据显示我国南方地区城镇居民年均参与型体育消费为2259.42元，北方地区为1913.81元，南方地区城镇居民年均参与型体育消费显著大于北方地区($P<0.05$)。南、北方地区城镇居民参与型体育消费档次均集中在0元上，且该档次人数比例均明显大于其他各消费档次，南方地区没有参与型体育消费的人数比例为48.9%，北方地区为52.1%。500元以上的四个消费档次的人数比例南方地区均略微高于北方地区(详见表2-9)。以上结果说明，我国南方地区城镇居民参与型体育消费水平高于我国北方地区，但相同的是无该类消费的人数比例较大，南、北方地区

参与型体育消费均没有得到城镇居民的广泛认可。

表2-9 南北方城镇居民参与型体育消费档次人数比例

消费档次	0元	1～500元	501～1000元	1001～2000元	2001～5000元	5000元以上	合计
南方	48.9%	9.1%	8.6%	9.0%	12.4%	12.0%	100%
北方	52.1%	9.6%	7.7%	8.3%	11.7%	10.6%	100%

(四)观赏型体育消费水平对比分析

本研究的观赏型体育消费是指购买体育比赛门票的费用。据调查数据显示我国南方地区城镇居民年均观赏型体育消费为72.51元，北方地区为47.25元，南方地区城镇居民年均观赏型体育消费显著大于北方地区($P<0.05$)。南、北方地区城镇居民观赏型体育消费档次均集中在0元上，其他消费档次人数比例极低，南方地区没有观赏型体育消费的人数比例为88.1%，北方地区为90.7%(详见表2-10)。以上结果说明，我国南方地区城镇居民观赏型体育消费水平高于我国北方地区，但相同的是有该类消费的人数比例过低，南、北方地区城镇居民观赏型体育消费意识均较为薄弱且消费水平较低，反映我国体育市场在精品体育赛事的打造和小众体育比赛的推广上还有所欠缺。

表2-10 南北方城镇居民观赏型体育消费档次人数比例

消费档次	0元	1～100元	101～200元	201～500元	501～1000元	1000元以上	合计
南方	88.1%	3.2%	2.9%	2.1%	1.8%	1.9%	100%
北方	90.7%	2.8%	2.1%	2.2%	1.2%	1.0%	100%

(五)体育彩票消费水平对比分析

体育彩票消费即购买各种体育彩票的费用，属于一种现代休闲娱乐的虚拟消费方式。据调查数据显示我国南方地区城镇居民年均体育彩票消费为96.81元，北方地区为80.04元，南、北方地区城镇居民年均体育彩票消费不存在显著性差异($P>0.05$)。南、北方地区城镇居民体育彩票消费档次均集中在0元上，南方地区没有体育彩票消费的人数比例为85.4%，北方地区为87.3%；除0元消费档次外，1～100元消费区间人数比例明显高于其他各消费档次(详见表2-11)，表明有体育彩票消费行为的居民更多选择较小金额的尝试。以上结果说明，我国北方地区城镇居民体育彩票消费水平与我国南方地区差距不大，南、北方地区城镇居民均能够较为理性地进行体育彩票消费。

表2-11 南北方城镇居民体育彩票消费档次人数比例

消费档次	0元	1～100元	101～200元	201～500元	501～1000元	1000元以上	合计
南方	85.4%	6.0%	2.3%	2.1%	1.7%	2.5%	100%
北方	87.3%	6.6%	1.8%	1.2%	1.1%	2.0%	100%

(六)体育传媒与信息消费水平对比分析

体育传媒与信息消费是指购买体育书刊、音像制品、体育应用软件及观看体育媒体转播、咨询体育信息等费用。据调查数据显示我国南方地区城镇居民年均体育传媒与信息消费为95.81元，北方地区为78.95元，南方地区城镇居民年均体育传媒与信息消费显著大于北方地区($P<0.05$)。南、北方地区城镇居民体育传媒与信息消费档次均集中在0元上，南方地区没有体育传媒与信息消费的人数比例为76.0%，北方地区为80.3%；除0元消费档次外，1～100元消费区间人数比例明显高于其他各消费档次，其他五个消费档次的人数比例南方地区均略微高于北方地区(详见表2-12)。以上结果说明，我国南方地区城镇居民体育传媒与信息消费水平高于我国北方地区，但相同的是大部分居民没有该类消费，有消费的居民也较多处于较低的消费水平。

表2-12　南北方城镇居民体育传媒与信息消费档次人数比例

消费档次	0元	1～100元	101～200元	201～500元	501～1000元	1000元以上	合计
南方	76.0%	9.2%	4.9%	4.6%	3.2%	2.1%	100%
北方	80.3%	8.1%	3.9%	3.8%	2.1%	1.8%	100%

表2-13　南北方地区城镇居民体育消费显著性差异检验汇总表

对比项	平均值等同性 t 检验						
	等同性	自由度	显著性(P)	平均值差值	标准误差差值	差值95%置信区间	
						下限	上限
体育总体消费	3.511	7099.657	0.000	809.62264	230.58010	357.61689	1261.62839
实物型体育消费	3.489	7322	0.000	405.11214	116.11083	177.50148	632.72281
参与型体育消费	2.475	6603.387	0.013	345.61682	139.65725	71.84346	619.39019
观赏型体育消费	2.908	6733.358	0.004	25.25925	8.68674	8.23050	42.28801
体育彩票消费	1.276	7290.226	0.202	16.76802	13.13683	−8.98396	42.52001
体育传媒与信息消费	2.056	7312.704	0.040	16.86639	8.20178	0.78855	32.94424

第三节　我国青少年体育消费现状研究

近年来，随着我国经济的快速发展和人民对美好生活的向往进一步提升，体育产业进入了高速发展时期。体育消费作为居民精神文化生活消费的重要组成部分，是体育产业高质量发展的根本拉动力量。青少年阶段作为人生的起步阶段，是人生观、世界观、价值观形成的关键时期，同时也是提高体育锻炼意识、培养体育技能、形成体育消费观的关键时期。青少年体育消费作为体育消费的重要组成部分，是体育消费持续性增长的重要推动力，更是未来体育消费的主力军和发展基础。为了深入了解我国城市青少年的体育消费水平和消费行为，正确引导城市青少年的体育消费，及时调整其体育消费心理预期，促进体育消费结构的改善，有必要对青少年的消费现状及可供支配的体育消费金额数量等内容进行深入研究。

本研究以学习、生活、工作在我国 12 个大、中、小城市的 13～25 岁的青少年为研究对象。以分层抽样的方式，同时考虑到各省调研员的具体情况，最后确定抽取了吉林、陕西、青海、北京、河北、山东、江苏、浙江、广州、四川和重庆 9 个省和两个直辖市。在每个选中的省(区、市)中，再选取一个省会城市或中小城市，这样共选取了 12 个城市作为本研究的调查城市。它们分别是：直辖市 2 个——北京、重庆；省会城市 6 个——长春、西安、西宁、南京、广州、成都；中小城市 4 个——宝鸡、承德、青岛、宁波。按照社会学研究惯例，样本抽取量不少于总体数量的十万分之一，本课题研究根据课题组研究时间、经费、调研能力等实际情况，确定样本量为 3000 人，约占我国当年城市青少年总人口(7817 万人)的十万分之四，符合社会学研究统计要求。共发放调查问卷 3000 份，回收 2653 份，回收率为 88.4%，其中有效问卷 2094 份，有效率 78.9%。在 2094 名调查对象中，男性青少年 968 人，占 46.2%，女性青少年 1126 人，占 53.8%。其中 13～17 岁的青少年有 1078 名，占总调查对象的 51.5%，18～25 岁青少年共有 1016 名，占总调查对象的 48.5%。

一、我国城市青少年零用钱来源调查

可供支配的体育消费金额数量是青少年消费结构的重要内容，也是进行体育消费之前需要收集的重要消费信息之一。

调查结果表明，我国城市青少年零用钱主要来源前四位的途径是父母提供、压岁钱、其他长辈提供和打工获得，其选择百分率依次为 54.76%、17.20%、12.03%和 6.37%；另外还有奖学金、贷款和其他途径等，其选择百分率分别为 4.73%、2.42%和 2.48%(如图 2 - 13 所示)。随着我国市场经济的深入发展，城市居民家庭收入不断提高，城市青少年的零用钱不断增加，可支配消费金额也随之增长，直接影响到青少年的消费结构和体育消费结构及消费行为。13～25 岁包含于从初中到大学正常的学龄阶段，绝大多数城市青少年处在求学过程中，自身缺少经济来源，日常学习和生活花销主要依靠父母和其他长辈提供，父母提供经济支持是城市青少年零用钱的最主要来源。我国过年流行的“压岁钱”习俗，也使城市青少年积累了相当数量的可支配金额，成为他们零用钱的重要来源，另外部分学有余力或家庭经济条件较为困难的城市青少年通过打工、向学校或社会申请贷款及争取奖学金等方式获取了一定数量的收入和经济支持作为零用钱的补充。

通过比较可以看出，我国不同年龄段城市青少年零用钱来源在以家庭为主要经济来源的前提下，18～25 岁青少年在打工、奖学金和贷款等渠道的获取零用钱的比率明显高于 13～17 岁的青少年，这反映出由于青少年年龄和所处的生活、学习环境不同，18～25 岁青少年在通过个人劳动和其他经济行为来增加自己的经济收入方面具有更大的能动性和自主性(见表 2 - 14，如图 2 - 14 所示)。

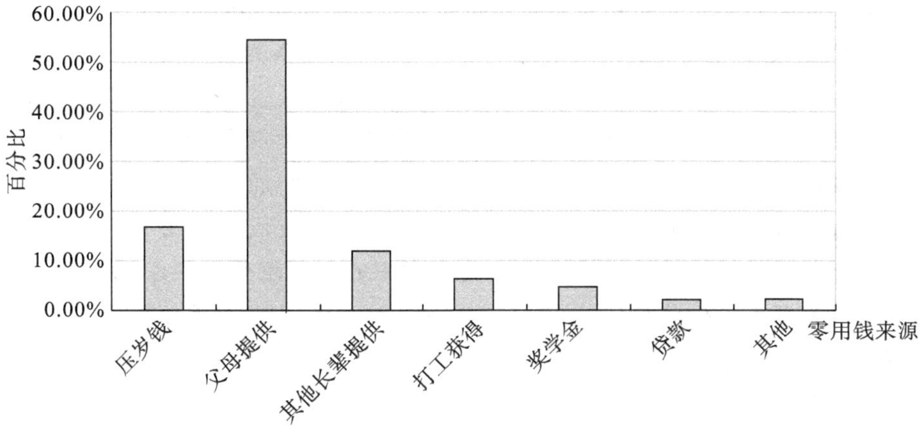

图 2-13 我国城市青少年零用钱来源调查

表 2-14 我国不同年龄段城市青少年零用钱来源调查表

年龄段	压岁钱	父母提供	其他长辈	打工获得	奖学金	贷款	其他	合计
13～17 岁	22.42%	55.05%	13.70%	3.78%	2.64%	1.66%	0.75%	100%
18～25 岁	11.79%	54.46%	10.30%	9.05%	6.90%	3.21%	4.29%	100%

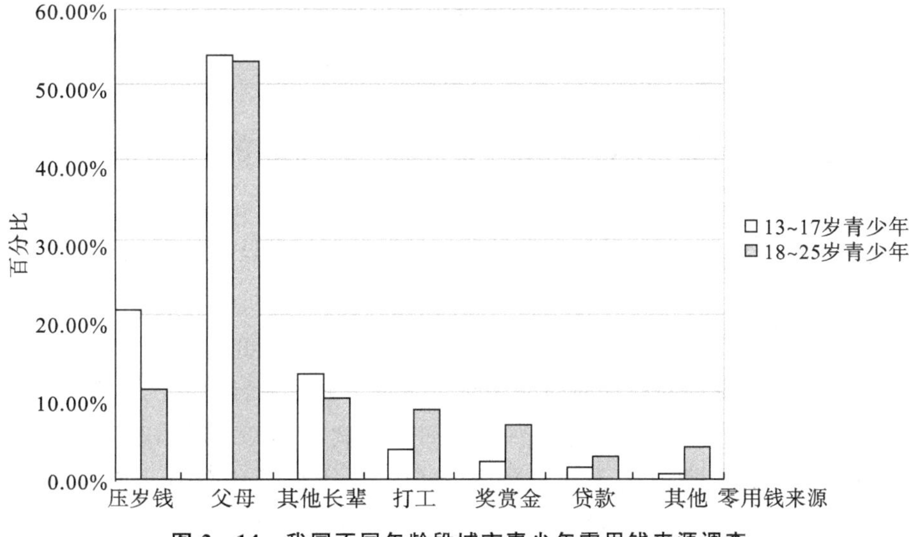

图 2-14 我国不同年龄段城市青少年零用钱来源调查

二、我国城市青少年消费现状

调查结果表明，我国城市青少年月消费平均值为 529.40 元，消费内容主要为正常伙食、日用品(含学习用品)、电话费、体育消费、朋友聚会、零食、上网、杂志等。平均消费金额列在前 5 位的分别是正常伙食 143.17 元，占 27.06%；日用品(含学习用品)62.87 元，占 11.88%；电话费 55.00 元，占 10.40%；体育消费 50.78 元，占

9.60%；朋友聚会50.29元，占9.51%(如图2-15所示)；其中，体育消费居第四位，占每月消费总金额的9.60%。13～25岁的城市青少年基本为独生子女，正常伙食和日用品(含学习用品)是其基本消费内容，也是消费的最主要部分。城市青少年日常学习生活紧张忙碌，见面交流的机会并不多，为了满足身心发展和社会交往需要，随着手机、电话等现代通信工具的普及，他们主要利用闲暇时间通过电话和短信沟通或偶尔的朋友聚会等方式进行交流，因此电话费和朋友聚会消费成为城市青少年消费结构中的重要组成部分。另外，随着城市青少年健康意识的不断增强和科学消费观念的普及，体育消费已成为城市青少年增进交往、追逐时尚和愉悦身心的重要手段，日益增长的体育消费投入构成近年来城市青少年消费结构变化中的一个新亮点。

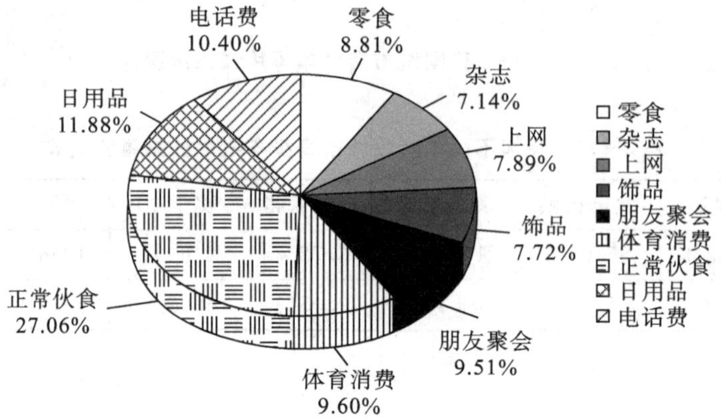

图2-15　青少年消费结构现状

三、我国城市青少年体育消费品更新周期的现状调查

随着科技的发展和消费需求的变化，体育消费品从进入市场到退出市场的“产品生命周期”越来越短，更新换代越来越快。消费者在使用消费品的过程中，也会因个人经济状况、审美观念、参与活动频度等不同而在商品更新周期方面表现出差异，进而影响到个人的消费选择。通过对我国城市青少年体育消费品更新周期的现状进行调查，能够了解青少年的体育消费行为特点和偏好，从而为其提供针对性的体育消费品。

通过对我国城市青少年体育消费品更新周期的调查，可以看出我国城市青少年运动服和运动鞋的更新周期主要为1学期到1年，选择百分比分别占总体的17.69%、23.10%、22.59%、22.51%，更新周期为2年以上的也占到一定比例，分别占选择总体的9.35%和5.66%；对球拍的更新周期的选择主要集中在1年及2年以上，选择百分比占选择总体的14.50%和16.35%，其余更新周期的选择率均低于10%；对健身器的更新周期的选择主要集中在2年以上，占选择总体的16.21%，其余各项更新周期的选择率均分布较为均匀，都在8%以下；体育报刊和体育音像制品的选择趋势大致相同，其选择百分率主要集中在1周至1个月，约占选择总体的20.17%、12.54%、11.09%和11.72%、12.83%、15.09%；从各实物性消费品更新周期的主要分布区间可以看出，其主要选择比率的集中区间与该消费品的使用寿命大致相符，这说明实物性消费品更新周期以受体育消费品本身使用寿命的影响为主，受到时尚引导、攀比心理等因素影响，更新周期在各次要区间也出现了一定比例。

比赛门票等精神性消费内容的消费品更新周期具有非常相似的分布，各项精神性消费中"无消费"选择率在选择总体中所占比例均为10%左右，其无消费选择率之和占到了选择总体的39.67%，其余区间选择比率分布较为均匀，更新周期选择比率较高的均为1～2周。从各精神性消费品更新周期的主要分布区间可以看出，其主要选择比率集中区间与该消费品的使用周期大致相符且无消费选项均占最大比例，这说明精神性消费品更新周期以受体育消费品本身使用周期的影响为主，同时也反映出青少年精神性体育消费意识还比较淡薄，消费需求尚处在较低层次。结合体育消费潜在需求的研究结果看，随着青少年经济境况的好转，在科学消费观念的指导下，精神性体育消费预期将会有很大的改善。

对于博弈性消费项，其无消费选择率之和占到了选择总体的21.43%，更新周期选择比率最高的为1周(如图2－16所示，见表2－15)。这是由于现阶段我国博弈性体育消费市场建立和运行机制不完善，广大青少年对博弈认识程度不深，青少年的消费意识和行为尚处于萌芽状态，应该及时给予正确引导。

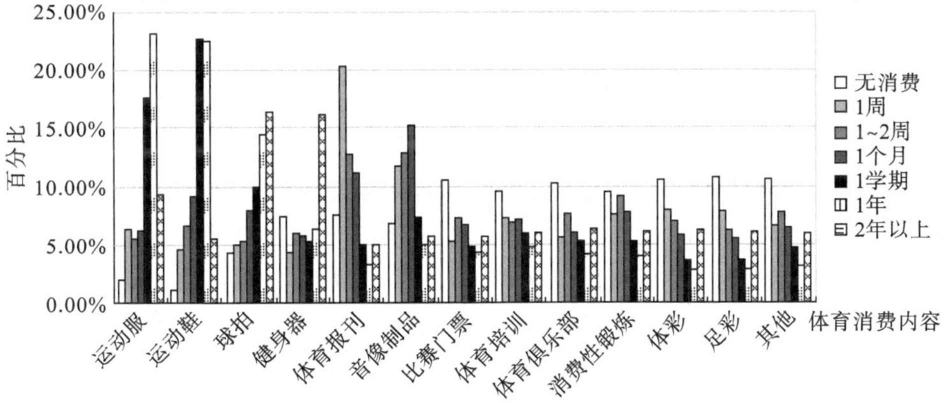

图2－16　我国城市青少年体育消费品更新周期

综上所述，通过对我国城市青少年体育消费品更新周期的调查可以看出：受青少年身心发育特点、体育消费品本身使用寿命及时尚引导、攀比心理等因素影响，我国城市青少年实物性体育消费品中运动服和运动鞋的更新周期主要为1学期到1年，更新周期为2年以上的也占到一定比例；球拍的更新周期主要集中在1年以上，健身器的更新周期主要集中在2年以上，体育报刊和体育音像制品的更新周期主要集中在1周至1个月。精神性消费品更新周期选择比率较高的均为1～2周，"无消费"选择率在选择总体中所占比例较大，说明精神性体育消费品更新周期以受消费品本身使用周期的影响为主，青少年精神性体育消费意识还比较淡薄，有待进一步提高。博弈性消费项"无消费"选择率最高，更新周期选择比率较高的为1周，反映出青少年的博弈性消费意识和行为尚处于萌芽状态，应适时加以引导。

另外，我国城市青少年各体育消费品更新周期的集中趋势还表明，各种消费品都将在一定的使用周期中完成各自的使命，而后在各种因素的作用下，将激发新一轮的消费需求，我们应该抓住这一有利时机，调整商品供应结构，疏通各消费信息流通环节并给予适当的引导，以提高青少年的体育消费心理预期，促进青少年科学合理的体育消费行为。

表 2－15　我国城市青少年体育消费品更新周期(%)

更新周期	运动服	运动鞋	球拍	健身器	体育报刊	音像制品	比赛门票	体育培训	体育俱乐部	消费性锻炼	体彩	足彩	其他
无消费	1.83	1.09	4.18	7.30	7.38	6.75	10.37	9.63	10.15	9.52	10.60	10.83	10.37
1 周	6.26	4.60	5.00	4.31	20.17	11.72	5.23	7.18	5.63	7.59	7.93	7.82	6.55
1～2 周	5.38	6.59	5.23	5.88	12.54	12.83	7.31	6.88	7.46	9.10	6.95	6.09	7.74
1 个月	6.13	9.05	7.88	5.80	11.09	15.09	6.57	7.13	5.88	7.73	5.79	5.38	6.48
1 学期	17.69	22.59	9.70	5.20	4.96	7.21	4.72	5.86	5.29	5.02	3.60	3.60	4.57
1 年	23.10	22.51	14.50	6.23	3.26	4.75	4.28	4.75	4.11	3.98	2.71	2.80	3.01
2 年以上	9.35	5.66	16.35	16.21	4.73	5.52	5.69	5.87	6.24	6.13	6.27	6.04	5.93

第四节　小　结

相比于前人学者的研究，我国现阶段城镇居民体育消费水平已经有了较大的提升。在消费类型方面，参与型体育消费的平均金额仅次于实物型体育消费，这也意味着我国城镇居民体育消费结构越来越趋于合理。在地域方面，我国中西部地区城镇居民体育消费水平总体类似，主要以实物型体育消费为主；南部地区体育消费水平显著高于北部地区，其差异受居民可支配收入、社会经济发展、消费理念、消费者偏好、文化程度等多种因素的影响。青少年在体育方面的消费水平相对较低，但近些年来呈现快速增长的态势。青少年体育消费在未来将会成为体育消费持续性增长的重要推动力，是未来体育消费发展的主力军。

不同特征产生的消费水平差异从本质上来讲是消费者对于体育消费的认知和态度不同，而受到年龄、性别、学历、收入、职业等多因素影响，不同的消费者会形成自己的消费偏好。商家和政府应该以需求为导向，针对不同特征的体育消费群体，选择合适的目标人群，制定相应的营销策略。提高体育消费品供给的科学性、针对性与有效性，提供不同价位、功能全面、品类丰富的体育产品，满足不同群体的多元化体育消费需求。

第三章　我国城市青少年体育消费需要、动机研究

人们对体育消费的需要首先来自对体育的需要和由此产生的动机。研究表明在影响消费者行为的诸多心理因素中，需要和动机占有非常特殊的重要的地位，它与消费者的消费行为有着直接而紧密的联系。这是由于人们的任何消费行为都是有目的的。这些目的的实质就是为了满足人们的某种需要或欲望，当一种需要未得到满足时，人们就会产生内心紧张，这种紧张状态能激起人们争取实现目标的动力，即形成动机。在动机的驱使下，人们会采取行动以实现目标。达到目标，需要得到满足，内心紧张状态随之消除，行为过程即告结束。直到产生新的消费需要，周而复始，这也是体育消费行为的一般规律(如图 3－1 所示)。

需要 ⟶ 心理紧张 ⟶ 动机 ⟶ 目标导向 ⟶ 目标行动 ⟶ 需要满足紧张消除 ⟶ 新的需要

图 3－1　体育消费行为的一般规律

从消费心理学角度看，需要是消费者行为的原动力，动机则是消费者行为的直接驱动力。正是由于需要，动机与行为之间具有紧密的内在联系，任何消费行为都是在需要和动机的直接驱动下进行的。

笔者在充分阅读有关文献资料和前人研究成果的基础上采用了归纳、演绎、逻辑推理等研究方法，对我国城市青少年体育消费需要的基本类型、动机特点等进行深入研究，以便更好地把握青少年体育消费心理与行为的内在规律，为有效地提高我国体育消费水平、调整产业结构提供参考依据。

第一节　体育消费需要研究

体育消费需要是指当人们基本满足了生理和安全需要的情况下，为了健康、娱乐、交往、尊重等需要，有机体对体育消费需求的一种必然反映，它是社会生产力发展到一定阶段的产物，是现代人们生活消费结构中不可缺少的组成部分。体育消费需要是消费动机的出发点，同时影响体育消费行为。对体育消费需要进行研究，能够发掘目标消费者的消费需求，掌握消费者的行为习惯，从而对体育消费市场进行细分，进而提供有针对性的体育产品，推动体育消费市场的繁荣发展。

一、体育消费者需要的产生与特点

美国心理学和行为学家马斯洛把人类的多种需要划分为 5 个层次，即生理需要、安全需要、社会需要、尊重需要和自我实现的需要。从马斯洛的需要层次可以看出，各层次的需要都存在着一定的联系，彼此相对排列成层次并呈阶梯状由低到高逐层递升。这说明，只有基本的生理需要得到满足之后，高层次的需要才能依次出现并得到满足。就体育消费者的需要而言，它是建立在人们基本满足了第一层次和第二层次消费需要基础上的又一较高层次的消费需要。只有在较高收入的情况下生理需要得到一定程度的满足后，才会出现较强烈的体育消费的需要。

另外，体育消费需要的产生，还具备以下两个条件：一是不足之感，即感到机体欠缺某种生理或心理需求。如当人们意识到身体欠佳需要锻炼时，或从体验中感到了体育特有的娱乐性和精神享受时，心理产生失衡，需要开始萌生。二是求足之愿，即人们有追求满足之愿。如果只有需要，没有追求满足之愿，需要不能形成。但是如果两者兼而有之却因收入水平、消费观念、体育消费环境等因素限制而产生自我抑制，同样难以形成需要。因此，体育消费需要的产生除具备上述两大条件外，还受其他诸多因素的影响。

体育消费需要具有以下 5 大特点：

(1)指向性，指向所需要的具体事物(如对运动服装的需要、娱乐的需要、运动的需要等)。

(2)非迫切性，指与生理、安全的需要相比并非那么迫切，它是建立在上述两种需要之上的较高层次的需要。属于发展和享受需要。

(3)多重性，指在体育消费实践中物质与精神需要往往是相互渗透、相互交融，既能满足物质需要，同时也能满足精神需要。(如购买一种运动服，打一场保龄球等，既满足了物质需要，又满足了健身、尊严、人格、荣誉、交往等精神需要)这也是体育消费需要区别于其他消费最本质的特点。

(4)竞争性。在人们的多种需要中，只有最强烈、最迫切的需要才能转化为动机，成为支配行为的动力。因此，在我国现阶段恩格尔系数在 50%以上的情况下，体育消费的需要往往在多种需要中处于劣势。

(5)发展性。体育消费的需要会随着社会生产力的不断发展、人们经济收入的不断增加和生活水平的提高而越来越强烈。

二、我国城市青少年体育消费需要程度的特征研究

我国城市青少年消费观念开放、超前，加之受教育的程度较高，环境赋予的机会较多，所以收入预防比例较低，对未来消费充满一种乐观的心理预期。因此，这一群体将是未来消费主体的新兴市场动力。然而，近年来关于我国青少年体育消费的理论研究在深度和广度上还都存在很大的局限性，忽视了微观消费主体对我国宏观消费市场影响的研究，特别是对我国城市青少年消费群体消费需要的研究仍未引起足够重视。

因此，笔者通过调研对我国青少年体育消费需要程度的年龄、性别、区域等特征进行分析，对于提高青少年消费心理预期、正确引导青少年消费行为具有重要意义。

通过对我国城市青少年体育消费需要程度总体比较调查发现，在需要和非常需要这两个选项中，我国城市青少年实物性体育消费需求最高，占到总体的59.68%，在实物性体育消费中需要程度最高的是运动鞋和运动服，分别占到总体的18.33%和15.20%，其次是小型运动器械，占到总体的10.09%；劳务性体育消费中占到需求总体的26.20%，需要程度最高的是体育培训消费，占需求总体的7.61%，博弈性体育消费占到需求总体的7.99%，体彩与足彩分别占到3.95%和4.04%，以上结果与体育消费结构部分的研究结论相吻合(见表3－1)。

表3－1　我国城市青少年体育消费需要程度调查(%)

需要程度	实物性消费					劳务性消费				博弈性消费		其他
	运动服	运动鞋	小型运动器械	体育报刊	体育音像制品	比赛门票	体育培训	体育俱乐部	消费性锻炼	体彩	足彩	
需要	15.20	18.33	10.09	7.55	8.50	5.86	7.61	6.57	6.16	3.95	4.04	6.13
一般	7.65	5.34	10.19	10.04	9.87	8.80	8.66	8.51	8.96	6.61	6.45	8.93
不需要	1.96	1.16	4.57	7.36	6.55	10.40	8.74	9.97	9.92	14.66	14.74	9.98
类型合计	59.68					26.20				7.99		6.13

(一)我国城市不同年龄段青少年体育消费需要程度比较

通过对我国城市不同年龄段青少年需要程度比较发现，13～17岁青少年与18～25岁青少年在体育报刊与体育音像制品的消费需要程度上有明显差距，分别高出1.10%和2.25%($P<0.05$)，存在显著性差异。在其余实物性体育消费需要程度上，18～25岁青少年均略高于13～17岁青少年，但差距均不足0.4%，且$P>0.05$，无显著性差异。

在劳务性体育消费需要中，18～25岁青少年均略高于13～17岁青少年，差距稍大的是其他、消费性锻炼，分别相差为0.66%和0.52%($P<0.05$)，其余均不足0.5%，且$P>0.05$，无显著性差异。在博弈性体育消费需要程度上两者相差较小，18～25岁青少年在体彩与足彩消费需求程度上均略高于13～17岁青少年，分别为0.22%和0.36%(如图3－2、图3－3、图3－4所示，见表3－2、表3－3、表3－4)。

这说明在实物性体育消费中，13～17岁青少年体育报刊与体育音像制品的消费需要程度高于18～25岁青少年且存在显著性差异，在其余实物性体育消费需要程度上，18～25岁青少年均略高于13～17岁青少年；在劳务性体育消费需要中，18～25岁青少年均略高于13～17岁青少年；在博弈性体育消费需要中，18～25岁青少年在体彩与足彩的消费上均略高于13～17岁青少年。

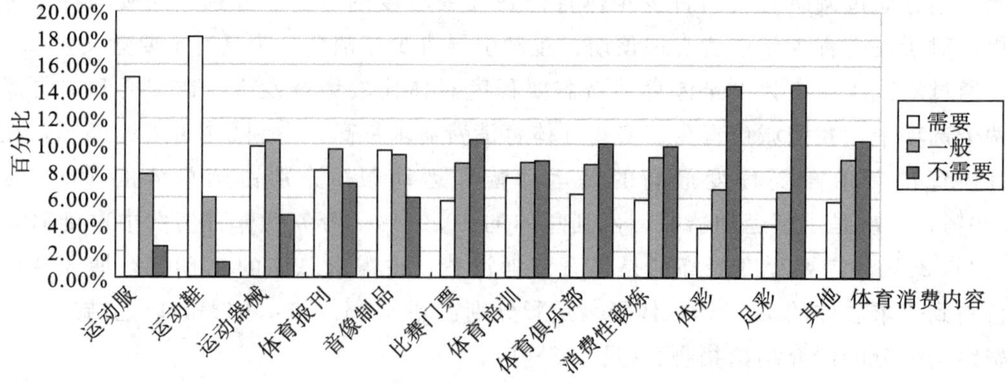

图3-2　我国13～17岁城市青少年体育消费需要程度

表3-2　我国13～17岁城市青少年体育消费需要程度调查(%)

需要程度	运动服	运动鞋	运动器械	体育报刊	音像制品	比赛门票	体育培训	体育俱乐部	消费性锻炼	体彩	足彩	其他
需要	15.03	18.14	10.00	8.10	9.64	5.85	7.53	6.33	5.90	3.84	3.86	5.80
一般	7.78	6.05	10.31	9.72	9.28	8.69	8.63	8.51	9.01	6.68	6.50	8.85
不需要	2.42	1.19	4.67	7.11	6.09	10.37	8.81	10.09	10.00	14.42	14.58	10.25

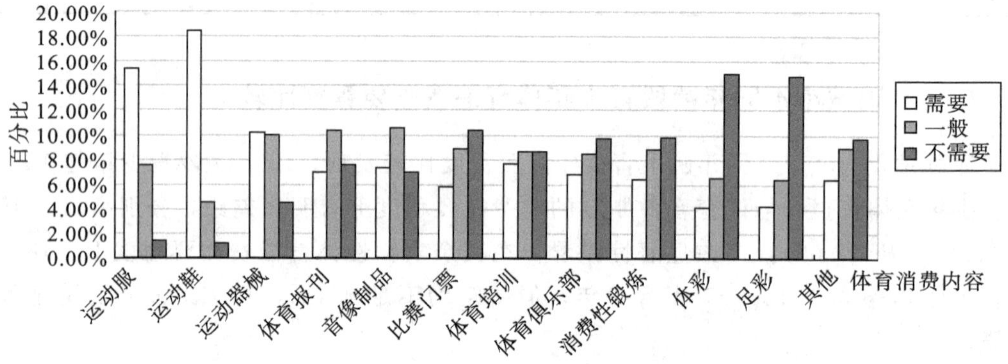

图3-3　我国18～25岁城市青少年体育消费需要程度

表3-3　我国18～25岁城市青少年体育消费需要程度调查(%)

需要程度	运动服	运动鞋	运动器械	体育报刊	音像制品	比赛门票	体育培训	体育俱乐部	消费性锻炼	体彩	足彩	其他
需要	15.38	18.51	10.19	7.00	7.38	5.87	7.69	6.82	6.42	4.06	4.22	6.46
一般	7.52	4.57	10.06	10.38	10.52	8.91	8.69	8.50	8.91	6.54	6.40	9.01
不需要	1.45	1.14	4.46	7.62	7.05	10.43	8.66	9.83	9.83	14.94	14.91	9.67

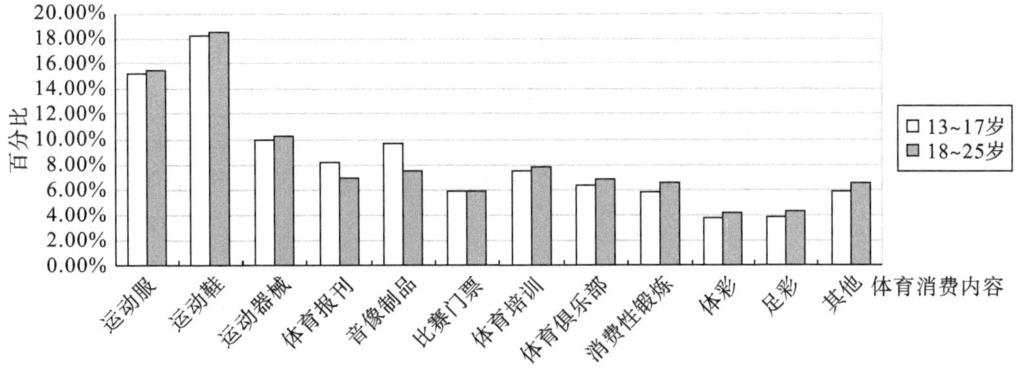

图 3-4　我国不同年龄段城市青少年体育消费需要程度比较

表 3-4　我国不同年龄段城市青少年体育消费需要程度比较(%)

年龄段	运动服	运动鞋	运动器械	体育报刊	体育音像制品	比赛门票	体育培训	体育俱乐部	消费性锻炼	体彩	足彩	其他
13～17 岁	15.03	18.14	10.00	8.10	9.64	5.85	7.53	6.33	5.90	3.84	3.86	5.80
18～25 岁	15.38	18.51	10.19	7.00	7.38	5.87	7.69	6.82	6.42	4.06	4.22	6.46
百分比差异	−0.35	−0.37	−0.19	1.10	2.25	−0.02	−0.16	−0.49	−0.52	−0.22	−0.36	−0.66
检验值(F)	1.601	0.596	0.001	6.02	11.208	4.821	3.29	5.296	0.669	0.251	0.15	0.134
显著性(P)	0.081	0.44	0.975	0.035	0.001	0.068	0.07	0.021	0.031	0.42	0.699	0.408

(二)我国城市不同性别青少年体育消费需要程度比较

通过对我国城市男女青少年体育消费需要程度比较发现，在需要和非常需要这两个选项中，我国城市青少年在实物性体育消费需要程度上，女性整体高于男性 3.11%。其中最为明显的为运动鞋与运动服的消费，女性青少年较男性青少年高出 3.59% 和 1.75%($P<0.01$)，存在显著差异；在其余实物性体育消费需求方面，男性青少年在运动器械、体育报刊、体育音像制品方面略高于女性，在体育报刊方面高出 2.10%($P<0.05$)，存在显著性差异；其余均不足 0.08%，且 $P>0.05$，不存在显著性差异。

在劳务性体育消费需要程度上，男性整体高于女性 1.26%。其中，差距较为明显的是体育门票，男性青少年比女性青少年高出 1.52%($P<0.05$)，存在显著差异；在体育培训方面的需要程度也略高出 0.27%，且 $P>0.05$，不存在显著性差异；而女性青少年在消费性锻炼、体育俱乐部方面的需要程度略高于男性青少年，但均不足 0.7%，且 $P>0.05$，不存在显著性差异。

在博弈性体育消费的需要程度上，两者相差 1.09%，男性青少年在体彩与足彩的需要程度上均略高于女性青少年，分别为 0.76% 和 10.9%，($P_{体彩}<0.05$，$P_{足彩}>0.05$)(如图 3-5、图 3-6、图 3-7 所示，见表 3-5、表 3-6、表 3-7)。

这反映出我国城市青少年在实物性体育消费中，女性青少年运动鞋与运动服的需要程度高于男性，并存在显著差异。在其余方面，男性城市青少年略高于女性。在劳务性体育消费中，男性青少年对体育门票的需要程度高于女性青少年且存在显著差异；女性青少年在消费性锻炼、体育俱乐部方面的需要程度略高于男性青少年。在博弈性体育消费中，男性青少年在体彩与足彩的需要程度上均略高于女性青少年。

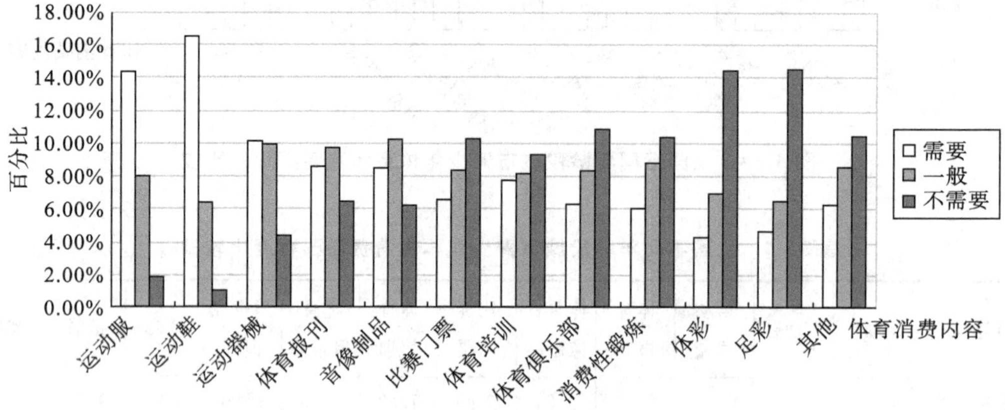

图 3-5　我国男性城市青少年体育消费需要程度

表 3-5　我国男性城市青少年体育消费需要程度调查(%)

需要程度	运动服	运动鞋	运动器械	体育报刊	音像制品	比赛门票	体育培训	体育俱乐部	消费性锻炼	体彩	足彩	其他
需要	14.32	16.50	10.13	8.63	8.53	6.64	7.73	6.25	6.08	4.34	4.60	6.25
一般	8.02	6.40	10.03	9.72	10.19	8.33	8.10	8.31	8.87	6.92	6.53	8.56
不需要	1.81	1.06	4.44	6.50	6.11	10.27	9.28	10.75	10.33	14.44	14.55	10.47

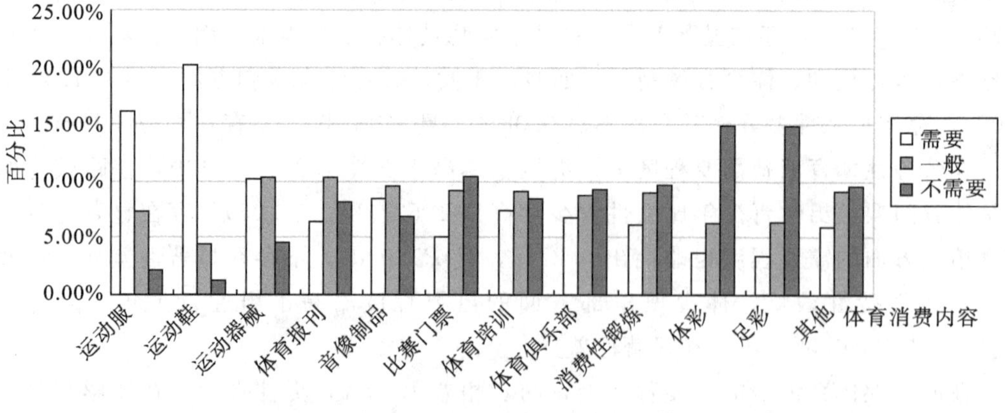

图 3-6　我国女性城市青少年体育消费需要程度

表 3－6　我国女性城市青少年体育消费需要程度调查(%)

需要程度	运动服	运动鞋	运动器械	体育报刊	音像制品	比赛门票	体育培训	体育俱乐部	消费性锻炼	体彩	足彩	其他
需要	16.07	20.09	10.07	6.53	8.46	5.12	7.46	6.86	6.23	3.58	3.51	6.02
一般	7.33	4.44	10.32	10.30	9.63	9.19	9.14	8.69	9.02	6.34	6.37	9.23
不需要	2.08	1.25	4.66	8.02	6.88	10.49	8.32	9.35	9.61	14.85	14.89	9.59

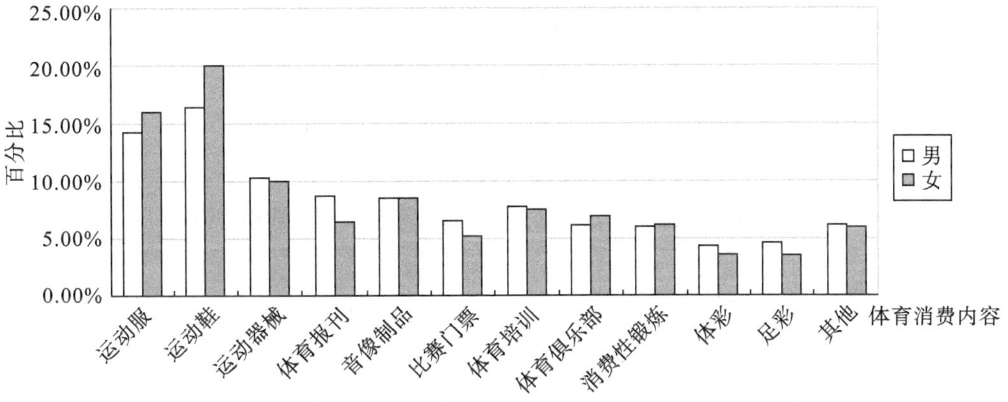

图 3－7　我国不同性别城市青少年体育消费需要程度比较

表 3－7　我国不同性别城市青少年体育消费需要程度比较(%)

性别	运动服	运动鞋	运动器械	体育报刊	体育音像制品	比赛门票	体育培训	体育俱乐部	消费性锻炼	体彩	足彩	其他
男性	14.32	16.50	10.13	8.63	8.53	6.64	7.73	6.25	6.08	4.34	4.60	6.25
女性	16.07	20.09	10.07	6.53	8.46	5.12	7.46	6.86	6.23	3.58	3.51	6.02
百分比差异	－1.75	－3.59	0.06	2.10	0.07	1.52	0.27	－0.61	－0.15	0.76	1.09	0.23

(三)我国东西部城市青少年体育消费需要程度比较

通过对我国东西部城市青少年体育消费需要程度总体比较发现，在非常需要和比较需要这两个选项中，东部青少年在体育音像制品和运动鞋的消费需要程度上分别高出 1.14%和 0.44%(见表 3－8、表 3－9)。在其余实物性体育消费需要程度上，西部青少年均略高于东部青少年。在劳务性体育消费需要中，西部青少年体育培训需要程度比东部青少年高出 1.34%外，其余选项均略低于东部青少年。在博弈性体育消费需要程度上两者相差较小，东部青少年在体彩与足彩均略高于西部青少年，分别为 0.40%和 0.38%(如图 3－8、图 3－9、图 3－10 所示，见表 3－8、表 3－9、表 3－10)。

这说明在实物性体育消费需要程度上，西部青少年均略高于东部青少年。在劳务性体育消费需要中，西部青少年除体育培训需要高于东部青少年外，其余项目均略低于东部青少年。在博弈性体育消费需要程度上东部青少年均略高于西部青少年。

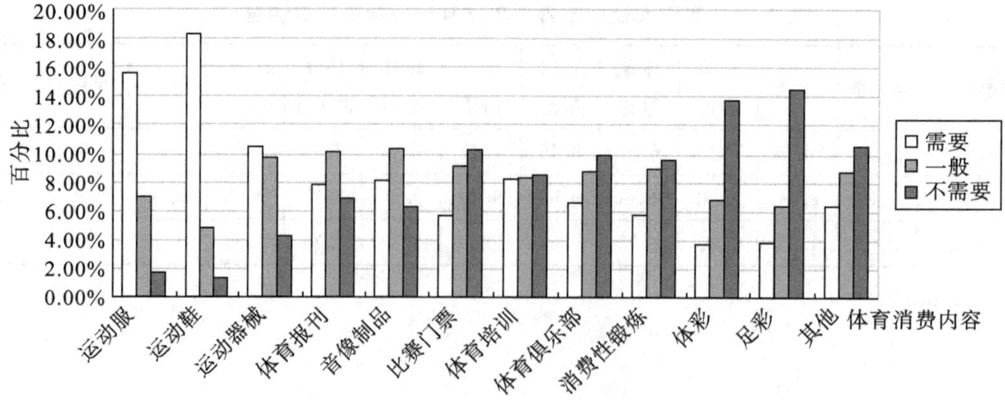

图 3-8　我国东部城市青少年体育需要程度

表 3-8　我国东部城市青少年体育消费需要程度调查(%)

需要程度	运动服	运动鞋	运动器械	体育报刊	音像制品	比赛门票	体育培训	体育俱乐部	消费性锻炼	体彩	足彩	其他
需要	15.09	18.65	9.70	7.52	9.23	6.00	6.87	6.56	6.42	4.09	4.21	5.66
一般	8.30	5.88	10.82	9.82	9.36	8.35	9.07	8.27	9.13	6.43	6.03	8.55
不需要	2.20	1.10	4.86	7.76	6.61	10.45	9.01	10.01	9.37	13.90	14.16	10.57

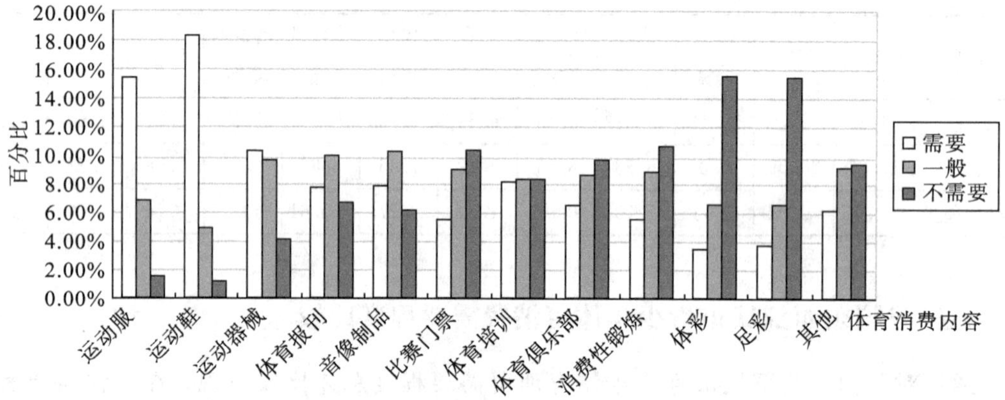

图 3-9　我国西部城市青少年体育需要程度

表 3-9　我国西部城市青少年体育消费需要程度调查(%)

需要程度	运动服	运动鞋	运动器械	体育报刊	音像制品	比赛门票	体育培训	体育俱乐部	消费性锻炼	体彩	足彩	其他
需要	15.51	18.21	10.39	7.78	8.09	5.74	8.21	6.53	5.67	3.69	3.83	6.34
一般	6.99	4.89	9.67	10.04	10.26	9.10	8.36	8.82	8.95	6.81	6.79	9.32
不需要	1.74	1.27	4.26	6.81	6.17	10.35	8.44	9.80	10.63	15.64	15.50	9.38

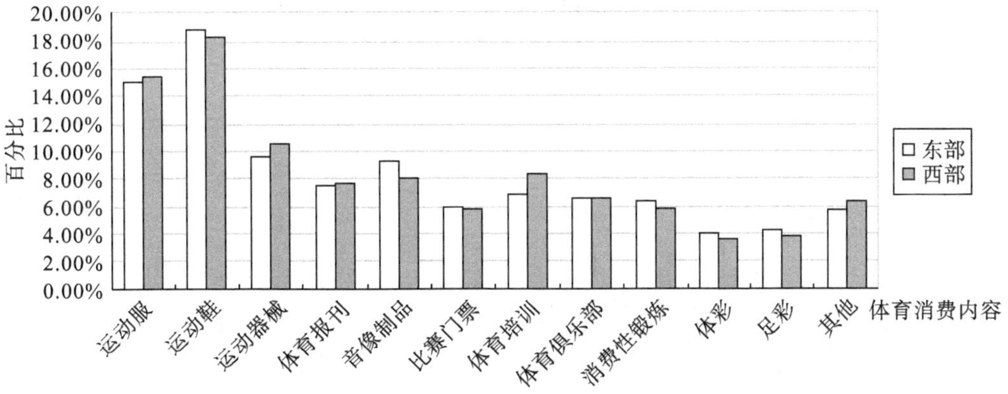

图 3-10 我国东西部青少年体育需要程度比较

表 3-10 我国东西部城市青少年体育消费需要肯定程度比较(%)

消费内容	运动服	运动鞋	运动器械	体育报刊	体育音像制品	比赛门票	体育培训	体育俱乐部	消费性锻炼	体彩	足彩	其他
男性	15.09	18.65	9.70	7.52	9.23	6.00	6.87	6.56	6.42	4.09	4.21	5.66
女性	15.51	18.21	10.39	7.78	8.09	5.74	8.21	6.53	5.67	3.69	3.83	6.34
百分比差异	−0.42	0.44	−0.69	−0.26	1.14	0.26	−1.34	0.03	0.75	0.40	0.38	−0.68

三、我国城市青少年体育消费需要类型调查研究

从消费需要与市场购买行为的关系角度分析，我们可将体育消费需要的类型分为体育消费的现实需要、潜在需要、超前需要和随机需要 4 种。

(1)现实需要主要是指消费者已经具备对某种体育商品或精神方面的实际需要，并具备足够的货币支付能力，同时市场上也具备充足的体育商品供其选择，其需要随时可以转化为实际的购买行为。

(2)潜在需要主要是指消费者目前尚未显现出对体育商品或精神方面的消费需要，但在未来有可能形成的体育消费需要。

(3)超前需要指超出了消费者实际货币支付能力、现实需要或市场上供不应求。

(4)随机需要指消费者对某类商品的需要在数量和时间上呈现出不固定状态。

(一)我国城市青少年体育消费现实需要的调查与分析

调查资料显示，我国城市青少年体育消费的现实需要是以普通运动服和普通运动鞋为主，其选择比率分别占到现实需要样本总量的 15.56%和 15.63%，其次是小型运动器械、体育报刊和体育音像制品，均占到现实需要样本总量的 8%以上，其余各项目的需要均占到现实需要样本总量的 5%左右(如图 3-11 所示，见表 3-11)。说明受我国传统勤俭节约思想、商品本身功能特点、消费者自身经济状况和消费能力的影响，我国城市青少年对体育消费的现实需要依然注重消费品的经济性、耐用性和实用性，对其他项目的体育消费现实需要在现阶段还不是很迫切。

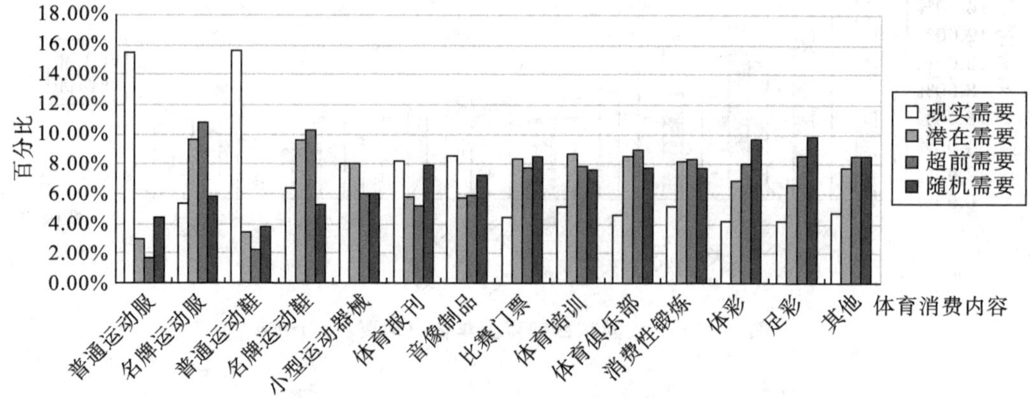

图 3－11　我国城市青少年体育消费需要类型比较

表 3－11　我国城市青少年体育消费需要类型调查(%)

消费类型	普通运动服	名牌运动服	普通运动鞋	名牌运动鞋	小型运动器械	体育报刊	音像制品	比赛门票	体育培训	体育俱乐部	消费性锻炼	体彩	足彩	其他
现实需要	15.56	5.32	15.63	6.33	8.05	8.14	8.56	4.48	5.07	4.61	5.21	4.26	4.12	4.66
潜在需要	2.95	9.71	3.39	9.50	8.09	5.73	5.76	8.35	8.61	8.53	8.20	6.89	6.61	7.68
超前需要	1.71	10.75	2.12	10.21	5.98	5.24	5.91	7.79	7.92	8.97	8.26	8.06	8.60	8.50
随机需要	4.34	5.77	3.83	5.19	5.96	7.88	7.27	8.44	7.67	7.84	7.76	9.66	9.83	8.57

(二)我国城市青少年体育消费潜在需要的调查与分析

调查资料显示，我国城市青少年体育消费的潜在需要是以名牌运动服和名牌运动鞋为主，其选择比率分别占到现实需要样本总量的 9.71%和 9.50%，其次是体育培训 8.61%、体育俱乐部 8.53%、比赛门票 8.35%、消费性锻炼 8.20%和小型运动器械 8.09%；体育报刊和体育音像制品均占到现实需要样本总量的 5%以上；普通运动服、普通运动鞋只占到潜在需要样本总量的 3%左右(见表 3－11)。这一现象表明我国城市青少年体育消费的潜在需要比较注重消费品的品牌知名度，并由实物性消费需要向精神性消费需要转化，体育报刊和体育音像制品等商品的价格普通消费者已经能够承受，因此在潜在需要中的重要性与现实需要相比有所下降，普通运动服与普通运动鞋在潜在需要中已经不再迫切。

(三)我国城市青少年体育消费超前需要的调查与分析

调查资料显示，我国城市青少年体育消费的超前需要是以名牌运动服和名牌运动鞋为主，其选择比率分别占到超前需要样本总量的10.75%和10.21%，其次是比赛门票、体育培训、体育俱乐部、消费性锻炼、体彩、足彩，均占到超前需要样本总量的8%左右(见表3-11)，这预示着我国城市青少年在超前需要中具有追求时尚和精神享受的趋势，并通过高档次体育服务提高身体健康水平和体育文化素养。同时通过博弈性投资获取经济利益等较高层次的消费意识也在不断提高。

(四)我国城市青少年体育消费随机需要的调查与分析

调查资料显示，我国城市青少年体育消费的随机需要中，体彩和足彩所占比例最大，其选择比率分别占随机消费样本总量的9.66%和9.83%(见表3-11)。体彩和足彩在我国刚刚起步，其运行机制还不完善，且发行时间、中奖概率问题等方面存在显著的不确定性，而且两者都带有一定的赌博性和投机性消费，为我国传统思想不能接受，因此在随机需要中占较大比例；其次是比赛门票，其选择比率占样本总量的8.44%，这与消费者喜欢的比赛项目、各种比赛举办的时间、地点等因素有关，由于这些因素都具有明显的随机性，而且国内目前举办各种体育比赛的频度、比赛水平都比较低，加上比赛门票与普通家庭的经济承受力之间存在差距等因素决定了到现场观看比赛大都是偶然行为，这与比赛门票消费在随机消费中占有较大比例这一事实相符。体育报刊、体育俱乐部、消费性锻炼、体育培训、体育音像制品和其他需要，均占到随机需要样本总量的8%左右，其余各项目的需要均占随机需要样本总量的6%以下。说明我国城市青少年体育消费的随机需要依然注重体育消费的本身特性、机遇性和娱乐性。

第二节　体育消费动机研究

一、体育消费者的心理动机类型

(一)求实动机

求实动机是体育消费者以追求体育商品的使用价值为主要目的的消费动机。注重产品的“实惠”“实用”和“质量”，讲求朴实大方、耐用便利。这种消费动机往往与消费者的经济收入、消费观念和文化氛围等有着密切关系，在我国体育消费者中普遍存在，这与我国目前经济发展水平和人们的生活水平有密切关系。

(二)求新动机

求新动机是体育消费者在购买体育商品时以追求商品的时尚和新颖为主要目的的动机。比较注重商品的“时髦”和“新奇”，讲求商品的款式和社会流行式样，这种购买动机在我国青少年体育消费者中普遍存在。因此在设计青少年运动服装和其他体育商品时要注意产品的“时髦”和“新奇”的特点。

(三)求廉动机

求廉动机是体育消费者以追求价格低廉商品为主要目的的心理动机。注重商品“物美”和“价廉”，宁肯花时间、体力和精力去了解有关商品的价格信息，反复衡量最后做出购买决定。具有此类购买动机的体育消费者往往也与其经济条件和习惯于节俭生活有关。随着社会发展，具有这种购买动机的消费者会越来越少。消费者在选购体育商品时在追求名牌、档次和质量的同时以提高自己的身份、地位而形成的购买动机，往往注重商品的社会声誉和象征意义。随着社会的不断进步和生活水平的提高，求名动机的群体会越来越多，求名的动机更多的是在于名牌产品的质量。

二、陕西省不同阶层居民体育消费动机研究

随着我国居民生活水平的日益提高，人们不论对体育实物性消费还是劳务性消费等非生活必需品的关注和需求也在不断提升，这引发了学界的高度关注。笔者通过文献资料等研究方法，对陕西省 10 个主要城市不同阶层居民的体育消费动机进行了深入的调查分析。通过揭示陕西省不同阶层居民的体育消费动机，希望为商家、企业和相关的管理部门制定营销策略、政策规定提供借鉴和帮助，以使其更具针对性，同时为市场细分、优化产业结构、拓展体育消费市场、促进陕西省的经济发展提供参考。

体育消费动机是指推动人们去从事体育活动，以满足身心，满足需要的意图、愿望、信念等，或是针对特定的消费目标而发出的一种内驱力或冲动。为了更好地把握陕西省不同消费阶层的体育消费动机，本研究将消费动机分为以下几个方面：追求实用价值、追求价格低廉、追求品牌效应、追求商品安全、追求体育知识、追求体育技能、追求消费便利、追求身心健康、追求时尚新颖、追求运动愉悦、追求美感、追求个性发展、增进社会交往、从众心理及其他。

(一)研究设计

笔者采用分层抽样法，以地域、城市为分层标准进行抽样。为兼顾到样本在陕北、关中、陕南三大区中各城市的分布，同时考虑到各地区调研员的具体情况，最后确定了安康、西安、宝鸡、渭南、咸阳、铜川、延安、商洛、汉中、榆林 10 个城市作为本课题研究的调查城市。共发放调查问卷 1200 份，回收 993 份，回收率为 82.8%，其中有效问卷 905 份，有效率 91.1%。在 905 名调查对象中，男性 453 人占 50.1%，女性 452 人，占 49.9%；样本对象为 18～62 岁的适宜工作年龄段人群，各年龄段样本分布较均匀。

在社会居民分层的指标方面，鉴于体育消费和收入水平的高度相关性，结合国家人均收入水平、相关文献及前期研究成果，本研究确定以“月收入”作为研究不同阶层居民体育消费需求特征的分层指标，并将月收入低于 2000 元的居民划归较低收入阶层，将月收入高于 2000 低于 3000 元的划归中等收入阶层，月收入高于 3000 元的划归较高收入阶层。分层统计结果显示，较低收入阶层约占总样本量的 34%，中等收入阶层和较高收入阶层分别占总样本量的 35%和 31%，各阶层样本量比例较均等。

(二)不同收入阶层居民的体育消费动机分析

根据研究结果发现，陕西省不同收入阶层的居民在体育消费动机方面呈显著差异：

1. 较低收入阶层居民体育消费动机

调查结果显示，较低收入阶层居民体育消费动机排列前三位的分别为：追求实用价值、追求身心健康和追求商品安全；其次为追求价格低廉和追求运动愉悦；从众心理和追求品牌效应处于最低位置。消费者对体育消费品的有效需求主要取决于购买愿望和支付能力。购买愿望与消费者的兴趣爱好有关，而支付能力与可支配收入有关。较低收入阶层由于经济收入偏低，可支配金额较少，因而体育消费意识较为薄弱，故除了前三位以外，将追求价格低廉和运动愉悦作为首要考虑的重要因素，表现出“勤俭节约”的消费理念和追求运动愉悦的消费预期，不会过多追求品牌效应和时尚新颖等。研究资料也表明，我国较低收入消费群体的共性是收入低、流动性约束强，他们的消费主要用于满足食物需求。由于消费能力较差，他们仍以追求最基本的生活需求为主要的消费动机，体育消费动机表现出更多的务实性。

2. 中等收入阶层居民体育消费动机分析

中等阶层体育消费动机排在前三位的分别是：追求实用价值、追求身心健康和追求商品安全；其次为追求运动愉悦与追求美感；追求品牌和从众心理排在较低的位置。中等收入阶层处在两个阶层之间，他们摆脱了生活的贫困，但仍不具有足够的消费能力。他们在体育消费中除前三位以外，把追求运动愉悦和追求美感作为体育消费重要的考虑因素，更多地去体会运动带给他们的乐趣和美感。这是由于他们具有一定的经济基础以及更强的体育消费意识和健康意识，并表现出他们想通过体育消费来进一步改善自己的体型、提高生活质量和身份地位的美好生活愿望。这明显区别于较低收入阶层并表现出他们渴望迈向较高收入阶层的积极乐观心态。

3. 较高收入阶层居民体育消费动机分析

较高收入阶层居民体育消费动机排在前三位的同样是：追求实用价值、追求身心健康和追求商品安全；其次则为追求运动愉悦和增进社会交往；从众心理和追求价格低廉处在较低的位置。与较低收入与中等收入阶层的体育消费动机不同，较高收入阶层居民把增进社会交往列入了重要位置。这一结果说明，较高收入阶层居民不仅具备一定的可支付能力，而且更加注重身体健康和生活品位，同时参加体育锻炼的意识也明显提高，且通过体育锻炼增加友谊、加强交流已成为较高收入阶层人员一种新的文化需求和社交方式。因此，各健身俱乐部在保证不同阶层居民健身需求的同时，还要不断完善健身环境，提高管理水平和服务水平，以满足不同阶层居民各方面的体育消费需要。

(三)不同收入阶层居民体育消费动机的比较

1. 低收入阶层居民与中等收入阶层居民体育消费动机比较分析

调查数据显示，较低收入阶层居民与中等收入阶层居民在体育消费动机上大都没有显著性差异（$P>0.05$），但在追求物品低廉的动机上则表现出非常显著的差异（$P<0.01$）（见表3-12）。

表3-12　低收入阶层居民与中等收入阶层居民体育消费动机比较

消费动机	均值差	标准误	显著性	95%置信区间	
				下限	上限
实用性	0.169	0.99	0.89	−0.03	0.36
低廉	0.546	0.108	0.000	0.33	0.76
品牌	−0.198	0.102	0.052	−0.40	0.00
安全	0.250	0.115	0.830	−0.20	0.25
知识	−0.013	0.103	0.898	−0.21	0.19
技能	−0.078	0.107	0.466	−0.29	0.19
便利	0.087	0.103	0.395	−0.11	0.29
健康	0.059	0.107	0.583	−0.15	0.27
时尚	−0.100	0.108	0.356	−0.31	0.11
愉悦	0.000	0.110	0.933	−0.22	0.21
美感	0.138	0.105	0.191	−0.07	0.34
个性	0.056	0.107	0.600	−0.15	0.27
社交	0.084	0.109	0.439	−0.13	0.30
从众	0.115	0.105	0.275	−0.09	0.32
其他	0.020	0.030	0.494	−0.04	0.08

正如学者王根伟、高峰在其文中所言，由于经济条件是开展一切文体活动的基础，居民收入水平的高低直接影响其休闲体育消费能力①。由此可见，较低收入阶层居民在进行体育消费时因受到经济水平的直接影响而导致其更多地追求物品的实用价值、身心健康和商品安全，而且往往会将物美价廉作为选择体育消费品的重要参考依据。

2. 中等收入阶层居民与较高收入阶层居民消费动机比较分析

调查显示，中等收入阶层与较高收入阶层在追求商品实用性、商品安全以及在追求运动愉悦和身心健康等方面具有相同的动机，但其在追求商品便利和体育知识上有着显著性差异（$P<0.05$），在品牌效应上表现出非常显著差异（$P<0.01$）（见表3-13）。究其原因，中等收入阶层一般都是白领等工薪人士，他们需花费更多时间去工作、照顾家庭，并受限于交通（一般为无车一族），因此在消费方便上有着较大的需求。在现代消费社会，人们的消费行为模式和消费物品的种类（品牌）已经成为身份和价值

①王根伟，高峰．珠江三角洲地区城镇居民休闲体育消费现状的研究[J]．广州体育学院学报，2008，28(2)：70-73.

的象征。马斯洛的层次需要理论也指出，最低层次为生理需要，最高层次即为自我实现。由于较高收入阶层在经济上的富裕驱使他们更具有追求穿着品牌体育产品的欲望，更加注重体育知识的学习和精神上的享受，以显示其身份、地位、气质、修养和品位等，以利于其进行日常的社会交往或商业洽谈，享受更加美好的生活。

表 3-13　中等收入阶层居民与较高收入阶层居民体育消费动机比较

消费动机	均值差	标准误	显著性	95%置信区间	
				下限	上限
实用性	−0.067	0.102	0.507	−0.27	0.13
低廉	0.050	0.110	0.649	−0.17	0.27
品牌	−0.318	0.104	0.002	−0.52	−0.11
安全	0.005	0.118	0.963	−0.23	0.24
知识	−0.213	0.105	0.043	−0.42	0.00
技能	−0.077	0.109	0.482	−0.29	0.14
便利	−0.228	0.105	0.030	−0.43	0.02
健康	−0.085	0.110	0.440	−0.30	0.13
时尚	−0.092	0.111	0.406	−0.31	0.13
愉悦	−0.121	0.112	0.282	−0.34	0.10
美感	−0.075	0.108	0.486	−0.29	0.14
个性	−0.132	0.109	0.226	−0.35	0.08
社交	−0.178	0.111	0.110	−0.40	0.04
从众	−0.188	0.107	0.080	−0.40	0.02
其他	0.017	0.030	0.574	−0.04	0.08

3. 低收入阶层居民与较高收入阶层居民消费动机比较分析

调查显示，较低收入阶层与较高收入阶层相比较，在商品的实用性、商品安全、身心健康等方面上没有显著性差异。但在追求体育知识上却表现出显著的差异性（$P<0.05$），尤其在价格低廉以及品牌效应上都表现出了非常显著的差异（$P<0.01$）（见表3-14）。这是因为体育消费动机和消费偏好的形成也同样受制于一定的文化和社会传统，具有不同文化背景、不同生活水平的人，其选择的体育消费方式与内容也有所不同。两个阶层在经济基础、文化程度、生活环境和意识等方面的差异决定了他们在体育知识重要性及商品档次等方面的不同认识与抉择。

表 3-14　低收入阶层居民与较高收入阶层居民体育消费动机比较

消费动机	均值差	标准误	显著性	95%置信区间	
				下限	上限
实用性	0.102	0.102	0.318	−0.10	0.30
低廉	0.597	0.111	0.000	0.38	0.81
品牌	−0.517	0.105	0.000	−0.72	−0.31
安全	0.030	0.118	0.799	−0.20	0.26
知识	−0.226	0.105	0.032	−0.43	0.02
技能	−0.155	0.110	0.159	−0.37	0.06
便利	−0.140	0.106	0.184	−0.35	0.07
健康	−0.026	0.110	0.814	−0.24	0.19
时尚	−0.192	0.111	0.085	−0.41	0.03
愉悦	−0.122	0.113	0.280	−0.34	0.10
美感	−0.063	0.108	0.561	−0.15	0.27
个性	−0.076	0.110	0.488	−0.29	0.14
社交	−0.094	0.112	0.401	−0.31	0.13
从众	−0.074	0.108	0.495	−0.29	0.14
其他	0.037	0.031	0.220	−0.02	0.10

三、我国城市青少年体育消费动机研究

体育消费观念来源于人们的动机和需要。城市青少年的消费观念和消费能力决定了这一群体必然成为体育消费的生力军。为了提高企业在市场的竞争力，不断扩大体育消费市场，越来越多的企业商家开始瞄准了城市青少年这个具有全新的消费理念、独特的消费结构和深厚的消费潜力的消费群体。因此，如何有效地开发我国城市青少年体育消费市场，正确引导青少年体育消费行为，使政府的调控更加有效，使企业、商家的决策更加合理、有效，已是摆在我们面前亟待解决的重要课题。笔者从不同角度对我国城市青少年体育消费动机进行深入调查研究，旨在了解我国城市青少年体育消费动机，引导青少年进行科学合理的消费，同时为政府有关部门和企业制定有效的调控政策和营销策略提供依据。

(一)研究设计

笔者以学习、生活、工作在我国大、中、小城市的“13～25 岁的青少年”为研究对

象。采用了分层抽样的方法进行问卷调查，以地域、城市、年龄、性别作为分层标准进行抽样（见表3-15）。本研究中的东西部划分把中国土地学会官方网发布的“我国的东中西部地区是如何划分的”作为参考依据。

表3-15　各城市样本分布表

城市	样本量(n)	百分率(%)
长春	149	7.1
西安	401	19.1
西宁	180	8.6
北京	199	9.5
承德	100	4.8
青岛	160	7.6
南京	103	4.9
宁波	161	7.7
宝鸡	200	9.6
广州	190	9.1
成都	100	4.8
重庆	150	7.2
合计	2094	100

(二)我国城市青少年体育消费动机现状的调查

通过我国城市青少年体育消费动机总体排序可以看出，我国现阶段青少年体育消费的主要动机按照所占选择总体的百分比排列依次为：追求实用价值9.49%、追求商品安全9.26%、追求身心健康8.87%、追求运动愉悦8.51%、追求价格低廉7.05%、追求美感7.03%、追求购买便利6.81%、增进社会交往6.66%、追求时尚新颖6.48%、追求体育技能6.43%、追求个性发展6.24%、追求体育知识5.80%、追求品牌效应4.61%、从众心理4.07%和其他2.71%(如图3-12、图3-13所示，见表3-16)。

以上调查结果反映出现阶段我国城市青少年体育消费动机排列顺序符合人们体育消费的需要层次的主要排列顺序，即首先以满足实用、安全等基本需要为主，其次才是满足较高层次的精神需要。我们注意到追求身心健康、追求运动愉悦等动机排到了动机顺序中的第三、第四位，而且所占选择百分率与前两位也非常接近，说明随着我国“奥运战略”的实施、素质教育的推广、青少年“阳光工程”的启动以及健康教育的普及，越来越多的人意识到了拥有健康对于自身和全民族发展的重要意义，人们拥有了更多可自由支配的消费资金和休闲时间，已经逐步建立起了正确的体育消费观念，希望通过体育消费获得更好的健身效果和精神享受，缓解学习工作带来的压力，追求更高层次心理需要的满足。

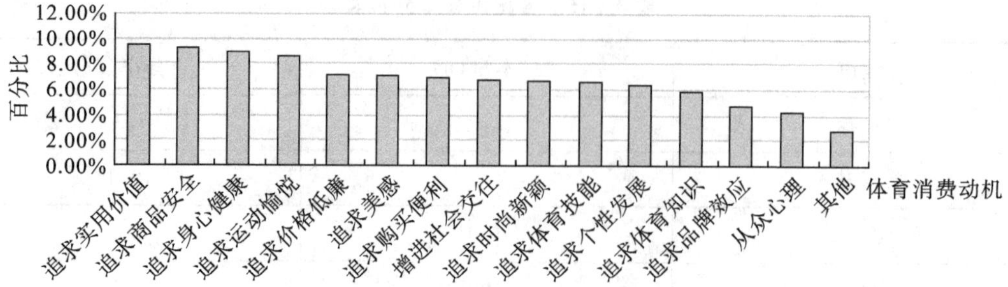

图 3－12　我国城市青少年体育消费动机排序

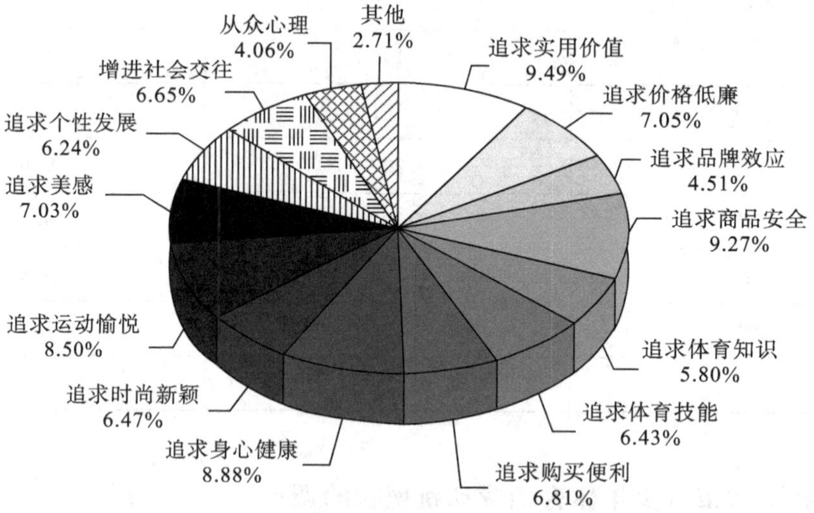

图 3－13　我国城市青少年体育消费动机

表 3－16　我国城市青少年体育消费动机(%)

动机	追求实用价值	追求商品安全	追求身心健康	追求运动愉悦	追求价格低廉	追求美感	追求购买便利	增进社会交往	追求时尚新颖	追求体育技能	追求个性发展	追求体育知识	追求品牌效应	从众心理	其他	合计
百分比	9.49%	9.26%	8.87%	8.51%	7.05%	7.03%	6.81%	6.66%	6.48%	6.43%	6.24%	5.80%	4.51%	4.07%	2.71%	100%

(三)我国城市不同年龄青少年体育消费动机的调查

通过对我国不同年龄段城市青少年体育消费动机调查可以看出，在 15 个主要的消费动机中排在前 4 位的动机内容相同，但顺序不同。13～17 岁青少年的排列顺序依次为：追求商品安全、追求实用价值、追求身心健康、追求运动愉悦；18～25 岁青少年的排列顺序依次为：追求实用价值、追求商品安全、追求身心健康、追求运动愉悦。18～25 岁青少年的选择百分率均略高于 13～17 岁青少年，两个年龄段的青少年在 5～10 位的体育消费动机顺序排列方面具有较大的差异，13～17 岁青少年依次为：追求美感、追求时尚新颖、追求购买便利、增进社会交往、追求价格低廉、追求体育技能；18～25 岁青少年为：追求价格低廉、追求美感、追求购买便利、增进社会交往、追求体育技能、追求时尚新颖。

以上不同年龄段城市青少年体育消费动机排列顺序对比反映出：在通过体育消费满足基本健身需求方面，两个年龄段城市青少年表现出较高的一致性且 18～25 岁青少年的需求相对更为迫切；13～17 岁青少年处于生长发育旺盛期，出于行为能力及安全教育等方面的原因，消费动机中更多考虑满足安全需要(二者相差 0.45%)，18～25 岁青少年自主时间增多，出于满足参与体育活动的需要，更多考虑的是商品的实用价值(二者相差 0.97%)。其余动机排列顺序变化反映出，由于不同年龄段城市青少年身心发育水平、经济独立状况、体育消费意识、消费需求内容等因素差异造成了动机的不同排列顺序。相比之下 13～17 岁青少年由于年龄差异，消费心理尚不成熟，攀比意识较强烈，消费动机中更多地显示出满足美感、追求时尚的欲望(二者相差 0.64%)；18～25 岁青少年由于对体育消费品有更多数量上的需求，因此在价格低廉方面有更强烈的需要(二者相差 1.07%)，同时还反映出追求美感、增进社会交往和发展体育技能在两个年龄段的青少年的消费动机中均占有较重要地位；13～17 岁青少年对于消费品时尚新颖的需求程度略高于 18～25 岁青少年(二者相差 0.64%)；二者最后五位的动机排列顺序虽然相同但仍可看出 13～17 岁青少年消费中也存在更多的从众心理(二者相差 0.97%)同时对发展个性、追求体育知识、品牌效应的要求略高于 18～25 岁青少年(如图 3－14 所示，见表 3－17)。

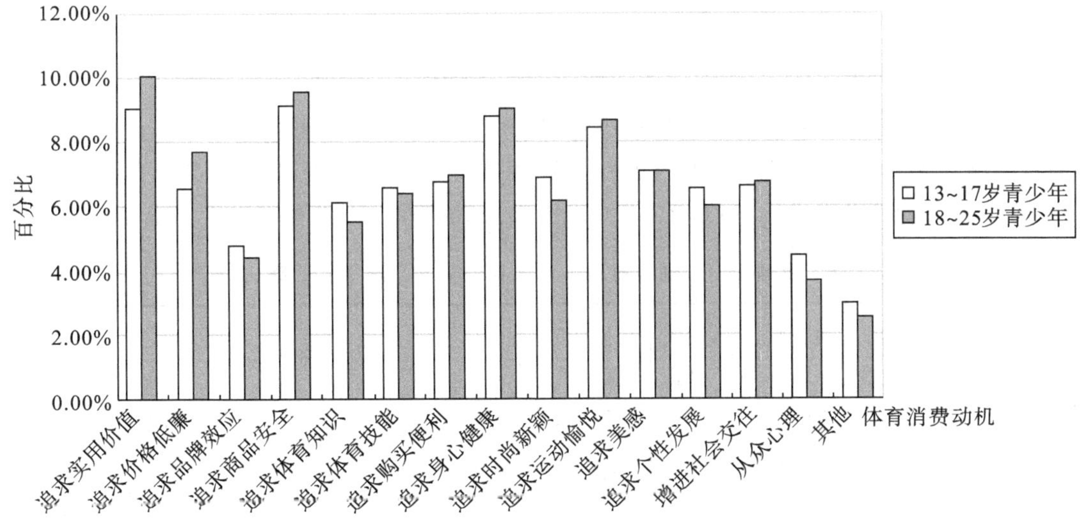

图 3－14　我国不同年龄阶段城市青少年体育消费动机比较

表 3－17　我国城市不同年龄青少年体育消费动机选择百分率比较(%)

年龄段	追求实用价值	追求价格低廉	追求品牌效应	追求商品安全	追求体育知识	追求体育技能	追求购买便利	追求身心健康	追求时尚新颖	追求运动愉悦	追求美感	追求个性发展	增进社会交往	从众心理	其他
13～17 岁	9.02	6.54	4.77	9.05	6.05	6.47	6.70	8.77	6.78	8.40	7.03	6.46	6.62	4.42	2.91
18～25 岁	9.99	7.61	4.44	9.50	5.52	6.39	6.92	8.99	6.14	8.62	7.03	5.99	6.70	3.67	2.50
差异百分比	－0.97	－1.07	0.33	－0.45	0.54	0.09	－0.22	－0.22	0.64	－0.23	0.00	0.47	－0.08	－0.97	0.41

(四)我国城市不同性别青少年体育消费动机的调查

通过对我国不同性别城市青少年体育消费动机调查可以看出，在 15 个主要的消费动机中，男女青少年前 4 位最主要的动机排列顺序相同，依次为追求实用价值、追求商品安全、追求身心健康、追求运动愉悦。男女青少年在 5～12 位的体育消费动机顺序排列方面具有较大的差异，男性依次为：追求价格低廉、追求体育技能、增进社会交往、追求购买便利、追求美感、追求体育知识、追求个性发展、追求时尚新颖；女性依次为：追求美感、追求时尚新颖、追求购买便利、追求价格低廉、增进社会交往、追求个性发展、追求体育技能、追求体育知识。男女青少年后 3 位的动机排列顺序相同，依次为追求品牌效应、从众心理、追求显示财富。

从体育消费动机排列顺序可以看出，前 4 位的顺序相同且女性青少年的选择率均稍高于男性，其中追求身心健康女性略高出男性 1.09%，反映出在通过体育消费满足基本健身需求方面男女青少年表现出很高的一致性，女性青少年的需求相对更为迫切；其余动机排列顺序变化反映出由于男女青少年生理、性格特征差异及参与体育活动频度的不同，使不同性别的城市青少年在通过体育消费满足自身需求方面形成了各自鲜明的特色。在体育消费金额十分有限的现实条件下，男性青少年首先会设法满足体育消费品数量方面的需求(二者在追求价格低廉方面相差 0.49%)，并且在追求体育知识技能与展示运动才能方面具有更加强烈的动机(二者相差 1.12%和 1.49%)；女性则更加希望体育消费能满足她们爱美的天性，发挥体育产品时尚新颖的特点为自己增添独特的魅力(二者相差 0.79%和 0.81%)(如图 3－15 所示，见表 3－18)。

表 3－18　我国不同性别城市青少年体育消费动机选择百分率比较(%)

性别	追求实用价值	追求价格低廉	追求品牌效应	追求商品安全	追求体育知识	追求体育技能	追求购买便利	追求身心健康	追求时尚新颖	追求运动愉悦	追求美感	追求个性发展	增进社会交往	从众心理	其他
男	9.11	7.31	4.65	8.94	6.39	7.22	6.77	8.30	6.04	8.19	6.61	6.25	6.80	4.35	3.07
女	9.82	6.82	4.58	9.56	5.27	5.73	6.84	9.39	6.85	8.79	7.40	6.23	6.52	3.80	2.40
男女差值	－0.71	0.49	0.07	－0.62	1.12	1.49	－0.07	－1.09	－0.81	－0.60	－0.79	0.02	0.28	0.55	0.67

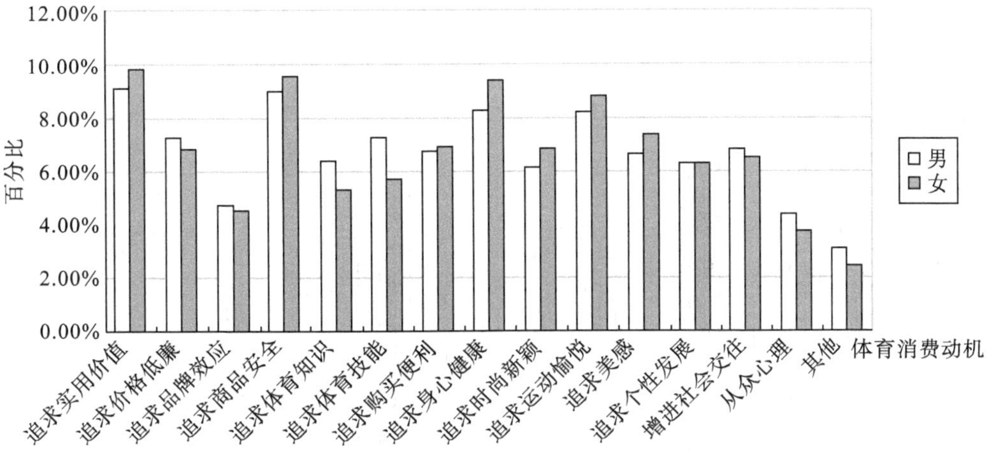

图 3－15　我国不同性别城市青少年体育消费动机比较

（五）我国城市东西部青少年体育消费动机的调查

通过对我国东西部城市青少年体育消费动机调查可以看出，在 15 个主要的消费动机中，东西部青少年前 4 位的动机均为追求实用价值、追求商品安全、追求身心健康、追求运动愉悦，西部青少年的选择百分率均略高于东部；东西部青少年在 5～12 位的体育消费动机顺序排列方面具有较大的差异，东部依次为追求价格低廉、追求购买便利、追求美感、追求个性发展、增进社会交往、追求时尚新颖、追求体育技能、追求体育知识；西部依次为追求美感、追求时尚新颖、增进社会交往、追求体育技能、追求价格低廉、追求购买便利、追求体育知识、追求个性发展；东西部青少年后 3 位的动机排列顺序相同，依次为追求品牌效应、从众心理及其他。

通过以上东西部城市青少年动机排列顺序对比反映出，在体育消费满足基本健身需求方面东西部城市青少年表现出很高的一致性，西部青少年的需求相对更为迫切；其余动机排列顺序变化反映出由于东西部城市青少年所处地域经济发展、体育消费环境、体育消费意识、消费能力等因素差异造成了消费动机的不同强度顺序。相比之下东部青少年由于地域、经济发展优势，具有相对便利的消费环境和较多的消费选择空间，因此对于消费品的价格和购买时的便利与否更加看重（二者相差 0.73％和 0.58％），且希望通过消费张扬个性的需求较西部青少年更为迫切（二者相差 0.39％）；西部青少年则更加注重消费能够带来的美感享受（二者相差 0.58％）、希望通过体育消费让自己处在新潮时尚的前沿（二者相差 0.44％），将体育消费过程看作增进社会交往、维持人际关系的重要途径（二者相差 0.58％），但通过消费追求个性发展的意识较弱。二者最后三位的动机排列顺序虽然相同但仍可看出东部青少年对于品牌的要求略高于西部（二者相差 0.29％），同时消费中也存在较多的从众心理（二者相差 0.60％）。就消费动机强度及排列顺序来看，东部城市青少年对于追求价格低廉、品牌效应、购买便利及个性发展方面高于西部青少年，西部城市青少年对于追求身心健康、运动愉悦和追求美感、增进社会交往等较高层次的体育消费动机更为迫切（如图 3－16 所示，见表

3－19)。

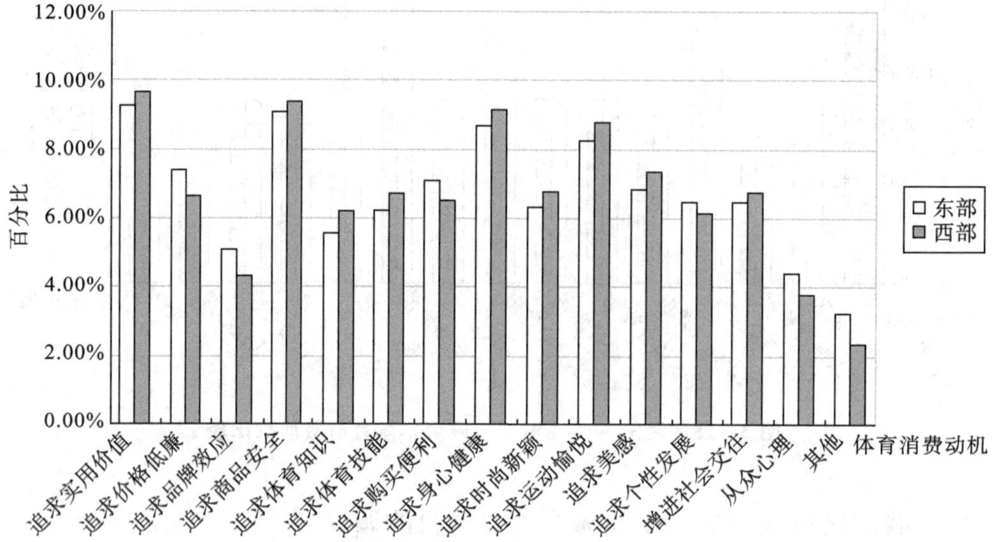

图 3－16　我国东西部城市青少年体育消费动机比较

表 3－19　我国东西部城市青少年体育消费动机比较(%)

地域	追求实用价值	追求价格低廉	追求品牌效应	追求商品安全	追求体育知识	追求体育技能	追求购买便利	追求身心健康	追求时尚新颖	追求运动愉悦	追求美感	追求个性发展	增进社会交往	从众心理	其他
东部	9.28	7.34	5.07	9.12	5.52	6.20	7.09	8.64	6.32	8.21	6.75	6.44	6.44	4.39	3.20
西部	9.60	6.61	4.26	9.37	6.12	6.66	6.51	9.14	6.76	8.76	7.32	6.05	6.73	3.79	2.32
差异百分比	－0.32	0.73	0.81	－0.25	－0.60	－0.46	0.58	－0.50	－0.44	－0.55	－0.57	0.39	－0.29	0.60	0.88

第三节　小　结

(1)研究发现，我国青少年更注重体育商品的经济性、耐用性和实用性，男女青少年对名牌运动服装等实物方面的需要都有强烈的愿望，而女性青少年对参与性方面消费需要较男性青少年低；18～25 岁的青少年群体追求名牌、崇尚新颖、展示个性的潜在需要较 13～17 岁的青少年而言偏低。

建议有关部门根据我国城市青少年体育消费需要的基本类型和特点，及时把握不同性别、不同年龄的城市青少年体育消费类型的需要和存在的差异，合理调节青少年体育消费心理预期，正确引导青少年的体育消费行为，使政府的调控更加有效，使企业、商家的决策更为客观。同时不断加强对我国城市青少年体育消费意识的宣传，进一步完善体育市场运营机制，培养高素质的体育营销人员、服务人员和工作人员，使生产营销活动有的放矢，有效拉动体育消费，促进体育市场持续繁荣发展。

(2)研究表明，陕西省不同阶层居民在追求实用价值、商品安全和身心健康方面的体育消费动机没有显著差异。这说明各阶层居民都很重视体育消费品的实用性、安全性和对身心健康带来的好处。中等收入阶层与较低收入阶层居民相比，在追求体育用品的价格低廉上存在显著差异。在这点上中等收入阶层居民有更高的追求，但与较高收入阶层居民相比，中等收入阶层居民在品牌效应、消费便利和体育知识的追求上存在显著差异。较高收入阶层与其他两个阶层居民相比具有更强的消费能力。在体育消费上，他们更加追求品牌效应，同时与其他阶层居民相比在追求体育知识方面存在显著性差异，体现了不同社会阶层居民在文化知识重视程度上的差异。

通过对我国城市青少年体育消费动机特征分析得知，①我国城市青少年首先以满足实用、安全等基本需要为主，其次才是满足较高层次的精神需要。青少年已经逐步建立起了正确的体育消费观念，以追求更高层次心理需要的满足。②我国不同性别城市青少年在通过体育消费满足自身需求方面形成了各自鲜明的特色，男性青少年在追求体育知识技能与展示运动才能方面具有更加强烈的动机；女性则更加希望体育消费能满足她们爱美的天性，发挥体育产品时尚新颖的特点为自己增添独特的魅力。③我国 13～17 岁城市青少年在体育消费动机中更多显示出满足美感、追求时尚的欲望且存在更多的从众心理；18～25 岁青少年在体育消费品的实用价值和价格低廉方面有强烈的消费动机。④东部城市青少年对于追求价格低廉、品牌效应、购买便利及个性发展方面高于西部青少年，西部城市青少年对于追求身心健康、运动愉悦和追求美感、增进社会交往等较高层次的体育消费动机更为迫切。

建议体育用品生产商在进行产品的研发和生产之前，充分进行市场调研，了解不同类型的体育消费者其消费动机及对产品的需求，对消费者动态进行把握，从而设计生产出更符合消费者需求的产品。根据消费者的动机不同，采用合适的营销方式和推广手段，引发顾客的购买动机，通过高质量产品与顾客建立情感关联，培养忠实客户。

第四章　我国城市青少年体育消费心理预期研究

第一节　我国城市青少年体育消费心理预期形成过程的研究

一、我国城市青少年体育消费心理预期形成过程的理论基础

心理预期的概念可分为广义和狭义两种。“广义的预期是指包括投资者、消费者等经济行为主体在作出行动决策之前对未来经济形势或某一经济变量所做的估计、判断、或预测。狭义的预期是指人们对未来商品市场价格波动的预测，心理预期是依据过去和现在的信息作出的。”①预期是消费者行为过程的一个重要环节，它是构成消费者制定和实施消费决策的先决条件，同时也体现着消费者心理和行为的共性特征及一般规律。心理预期的形成过程对于消费者行为的取向具有重要意义。按照英国经济学家凯恩斯的观点：“由于生产者生产出产品与消费者购买到该产品，其中存在一定的时间间隔，所以，在生产产品前，企业家就要进行推测，经历一段时间后，他所生产的产品是否有消费者购买，消费者能够支付多高的价格购买自己所生产的产品。这种推测，在凯恩斯看来就是企业家的预期。同时又将生产者的预期分为短期预期和长期预期两类。”西方国家遵从凯恩斯关于加强宏观调控的政策，一度缓解了资本主义矛盾。在此基础上，经济学派又提出了“预期假说”模型和公式，强调预期主体会根据自己掌握的经济形势和经济变量分析如物价水平、收入情况、金融资产行情等，对未来变化和经济行为做出预测、估计、反应和行动，并认为预期现象应是宏观调控决策前应顾及的基点之一。根据美国芝加哥大学经济学教授卢卡斯的理性预期理论，“人是有理性的，理性的人和由理性组成的社会基本经济单位——家庭和厂商能够并且会广泛捕捉有关信息、充分利用他们所能获取的一切信息对未来的经济运行状况进行预测，从而相应地做出他们自己的经济决策以保护其切身利益，这就是理性预期。”石文典、曾祥岚等人认为，消费心理预期的构成要素是宏观经济形势预期、个人生活与收入预期、政府经济政策预期、物价走势和突发事件预期。以上成果为我们认识消费者的心理预期的形成机理、行为特点、把握心理预期与社会经济运行的相互关系提供了极为重要的理论依据。

---

①伊世杰．消费经济学[M]．长沙：湖南人民出版社，1999．

二、我国城市青少年体育消费心理预期的形成过程

消费者的心理预期是由消费者满意度和信心度来衡量的。消费者满意度是指消费者对购买商品或服务所获得消费效用的满意程度。通常消费者所获效用越大，满意程度就越高。而高满意度往往导致消费者对厂商及产品持积极肯定的态度，主动地口碑传播、重复、购买和使用，最终达成消费者忠诚。根据心理预期理论，消费者满意与否不仅取决于预期在消费活动中所消费的总成本和所得的总价值的比较，而且决定于消费者在购买前已经形成的对商品及服务的预期。为此，消费者在决策过程中对各种将被选择的方案进行比较选择时，既不挑选最佳方案，也不选择可能产生遗憾最小的方案，而是与个人的心理预期进行比较，从中选择与预期标准吻合度最高的作为最终决策方案。这一方案相对于预先期望，能够达到的消费者满意程度最大。可见消费者的满意度直接影响消费者的心理预期。

消费者信心度是建立在预期基础上的、消费者对未来个人收入状况及社会经济增长前景的展望，也是消费者对未来消费趋向的综合性、整体性的态度反映。消费者信心是在预期心理机制的作用下形成的。对未来社会经济增长及个人收入状况的乐观预期，可以提高消费者的信心度。反之，对未来的悲观预期，则会导致消费者的信心度降低。而信心度的高低反过来又直接影响消费者当前及未来的消费选择与消费行为指向，进而对市场的运行和社会经济增长产生重大影响。因此，消费者信心与经济增长之间存在着相互影响、高度相关、互为动力的内在联系。正由于此，“消费者信心常作为分析市场动态、制定宏观政策和采取调节措施的重要参数”成为判断消费者心理预期和可能采取的行为选择，以及预测商业周期转折和制定经济规划的重要参考依据。

根据以上国内外专家学者的研究成果，可以看出心理预期在消费决策形成过程中的位置是处于获取过去和现在的信息之后和做出行动决策之前，据此，我们将我国城市青少年体育消费心理预期形成过程分为三个阶段：第一，收集信息阶段，主要包括消费者对消费信息的获取渠道、可支配消费金额、消费品品牌、价格及消费品的功能等信息的收集；第二，消费信息的判断阶段，主要是在收集信息的基础上，从消费者的需要、动机出发，结合本人经验和他人的参考意见，对体育产品的需要类型、需要程度及产品的更新周期和质量价格组合体系的选择等信息进行分析、比较并形成判断；第三，心理预期形成阶段，是消费者通过对各种消费信息的判断进行整合后，建立了对我国目前经济状况、经济改革进程和家庭经济状况、体育消费品价格、社会保障制度、体育消费中的服务等方面的满意度及对个人未来就业收入状况、我国经济发展前景、家庭未来经济状况、未来体育消费价格状况和未来体育消费环境状况等方面的信心度，进而形成消费者的心理预期。

第二节　我国城市青少年体育消费心理预期满意度与信心度的研究

一、我国城市青少年体育消费心理预期满意度的调查

通过对我国城市青少年体育消费心理预期满意度的调查发现，满意度肯定意向选择率比较高的是我国目前经济状况、我国经济改革进程和家庭目前的经济状况三方面，分别占到选择总体的 52.53％ 、49.90％和 43.74％；不满意方面选择率比较高的几项分别是：目前体育消费品的价格(32.33％)、自己目前经济状况(24.16％)、我国社会保障制度(24.31％)、目前体育消费中的服务(22.64％)(如图 4－1 所示，见表 4－1)。以上结果首先反映出我国城市青少年对改革开放以来国家经济发展状况与人们物质、精神生活条件的改善表示肯定，同时也反映出我国现有社会保障制度还不够完善，体育消费品价格偏高、体育消费中服务质量差及个人可支配消费金额不足等问题对青少年体育消费预期产生了不同程度的负面影响。

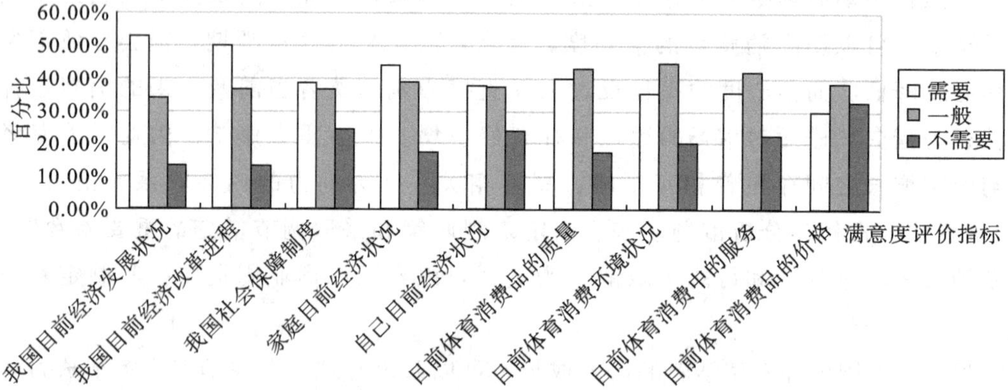

图 4－1　我国城市青少年体育消费心理预期满意度

表 4－1　我国城市青少年体育消费心理预期满意度调查表(％)

满意度	我国目前经济发展状况	我国目前经济改革进程	我国社会保障制度	家庭目前经济状况	自己目前经济状况	目前体育消费品的质量	目前体育消费环境状况	目前体育消费中的服务	目前体育消费品的价格
满意	52.53	49.90	38.68	43.74	38.06	39.59	35.53	35.39	29.04
一般	34.24	37.06	37.01	38.78	37.77	43.08	44.08	41.98	38.63
不满意	13.23	13.04	24.31	17.48	24.16	17.34	20.39	22.64	32.33

二、我国城市青少年体育消费心理预期信心度的调查

通过对我国城市青少年体育消费心理预期信心度的调查发现，信心度肯定意向选

择率比较高的是：个人未来就业收入状况（74.98%）、我国经济发展前景（74.50%）、家庭未来经济状况（74.12%）、我国经济改革前景（72.35%）；信心度否定意向选择率比较高的是：未来体育消费价格状况（13.47%）、我国社会保障制度状况（10.36%）、未来体育消费服务状况（8.04%）、未来体育消费环境状况（7.93%）等（如图4－2所示，见表4－2）。以上结果反映出我国城市青少年生活环境相对优越，教育条件的改善、社会经济的腾飞对青少年就业观产生了良好的正向作用，他们对国家和个人、家庭未来的经济状况与发展前景充满信心。然而，目前我国正处于社会主义初级阶段，体育市场发展尚不完备，合理的体育消费品价格体系远未建成，使青少年对未来能否承受消费品价格带来的压力表示担心，另外，现在青少年广泛接触外来文化，在与国外社会保障制度、体育消费服务状况等比较后感到国内体育水平低、发展慢，与国外存在较大差距，因此对未来体育消费服务、社会保障等状况、未来体育消费价格状况尚缺乏信心。

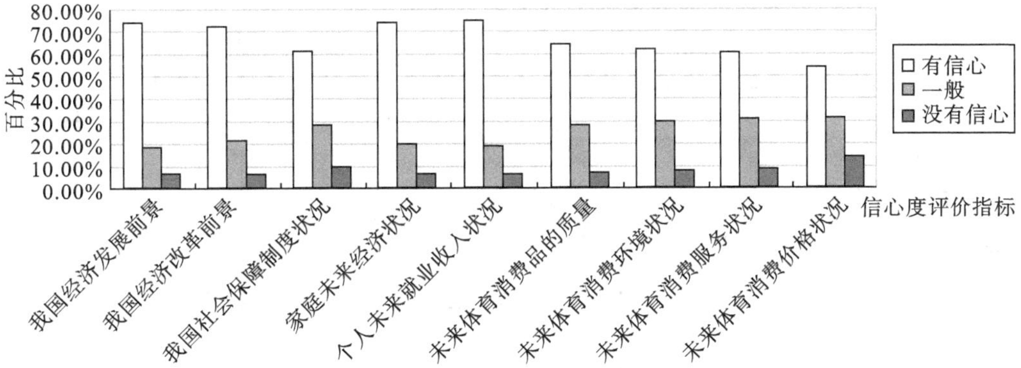

图4－2 我国城市青少年体育消费心理预期信心度

表4－2 我国城市青少年体育消费心理预期信心度肯定意向调查表(%)

信心度	我国经济发展前景	我国经济改革前景	我国社会保障制度状况	家庭未来经济状况	个人未来就业收入状况	未来体育消费品的质量	未来体育消费环境状况	未来体育消费服务状况	未来体育消费价格状况
有信心	74.50	72.35	61.32	74.12	74.98	64.37	62.32	60.55	54.82
一般	18.53	21.82	28.32	19.87	18.72	28.51	29.75	31.04	31.66
没有信心	6.97	5.83	10.36	6.02	6.30	7.12	7.93	8.40	13.47

第三节 我国不同特征城市青少年体育消费心理预期的比较研究

一、我国不同年龄段城市青少年体育消费心理预期比较

通过对我国不同年龄段城市青少年体育消费心理预期满意度比较可以看出，两个

年龄段青少年对各调查因素满意程度的排序基本相同，且 18～25 岁青少年对各调查因素的满意程度均低于 13～17 岁青少年；其中差距较为明显的是家庭目前经济状况相差 12.70%、目前体育消费中的服务相差 12.34%、目前体育消费品的质量相差 10.94%、我国社会保障制度相差 10.71%(如图 4-3 所示，见表 4-3)。这反映出随着社会经济的不断发展，13～17 岁城市青少年的生活条件相对更为优越，同时他们大多与家庭成员共同生活，经济来源更有保障，因此满足感较强；18～25 岁青少年由于社会阅历相对较多，各方面消费需求旺盛，特别是对体育消费品质量和体育消费中的服务、社会保障等产生了较高层次的需求，而他们又处在日常可支配金额相对较少的阶段，因此表现出较低的满足感。

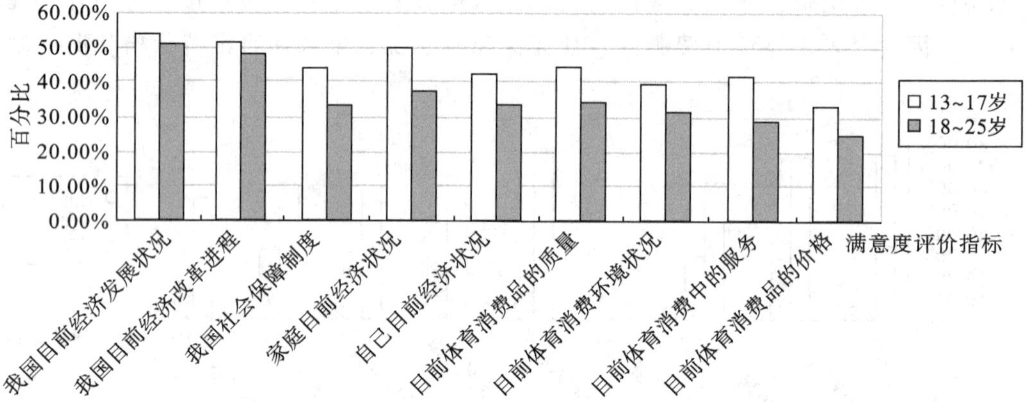

图 4-3 我国不同年龄阶段体育消费心理预期满意度比较

表 4-3 我国城市青少年不同年龄段体育消费心理预期的满意度比较(%)

年龄段	我国目前经济发展状况	我国目前经济改革进程	我国社会保障制度	家庭目前经济状况	自己目前经济状况	目前体育消费品的质量	目前体育消费环境状况	目前体育消费中的服务	目前体育消费品的价格
13～17 岁	54.08	51.39	43.88	49.91	42.39	44.90	39.61	41.37	33.21
18～25 岁	50.89	48.33	33.17	37.20	33.46	33.96	31.20	29.04	24.61
差异	3.20	3.06	10.71	12.70	8.93	10.94	8.41	12.34	8.60

通过对我国不同年龄段城市青少年体育消费心理预期信心度比较可以看出，两个年龄段青少年对各调查因素的信心度比较接近，18～25 岁青少年对于我国经济发展前景的信心度高于 13～17 岁青少年(相差 4.22%)，13～17 岁青少年对于未来体育消费价格的信心度高于 18～25 岁青少年(相差 9.65%)(如图 4-4 所示，见表 4-4)。这反映出18～25 岁青少年随着年龄的增长和世界观的日益成熟，对我国经济发展进程有更加深入的了解，对我国经济发展的前景也更加乐观，同时基于对体育消费市场现状的体验和对体育市场规律的认识，使他们对未来体育消费价格状况与自身消费能力的矛盾更加担忧。

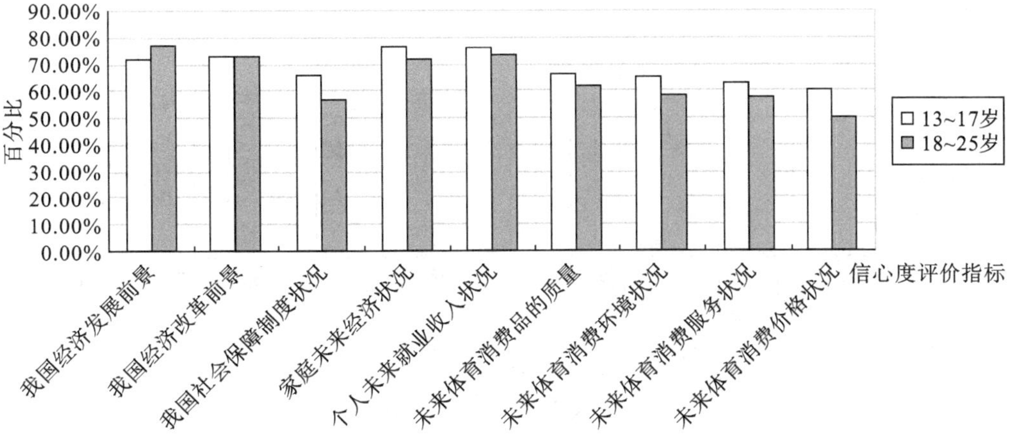

图 4－4 我国不同年龄阶段城市青少年体育消费心理预期信心度比较

表 4－4 我国城市青少年不同年龄段体育消费心理预期的信心度比较(%)

年龄段	我国经济发展前景	我国经济改革前景	我国社会保障制度状况	家庭未来经济状况	个人未来就业收入状况	未来体育消费品的质量	未来体育消费环境状况	未来体育消费服务状况	未来体育消费价格状况
13~17 岁	72.45	72.17	65.21	76.62	76.62	66.05	65.58	63.17	59.55
18~25 岁	76.67	72.54	57.19	71.46	73.23	62.60	58.86	57.78	49.90
差异	−4.22	−0.37	8.03	5.17	3.40	3.45	6.73	5.40	9.65

二、我国不同性别城市青少年体育消费心理预期比较

通过对我国不同性别城市青少年体育消费心理预期满意度比较可以看出，除我国社会保障制度和自己目前经济状况以外，城市男女青少年选择百分率的排序基本相同，满意度较高的几项分别是我国目前经济发展状况、我国目前经济改革进程和家庭目前经济状况；满意度较低的几项分别是目前体育消费环境状况、目前体育消费中的服务和目前体育消费品的价格。在对自己目前经济状况满意度方面，女性青少年高于男性青少年 2.39%，在我国目前经济发展状况及目前体育消费品的价格满意度方面，男性青少年高于女性青少年 2.59%和 1.52%，显示出一定差异(如图 4－5 所示，见表 4－5)。这反映出城市男女青少年对我国经济体制改革成果和居民社会生活质量的提高普遍认可，女性青少年对体育消费可支配金额数量与满足体育需求之间的差异小于男性青少年，男性青少年对体育商品价格的心理承受能力和对我国目前经济发展状况的认同都稍高于女性青少年。

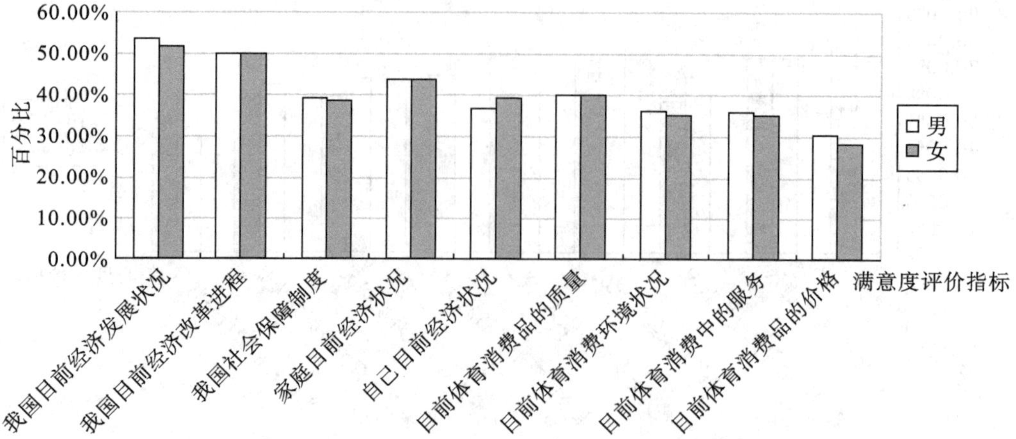

图4-5　我国不同性别青少年体育消费心理预期满意度比较

表4-5　我国不同性别城市青少年体育消费心理预期满意度比较(%)

性别	我国目前经济发展状况	我国目前经济改革进程	我国社会保障制度	家庭目前经济状况	自己目前经济状况	目前体育消费品的质量	目前体育消费环境状况	目前体育消费中的服务	目前体育消费品的价格
男	53.93	49.79	38.84	43.70	36.78	39.57	35.74	35.64	29.86
女	51.33	50.00	38.54	43.78	39.17	39.61	35.35	35.17	28.33
差异	2.59	−0.21	0.30	−0.08	−2.39	−0.04	0.40	0.47	1.52

通过对我国不同性别城市青少年体育消费心理预期信心度的调查发现，不同性别青少年信心度表现差异不大，选择百分率较高的均为我国经济发展前景、个人未来就业收入状况、我国经济改革前景、家庭未来经济状况；选择百分率最低的均为未来体育消费价格状况。这反映出由于国家经济的稳定健康发展和居民教育条件的显著改善，城市男女青少年均对国家经济的持续发展和家庭、个人未来的经济收益充满信心，同时鉴于我国体育消费市场起点低、发展迟缓的现状，使他们对未来体育消费中的服务及商品价格承受力还显得不够乐观。在男女差异方面，女性青少年对于家庭未来经济状况和个人未来就业收入状况信心度选择百分率分别高于男性青少年6.23%和4.76%，显示出女性青少年对未来经济生活具有更加乐观的心态(如图4-6所示，见表4-6)。

表4-6　我国不同性别城市青少年体育消费心理预期信心度比较(%)

性别	我国经济发展前景	我国经济改革前景	我国社会保障制度状况	家庭未来经济状况	个人未来就业收入状况	未来体育消费品的质量	未来体育消费环境状况	未来体育消费服务状况	未来体育消费价格状况
男	73.66	71.59	59.71	70.76	72.42	63.02	60.95	59.81	55.89
女	75.22	73.00	62.70	77.00	77.18	65.54	63.50	61.19	54.00
差异	−1.57	−1.41	−2.99	−6.23	−4.76	−2.53	−2.55	−1.38	1.89

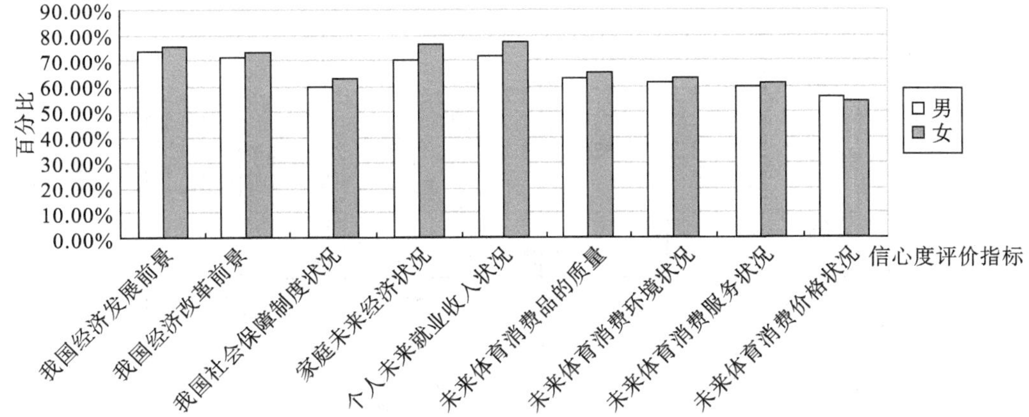

图 4－6　我国不同性别城市青少年体育消费心理预期信心度比较

三、我国不同家庭收入城市青少年体育消费心理预期比较

从总体上看，目前我国居民总体生活水平有了很大提高，居民收入也增加了，其中高收入和中等收入人数增长较快。本研究参照相关研究成果，按照家庭月收入总和划分，将人均月收入低于 1000 元的家庭归为低收入家庭，人均月收入 1001～5000 元的归为中等收入家庭，人均月收入高于 5000 元的归为高收入家庭。

据 2018 年《中国经济周刊》第 15 期统计资料初步测算，我国处于金字塔顶端的高收入阶层人口接近 3100 万，占全部人口的 2.2％左右。其人均可支配收入平均为 59259 元，这个阶层的消费倾向最低，恩格尔系数已降至 15％以下，达到了发达国家的平均水平，其所进行的消费是一种富裕型消费。处于金字塔中部的中等收入阶层总人口在 4.2 亿左右。其人均可支配收入达到 20924 元，这个阶层的边际消费倾向居中，恩格尔系数在 35％左右，其消费正在从小康型向富裕型、从数量追求型向质量追求型转变。

通过对我国不同收入家庭城市青少年体育消费心理预期满意度比较可以看出，随着家庭收入的增加，城市青少年对各选项的满意程度呈上升趋势，满意度较高且差距较小的是我国目前经济发展状况和我国目前经济改革进程；差距较大的是家庭目前经济状况、个人目前经济状况和目前体育消费品的质量等(如图 4－7 所示，见表 4－7)。以上结果反映出，与低收入家庭相比，较高收入家庭的城市青少年拥有更多的可支配金额参与各种经济活动，对家庭、个人目前经济状况的满意度较高，他们更有能力进行更多高档体育消费，享受更加完善的服务，所以对目前体育消费品的质量、服务、体育消费环境状况和体育消费品价格具有较高的满意度。

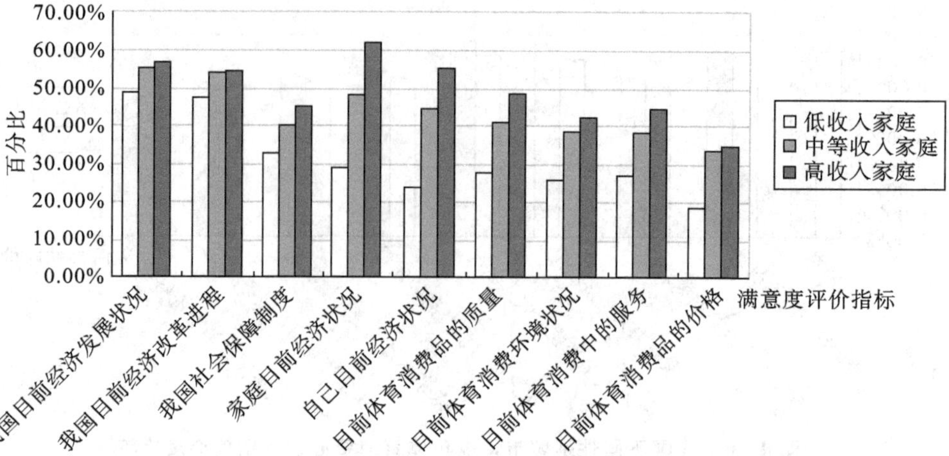

图4-7 我国不同收入家庭城市青少年体育消费心理预期满意度比较

表4-7 我国不同收入家庭城市青少年体育消费心理预期满意度比较(%)

家庭收入分类	我国目前经济发展状况	我国目前经济改革进程	我国社会保障制度	家庭目前经济状况	自己目前经济状况	目前体育消费品的质量	目前体育消费环境状况	目前体育消费中的服务	目前体育消费品的价格
低收入家庭	49.13	47.61	33.04	28.91	24.35	28.04	25.87	27.17	19.13
中等收入家庭	54.88	53.80	40.35	48.59	44.03	40.78	37.96	38.83	33.62
高收入家庭	56.96	54.78	44.78	62.17	55.65	49.13	42.17	44.78	34.78

通过对我国不同收入家庭城市青少年体育消费心理预期信心度比较可以看出，中等收入家庭青少年对各调查因素的信心度均处在最高值；低收入家庭城市青少年对我国经济发展和改革前景、社会保障制度的信心度高于高收入家庭城市青少年；对其他调查因素的信心度均有随家庭收入增加逐渐提高的趋势(如图4-8所示，见表4-8)。从以上结果可以看出，中等收入家庭的青少年有机会接受良好的教育，虽然生活条件不是十分优越，但更能激发拼搏进取的动力，对个人和家庭未来的经济生活充满希望，对国家经济发展和改革前景也最为乐观；与低收入家庭相比，高收入家庭城市青少年对我国经济发展改革前景和社会保障制度的信心不足，这一方面反映出对国家经济发展的期望和现实经济状况的反差对他们心理产生了影响，另一方面，作为国家未来经济发展的建设者，相对充裕的物质生活却未能激发出其奋发图强的信念，说明对高收入家庭青少年思想教育工作还有待进一步加强。但是由于他们在消费方面具有更强的经济实力，所以对未来体育消费品的质量、服务、体育消费环境状况和体育消费品价格等方面仍表现出更加充足的信心。

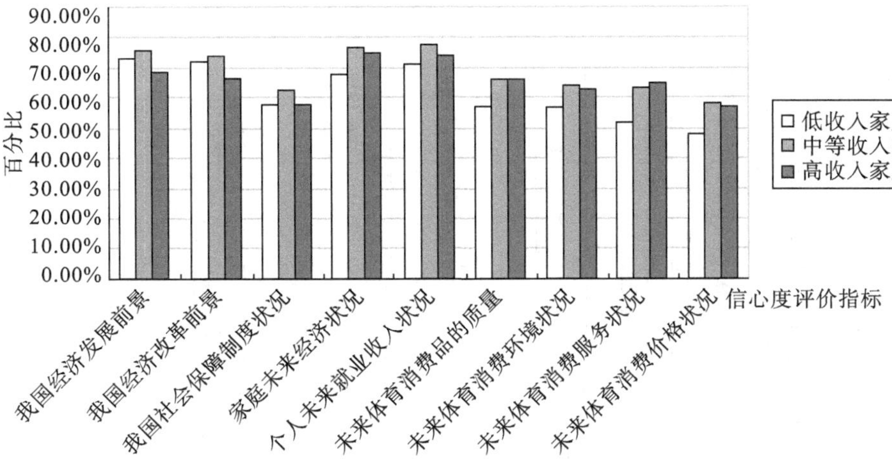

图 4－8　我国不同收入家庭城市青少年体育消费心理预期信心度比较

表 4－8　我国不同收入家庭城市青少年体育消费心理预期信心度比较(%)

家庭收入分类	我国经济发展前景	我国经济改革前景	我国社会保障制度状况	家庭未来经济状况	个人未来就业收入状况	未来体育消费品的质量	未来体育消费环境状况	未来体育消费服务状况	未来体育消费价格状况
低收入家庭	73.26	71.74	57.83	67.83	70.43	56.96	56.96	51.52	48.26
中等收入家庭	76.14	73.54	62.26	76.36	78.09	65.94	63.99	63.12	58.79
高收入家庭	68.70	66.52	58.26	74.78	73.48	66.09	62.61	64.35	56.52

四、我国东西部城市青少年体育消费心理预期比较

通过对我国东西部城市青少年体育消费心理预期满意度比较可以看出，东部城市青少年对各调查因素的满意度均高于西部城市青少年，差距较大的是以下几个方面：家庭目前经济状况相差 15.13％、自己目前经济状况相差 13.34％、目前体育消费环境状况相差 11.29％、目前体育消费品价格相差 10.85％(如图 4－9 所示，见表 4－9)。

以上结果反映出，由于东部城市经济开发较早，青少年在感受国家经济改革和发展带来的变化方面具有更多体验感，国家经济的快速发展使他们产生了较高的满意度。东部城市青少年拥有更多可支配金额参与各种经济活动，对家庭、个人目前经济状况的满意度较高。另外，东部城市青少年有能力进行更多高档体育消费，享受更加完善的服务，所以对目前体育消费品的质量、服务、体育消费环境和体育消费品价格状况的满意度比西部青少年要高。

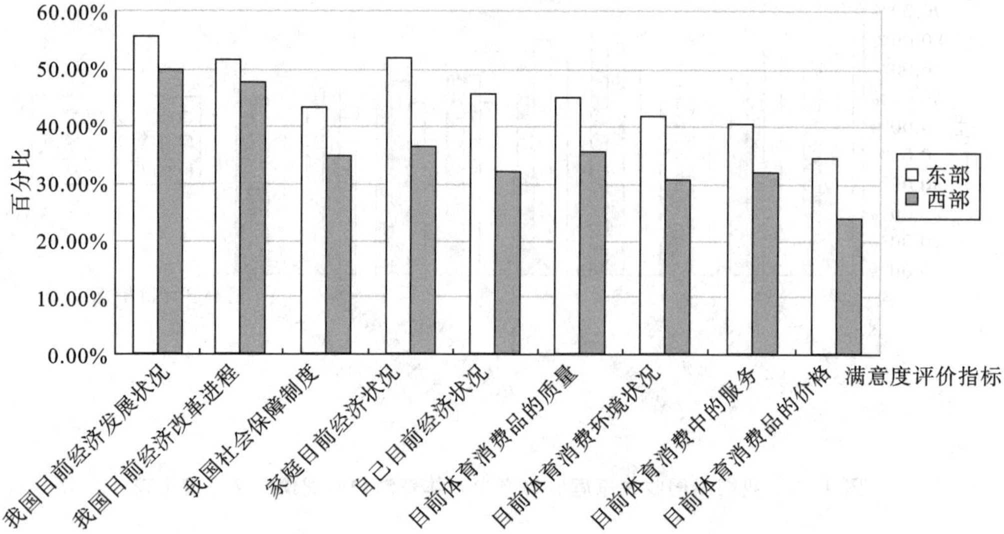

图 4－9　我国东西部城市青少年体育消费心理预期满意度比较

表 4－9　我国东西部城市青少年体育消费心理预期满意度比较(%)

地域	我国目前经济发展状况	我国目前经济改革进程	我国社会保障制度	家庭目前经济状况	自己目前经济状况	目前体育消费品的质量	目前体育消费环境状况	目前体育消费中的服务	目前体育消费品的价格
东部	55.42	51.48	42.94	51.70	45.35	45.35	41.84	39.98	34.61
西部	49.85	47.62	35.01	36.57	32.01	35.50	30.55	32.20	23.76
差异	5.57	3.85	7.92	15.13	13.34	9.85	11.29	7.78	10.85

通过对我国东西部城市青少年体育消费心理预期信心度比较可以看出，我国东西部城市青少年体育消费心理预期信心度在各调查因素的表现上均差距不大(如图 4－10 所示，见表 4－10)。相对于经济起步较早的东部地区，国家“西部大开发”这一经济战略举措的实施使西部城市青少年对区域经济的发展变化具有深刻的切身感受，因此对我国经济改革发展前景及未来体育消费环境更加充满信心；东部城市经济发展状况与消费环境基础相对较好，使东部城市青少年对未来体育消费服务状况和价格状况也更加有信心。

表 4－10　我国东西部城市青少年体育消费心理预期信心度比较(%)

地域	我国经济发展前景	我国经济改革前景	我国社会保障制度状况	家庭未来经济状况	个人未来就业收入状况	未来体育消费品的质量	未来体育消费环境状况	未来体育消费服务状况	未来体育消费价格状况
东部	73.06	70.32	60.24	73.93	73.93	64.07	60.57	60.46	54.55
西部	74.88	72.94	61.98	74.20	75.75	63.92	63.53	59.75	54.03
差异	−1.82	−2.62	−1.74	−0.27	−1.82	0.16	−2.96	0.71	0.52

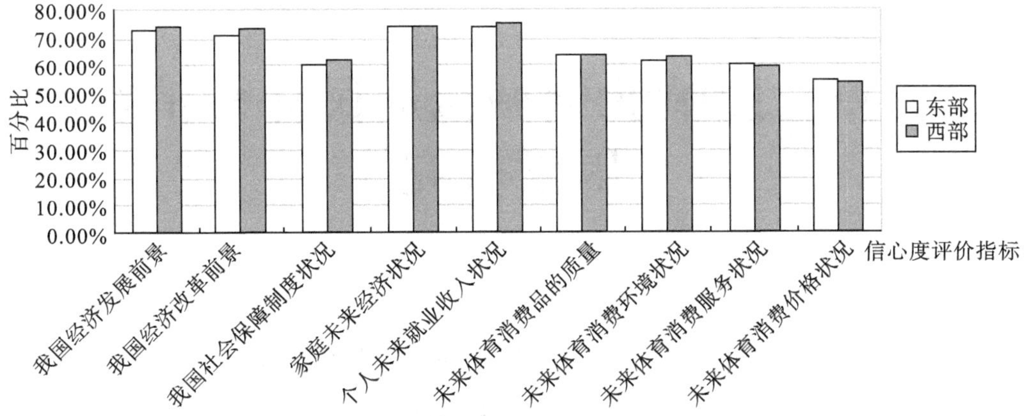

图 4－10　我国东西部城市青少年体育消费心理预期信心度比较

第四节　小　结

消费预期是支配整个消费过程的首要因素，对消费者的消费行为和消费意愿具有显著的预测力。消费预期的形成过程主要分为信息收集、信息判断、心理预期形成三个阶段。影响我国城市青少年体育消费心理预期的各因素之间相互联系、相互制约，并且随着我国经济状况的发展而不断变化。

我国城市青少年对改革开放以来国家经济发展状况与人们物质、精神生活条件的改善有较高的满意度，对社会保障制度、体育消费品价格、体育消费中服务质量及个人可支配消费金额的满意度较低；对国家和个人、家庭未来的经济状况与发展前景充满信心，但由于对未来体育消费品价格、体育消费服务状况和社会保障制度等状况尚缺乏信心。个人可支配金额数量的不足，是导致其体育消费心理预期水平不高的直接原因。

我国城市青少年表现出较强的体育消费需求，但价格过高、产品结构不合理、产品质量参差不齐、劳务型产品服务质量差、健身指导专门人才缺乏、体育消费市场区域差别较大等因素影响了我国城市青少年的消费积极性。其在消费时主要依赖于个人经验，消费主体意识薄弱，自主选择和自我保护能力相对不足，消费信息传播系统不畅通，个人信息占有量有限，使之在消费过程中难以做出清晰的判断和理智的预期。因此企业应该采取有效措施，调整促销策略，聚焦于产品的价格和质量，提供高质量的产品和服务，从而提高青少年的消费意愿。

第五章 影响我国城镇居民体育消费的因素研究

第一节 基于NVivo质性分析的居民体育消费行为影响因素研究

随着经济的不断发展，我国居民的可支配收入和物质生活条件也得到了极大满足，居民对文化生活和精神生活的需求日益丰富，在此过程中体育消费需求逐步受到居民的青睐。加之近年来《国务院关于加快发展体育产业促进体育消费的若干意见》《国务院办公厅关于加快发展体育竞赛表演产业的指导意见》和《国务院办公厅关于促进全民健身和体育消费推动体育产业高质量发展的意见》等一系列政策的出台，进一步助推了我国体育产业的发展，提升了居民的体育消费意识和消费支出。

数据显示，2006年我国体育产业的总规模是3010.96亿元，增加值982.89亿元，增加值占当年GDP比重的0.46%①；到2018年，全国体育产业总规模(总产出)为26579亿元，增加值为10078亿元，体育产业增加值占国内生产总值的比重达到1.1%②。同时，自国务院下发《关于加快发展体育产业促进体育消费的若干意见》以来，在GDP放缓的时期，体育产业仍迅速发展，两者差距逐步扩大，2014—2017年体育产业增加值年均增长速度达到16.87%，是同期GDP增长速度的2.4倍③。在我国体育产业发展迅速的背景下对居民体育消费行为的影响因素进行整合分析，有助于进一步推动体育市场更有针对性地为消费者提供服务，推动我国体育产业向更高质量发展。通过查阅文献发现，当前针对我国居民体育消费行为影响因素的研究相对较少，且多数是通过调查的方式进行研究，调查问卷的内容暴露出影响因素不全面和具有倾向性等问题，整体来讲在单一研究中对影响因素的设定受主观判断的影响相对较强。因此本研究通过NVivo软件对居民体育消费行为影响因素的相关研究进行整合，从质性研究的角度出发综合分析影响居民体育消费行为的因素，为我国体育市场开发、体育消费升级、政府宏观调控和推动体育产业高质量发展提供理论参考。

---

①黄海燕．我国体育产业新阶段特征及发展趋势[J]. 体育学研究，2018，1(01)：13-20.

②国家统计局，国家体育总局．2018年全国体育产业总规模和增加值数据公告[EB/OL]. http：//www.stats.gov.cn/tjsj/zxfb/202001/t20200120_1724122.html.

③江小涓．体育产业发展：新的机遇与挑战[J]. 体育科学，2019，39(07)：3-11.

一、研究方法与数据的获取

影响居民体育消费行为的因素相互交织且错综复杂，仅通过问卷调查和数理统计等方法，很难客观全面地揭示影响居民体育消费行为的各因素及其之间的关系脉络，因此本研究基于扎根理论采用质性研究方法，通过选取文献作为质性研究的材料来源，并进行各级节点编码分析，在此基础上寻找各影响因素间的结构关系。为了获取到影响居民体育消费行为因素更具权威性和代表性的数据，运用中国知网中的高级检索功能选择核心期刊并分别以“体育消费行为”“居民体育消费”和“体育消费行为的影响因素”等为主题，以及运用中国知网高级检索界面的“并含”功能，同时输入主题为“体育消费”“因素”“影响因素”；“居民体育消费行为”“影响”“动机”等组合形式对文献进行搜集整合，最终，筛选出51篇文献作为研究对象(检索时间为2020年3月)。

二、数据编码

依据扎根理论，编码是质性研究的核心环节，是收集数据和解释数据过程中产生理论的关键环节，且扎根理论认为对数据分析的过程应分为三个阶段，即开放式编码、轴心式编码和选择式编码①②。

开放式编码——影响居民体育消费行为的直接因素，扎根理论认为在进行开放式编码时应遵循“本土化”原则，即作者须摒弃主观判断，将材料来源中的内容真实客观地体现出来。本研究基于51篇文献共得到46个三级节点，包含参考点383个(见表5-1)，综合来看居民体育消费行为的影响因素较为集中。

轴心式编码——影响居民体育消费行为的中间因素，轴心式编码是指将材料来源中多个部分的关系进行编码，经过不断对比，将范畴或概念进行总结。研究通过NVivo 11 Plus软件对材料来源进行编码，将46个三级节点具体归纳为15个二级节点。

选择式编码——居民体育消费行为影响因素的核心范畴，一级节点是对各类影响因素的高度浓缩表达，是影响居民体育消费行为的宏观因素，也可表达为是影响居民体育消费行为的核心范畴，因此对一级节点的归纳总结显得尤为重要。通过对15个二级节点的进一步提炼，共确定出4个一级节点(核心范畴)，即文化环境、经济水平、政府及市场、个体特征(如图5-1所示)。

1. 文化环境与个体特征核心范畴的确定

文化环境是指包括影响一个社会的基本价值、观念、偏好和行为的风俗习惯和其他因素。以文化环境的概念为依托可以发现，文化环境还可具体表现为包含家庭消费观念、代际关系等方面的家庭环境；气候环境、天气状况等方面的自然环境以及社会保障制度、社会阶层、赛事活动、管理制度和媒体信息等方面的社会环境。同时，人

①李承伟，姚蕾．基于扎根理论的我国中学体育教师核心素养结构模型构建[J]．北京体育大学学报，2019，42(10)：117-127，156.

②范明林，吴军．质性研究[M]．上海：汉语大词典出版社，2009.

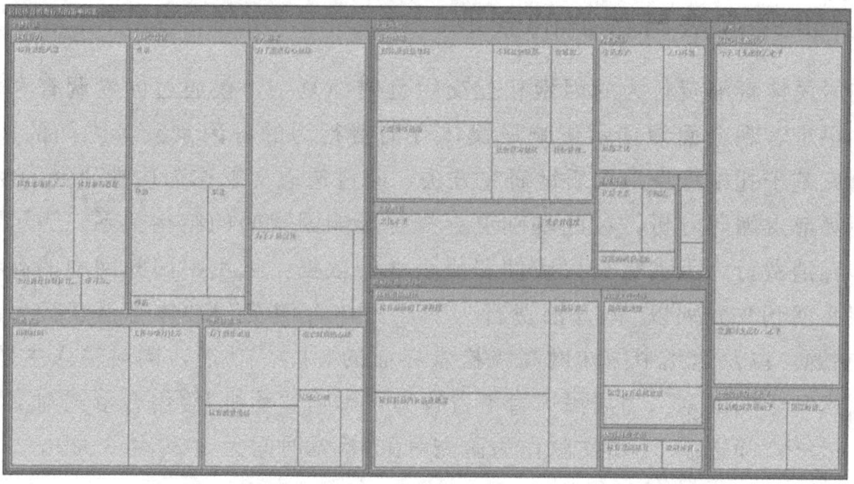

图 5-1　按编码参考点数量比较节点的结构示意图

文风俗和文化教育是人类社会文化的具体体现，两者具有紧密的联系，均包含了人们在生活过程中思想意识的表达，形成了包括风俗习惯、生活方式教育与文化等人文特色。因此通过逻辑分析与概念探索，最终确定以“文化环境”作为影响居民体育消费行为的核心范畴之一。此外，在对材料来源的整合过程中发现居民体育消费行为的个体差异最为明显，体育消费行为会受到性别、学历、年龄、攀比心理、追求时尚、娱乐消遣、发展需要、闲暇时间、学习与工作等各方面因素的影响。因此通过对各影响因素进行整合，确定以包含个体体育行为、个体价值观、人口学特征、个人追求、生活状态 5 方面的“个体特征”作为影响居民体育消费行为因素的核心范畴之二。

2. 经济水平与市场、政府核心范畴的确定

经济基础决定上层建筑，经济实力是影响消费行为的物质基础，也是最本质的影响因素。从经济水平的角度来讲居民的体育消费实力仍受到多种经济来源或经济发展水平的影响，如针对学生或失业待业人员来讲，家庭的经济收入是影响其进行体育消费行为的关键因素，而对于每个有经济收入来源的个体，收入水平则直接影响个人体育消费行为。国家经济发展水平和区域经济发展水平同样从大环境角度影响着居民的体育消费行为。因此，研究从可支配收入(家庭及个人)和社会经济发展水平(国家及区域)角度综合考量确定以“经济水平”作为影响居民体育消费行为因素的核心范畴之三。需要说明的是，经济环境原则上是文化环境的一部分，但鉴于本研究针对的是具体的消费行为，经济水平会对体育消费产生密切且直接的影响，基于此，决定将经济水平作为一个独立的核心范畴。体育消费是指人们用于体育活动及相关方面的消费，表现形式主要为购买体育商品或体育资源①。

随着我国社会主义市场经济制度的不断完善，市场已在资源配置中起决定性作用，

①于乐，程蕾．不同收入的城镇居民对体育消费结构和体育消费需求的影响[J]. 广州体育学院学报，2019，39(05)：26-30.

体育市场及其资源配置也不例外，且以消费行为为研究主题，更不能忽视市场在其中的重要作用。此外，我国体育产业结构及消费结构的优化升级除受其他因素的影响外，政府的宏观调控和政策引导也具有关键作用。因此，从市场规律的角度出发，结合我国的经济制度，最终确定以“市场及政府”为影响居民体育消费行为因素的核心范畴之四。

表 5-1　居民体育消费行为具体表现的开放式编码统计(示例)

材料	开放式编码
受教育程度是城市居民体育消费支出的重要影响因素，对不同的消费类型其影响不同。就实物体育消费支出而言，受教育程度越高，居民消费支出越大。但该效应在统计上不显著；受教育程度不影响城市居民的体育信息消费支出；受教育程度对体育参与型消费支出产生显著影响，受教育程度越高，该类消费支出越大①	受教育程度会影响居民的体育消费行为
社会竞争日益激烈和生活压力逐渐加大使我国普通居民没有更多的闲暇时间进行体育旅游消费，闲暇时间有限成为制约武汉市体育旅游消费的重要原因之一②	闲暇时间是影响居民体育消费行为的重要因素
农村体育设施建设的不足、单一以及陈旧让农民的体育参与受到阻碍，农民没有形成长期参与体育锻炼的习惯，参与体育消费也无从谈起。因此，农村体育设施建设的落后，致使农民体育消费环境不佳，而这也正是制约我国农民参与体育消费的一个重要因素③	体育场地器材会对居民体育消费行为产生影响

三、研究结果

(一)居民体育消费行为的词频分析

运用 NVivo 11 Plus 软件中内置的词频分析功能对材料进行分析并导出词汇云(如图 5-2 所示)，词汇云中的字体越大即代表其在材料来源中出现的频次越高，反之亦然。体育和消费是排在前两名的关键词，与本研究“体育消费行为影响因素”的研究主题相符；居民、行为、社会、因素、消费者出现频次也较高，较为直白地说明了材料中所涉及体育消费的研究方向；收入、经济、生活、运动、文化等关键词可能折射出影响体育消费行为的具体因素；此外，水平、程度、不同、条件、价值等关键词或许可以揭示出影响体育消费行为的深层次关系。从词频整体来看，基本可以对体育消费

①陈永军，段鹏，高秋平．城市居民体育消费行为决定因素的实证研究[J]. 体育学刊，2010，17(02)：33-37.

②张强弓，陈艳．武汉体育旅游者消费行为特征研究[J]. 体育文化导刊，2011(03)：97-100.

③夏磊．农民参与体育消费的多元价值、制约因素与促进路径[J]. 体育文化导刊，2019(07)：37-43.

行为的影响因素进行初步判断，但词汇云无法体现出体育消费行为材料来源中的具体细节和分布特征，因此需要通过编码内容和参考点进一步分析。

图 5-2　基于 51 篇文献生成的词

(二)居民体育消费行为的影响因素分析

1. 文化环境是居民体育消费行为的关键因素

环境行为学中的相互作用论认为，环境与人是两个不同的方面，环境不能决定人的具体行为，而是通过人的内在需求和社会环境因素共同作用产生的；在具体行为产生的过程中，人作为独立的主体具有选择环境、适应环境、利用环境、改变环境的主导性①。也就是说个体行为的产生由自身决定，但环境会对个体行为的产生起到关键作用。结合表 5-2 来看，文化环境节点主要包含文化教育、人文风俗、家庭环境、自然环境和社会环境 5 个二级节点。文化教育包含 12 个材料来源，共 17 个参考点，其中文化水平包含 13 个参考点，表明居民的文化水平能够显著影响体育消费行为。人文风俗包含 9 个材料来源，共 17 个参考点，其中生活方式包含 8 个参考点，说明居民是否将体育锻炼作为生活中的一部分在一定程度上会影响其体育消费行为。家庭环境和自然环境分别包含共 9 个参考点与 3 个参考点，综合来看，家庭环境和自然环境两个二级节点包含的参考点最少，一方面说明在文化环境范畴内居民的体育消费行为受家庭环境和自然环境的影响较小；另一方面也从侧面反映出了当前针对家庭环境、自然环境对居民体育消费行为影响的研究可能还不够深入。在这 5 个二级节点中，社会环境节点包含的资料来源数(19)和参考点(41)最多，说明在文化环境的范畴内，社会环境是居民体育消费行为的重要影响因素，其中大型赛事活动和媒体信息导向对居民体育消费行为的影响较为突出。

---

①戴霞，谢戴西，秦春波，等．高校体育“课内外一体化”课程环境的优化配置：以深圳大学为例[J]．体育学刊，2015，22(06)：75-79．

表 5-2 “文化环境”范畴内的各级节点与编码参考点数

开放式编码	资料来源数	参考点	轴心式编码	资料来源数	参考点	选择式编码
受教育程度	2	4				
文化水平	10	13	文化教育	12	17	
人口环境	3	5				
风俗文化	4	4	人文风俗	9	17	
生活方式	5	8				
代际关系	1	4				
家庭的消费观念	2	2	家庭环境	3	9	
不同区域的家庭消费方式	2	3				文化环境
气候环境	2	2				
天气状况	1	1	自然环境	3	3	
社会保障制度	2	4				
社会管理制度	2	3				
合适的消费环境	4	5				
大型赛事活动	4	11	社会环境	19	41	
不同社会阶层	5	7				
媒体信息导向	7	11				

2. 市场及政府是居民体育消费行为的保障因素

表 5-3 “市场及政府”范畴内的各级节点与编码参考点数

开放式编码	资料来源数	参考点	轴心式编码	资料来源数	参考点	选择式编码
政府体育资源配置	1	2				
体育设施建设	2	3	体育财政支出	2	5	
国家体育总局政策	1	5				
国务院政策	6	11	政府文件引导	6	16	市场及政府
市场体育资源配置	5	10				
体育商品的价格及质量	9	16	体育市场规律	19	46	
体育商品的了解程度	13	20				

市场及政府范畴包含体育财政支出、政府文件引导和体育市场规律 3 个二级节点，共 67 个参考点，其中体育财政支出包含政府体育资源配置和体育设施建设 2 个三级节点，共 5 个参考点；政府文件引导包含国家体育总局政策和国务院政策 2 个三级节点，

共 16 个参考点；体育市场规律包括市场体育资源配置、体育商品的价格及质量和体育商品的了解程度 3 个三级节点，共 46 个参考点。可以看出，体育市场规律包含的参考点最多，占该范畴参考点的 68.66％；政府文件引导包含的参考点次之，占该范畴参考点的 23.88％；体育财政支出包含的参考点最少，参考点占比仅为 7.46％。通过对比可以发现，政府体育财政支出方面对居民体育消费行为的影响相对较小；从政策文件引导方面来看，具体文件的下发旨在指导体育产业、体育市场经济的发展，最终必须要扎根于体育市场中，这也是尊重体育市场规律的必然之举。因此，在体育消费影响因素方面，政府始终是以引导者的身份出现，对体育消费起到的是辅助作用，并非决定性作用，这也正是为什么在市场及政府范畴内政府层面对居民体育消费行为的影响程度较小，而体育市场规律对居民体育消费行为的影响比重较大的原因。

对体育市场规律中的三级节点具体分析可以发现，体育商品的了解程度、体育商品的价格及质量的参考点最多，可以表明居民在进行体育消费的过程中会更加注重体育商品对自身的作用及体育商品的性价比。因此规范消费市场、提高商品质量、打击假冒伪劣产品可以有效促进居民进行体育消费。

表 5-4 “经济水平”范畴内的各级节点与编码参考点数

<table>
<tr><th>开放式编码</th><th>资料来源数</th><th>参考点</th><th>轴心式编码</th><th>资料来源数</th><th>参考点</th><th>选择式编码</th></tr>
<tr><td>国家经济发展水平</td><td>3</td><td>5</td><td rowspan="2">社会经济发展水平</td><td rowspan="2">7</td><td rowspan="2"></td><td rowspan="4">经济水平</td></tr>
<tr><td>区域经济发展水平</td><td>4</td><td>7</td></tr>
<tr><td>家庭可支配收入水平</td><td>7</td><td>9</td><td rowspan="2">居民可支配收入</td><td rowspan="2">25</td><td rowspan="2">50</td></tr>
<tr><td>个人可支配收入水平</td><td>23</td><td>41</td></tr>
</table>

3. 经济水平是居民体育消费行为的基础因素

对恩格斯“经济基础决定上层建筑”的思想解读过程中发现，经济基础与上层建筑间的关系思想是一种“决定论”思想，两者是决定与被决定的关系①，结合本研究可以认为经济水平是决定居民是否参与体育消费等社会行为的前提和基础因素。依据参考点的数量可以发现，经济水平范畴内共包含 2 个二级节点，其中社会经济发展水平节点的资料来源数为 7，参考点为 12；居民可支配收入节点的资料来源数为 25，参考点为 50。通过对比分析可以发现，居民可支配收入节点的资料来源数为 25，接近总数的二分之一，说明居民可支配收入在研究中的关注度最高，同时居民的可支配收入水平对其体育消费行为的影响较大。从三级节点来看，国家经济发展水平的资料来源数为 3，参考点为 5；区域经济发展水平的资料来源数为 4，参考点为 7；家庭可支配收入水平的资料来源数为 7，参考点为 9；个人可支配收入水平的资料来源数为 23，参考点为 41。在这四个三级节点中个人可支配收入水平的资料来源数和参考点最多，因此个人

①黄光秋，黄光顺．恩格斯“经济基础决定上层建筑”思想解读[J]. 学习论坛，2017，33(03)：58-63.

可支配收入水平是影响居民体育消费行为最重要的基础因素。综上，可以发现居民可支配收入是经济水平范畴内对居民体育消费行为影响最大的因素，且这一因素尤其表现在个人可支配收入水平上，主要原因在于体育消费是个体的具体行为，最终是需要个人参与实现的，社会经济发展水平是一种经济环境基础，而居民自身的可支配收入水平才是作用于体育消费直接且重要的行为基础。

4. 个体特征是居民体育消费行为的核心因素

表 5－5 “个体特征”范畴内的各级节点与编码参考点数

开放式编码	资料来源数	参考点	轴心式编码	资料来源数	参考点	选择式编码
学习和了解体育知识	1	2				
主动提升自身体育运动技能	2	3	体育行为	18	36	个体特征
体育参与程度	2	6				
体育运动技术水平	6	7				
体育锻炼兴趣	15	18				
攀比心理	2	2				
追求时尚的心理	4	5				
为了娱乐消遣	6	9	个体价值观	14	27	
体育消费情感	6	7				
从众心理	1	4				
学历	1	2				
职业	3	5				
年龄	7	10	人口学特征	16	36	
性别	15	19				
个人的发展需求	1	1				
为了人际交往	9	10	个人追求	15	36	
为了追求身心健康	14	25				
工作与学习任务	9	12				
闲暇时间	13	20	生活状态	15	36	

马克思主义理论认为人具有主观能动性，即人们可以能动地认识客观世界；人可以在认识的指导下能动地改造客观世界，也就是说，个体始终需要通过自身的主观能动性去了解世界，再基于自身的主观认识决定自身行为，并通过自身行为能动的改变世界。同时依据相互作用论也可以发现，环境会对个体行为产生影响，但是否作出决策，参与行动仍需要个体进行判断。结合上述理论，环境因素可能会对个体参与体育消费产生一定影响，但基于人的主观能动性，在是否要真正进行体育消费行为时仍需

要个体作出决定，因此研究认为个体特征是影响居民体育消费行为的核心因素。通过对材料来源的编码也可以看出，个体特征核心范畴内所包含的三级节点和参考点数最多，即包含体育行为、个体价值观、人口学特征、个人追求和生活状态 5 个二级节点，共 167 个参考点，其中体育行为、人口学特征和个人追求包含的参考点数最多，均为 36 个，但笔者通过对材料来源的分析发现，针对人口学特征的材料多体现在不同性别和年龄等方面体育消费行为的差异，而并非影响居民体育消费行为的具体因素，同时从侧面体现出在个体特征范畴内居民体育消费行为最容易受到体育行为和个人追求的影响。从三级节点可以看出，对身心健康的追求(25)是居民进行体育消费行为因素中的重中之重，可见加大对“体育锻炼促进身心健康”等方面的宣传能够有效引导居民进行体育消费。闲暇时间和体育锻炼兴趣包含的参考点分别为 20 个和 18 个，说明在除对身心健康的追求之外，也要充分考虑个体是否有闲暇时间和是否有较强的体育锻炼兴趣以促进体育消费。值得注意的是，个体价值观包含的三级节点最多，但参考点数却最少，说明居民对体育消费的认知存在不同程度的差异，个体价值观是居民体育消费行为研究中较为内隐且影响广泛的因素。

(三)居民体育消费行为的影响因素模型

通过上述分析可以发现，居民体育消费行为的影响因素大致可以总结为文化环境、经济水平、政府及市场、个体特征四大因素，它们共同作用于居民的体育消费行为，其关系并不是对立的，而是相互协同、相互作用的。一方面，经济水平、个体特征是居民体育消费行为的基础与核心，也可以认为两者是影响居民体育消费行为的直接因素，主要表现为：居民进行体育消费的基本形式就是经济支出，经济水平高低会直接影响体育消费金额、体育商品质量、体育消费满意感等多方面；同样个体特征主要包含的是居民是否要进行体育消费的决定权，个体特征也会直接决定是否要进行体育消费、怎么进行体育消费、进行什么样的体育消费等问题。另一方面，文化环境、政府及市场是居民体育消费行为的关键和保障，也可认为是影响居民体育消费行为的间接因素，其表现为：人创造环境是劳动实践活动，环境也创造人是指改变了环境才改变人，而人一旦发生变化，人的实践活动也必定有了新的性质①。基于这一观点，当前居民进行体育消费行为的文化环境是在生产力不断发展之下产生的，而这样的环境对人的影响是潜移默化的，对具体行为(如体育消费行为)的影响也是个体意识反作用于物质的具体表现；此外，政府及市场对个体进行体育消费主要是引导和保障作用，主要表现在为居民提供相应的体育资源和政策保障。结合上述理论及研究分析可以发现，虽然通过质性分析将居民体育消费行为的影响因素按照核心范畴的方式划分为了四个方面，但是它们之间仍是具有紧密联系的，四大因素相辅相成，从直接和间接层面充分发挥自身作用并与其他因素相互协同，有助于更好地促进居民进行体育消费，同时

①安启念．从《德意志意识形态》看马克思的唯物史观思想：纪念《德意志意识形态》创作 170 周年[J]．天津社会科学，2016(06)：4-14.

居民的体育消费行为也会反作用于各个因素，各因素与体育消费行为相互影响，共同促进发展。基于上述分析，本研究构建了影响居民体育消费行为的因素模型(如图 5－3 所示)。

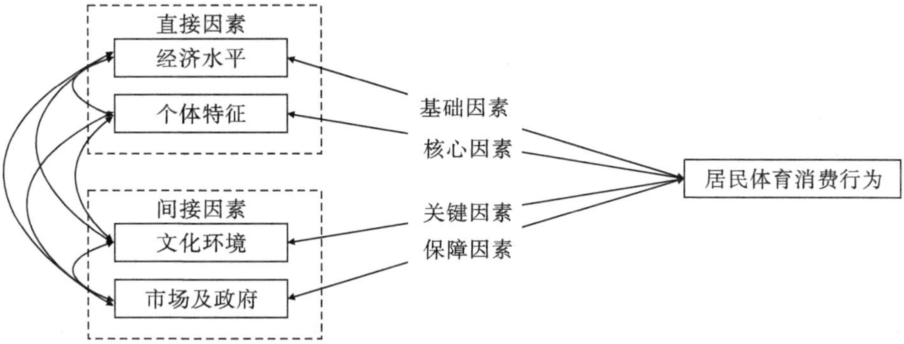

图 5－3　影响居民体育消费行为的因素模型

第二节　影响我国城市青少年体育消费心理预期行为的因素分析及对策研究

根据研究需要，在阅读了大量文献资料、论文成果和著作的基础上，罗列出影响我国城市青少年体育消费心理预期的因素若干项供专家判断参考，同时采用德尔斐法选择专家 18 人，根据其经验按照各因素的重要程度进行比较、取舍和排序，经过两轮函询，结合专家意见，依照行为科学“C 型影响个体行为因素体系表” 建立了 6 类 19 项影响我国城市青少年体育消费心理预期行为的主要因素层次结构模型(如图 5－4 所示)，再将比较结果输入微机运算出各影响因素的权重排序(见表 5－6、5－7、5－8、5－9、5－10、5－11、5－12、5－13)。

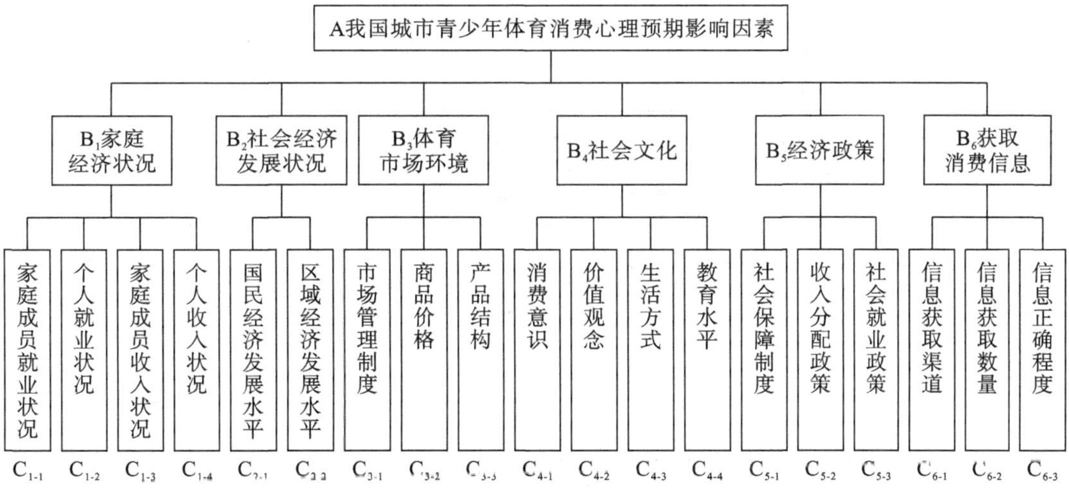

图 5－4　我国城市青少年体育消费心理预期行为的主要影响因素层次结构模型

表 5－6　判断矩阵 A－B

A	B_1	B_2	B_3	B_4	B_5	B_6	W
B_1	1	9/7	9/6	9/5	9/4	9/4	0.2572
B_2	7/9	1	7/6	7/5	7/4	7/4	0.2001
B_3	6/9	6/7	1	6/5	6/4	6/4	0.1716
B_4	5/9	5/7	5/6	1	5/4	5/4	0.1428
B_5	4/9	4/7	4/6	4/5	1	4/4	0.1141
B_6	4/9	4/7	4/6	4/5	4/4	1	0.1141

注：CI－B＝0.0000，CR－B＝0 .0000＜0.10

表 5－7　判断矩阵 B1－C

B_1	C_{1-1}	C_{1-2}	C_{1-3}	C_{1-4}	W
C_{1-1}	1	5/6	5/8	5/9	0.1789
C_{1-2}	6/5	1	6/8	6/9	0.2143
C_{1-3}	8/5	8/6	1	8/9	0.2853
C_{1-4}	9/5	9/6	9/8	1	0.3214

注：CI－C＝ 0.0017，CR－C＝0.0019＜0.10

表 5－8　判断矩阵 B2－C

B_2	C_{2-1}	C_{2-2}	W
C_{2-1}	1	5/6	0.4540
C_{2-2}	6/5	1	0.5460

注：CI－C＝－0.0020，CR－C＝－2002.0010＜0.10

表 5－9　判断矩阵 B3－C

B_3	C_{3-1}	C_{3-2}	C_{3-3}	W
C_{3-1}	1	4/8	4/6	0.2226
C_{3-2}	8/4	1	8/6	0.4441
C_{3-3}	6/4	6/8	1	0.3333

注：CI－C＝0.0004，CR－C＝0.0007＜0.10

表 5-10　判断矩阵 B4-C

B_4	C_{4-1}	C_{4-2}	C_{4-3}	C_{4-4}	W
C_{4-1}	1	6/7	6/5	6/5	0.2613
C_{4-2}	7/6	1	7/5	7/5	0.3048
C_{4-3}	5/6	5/7	1	5/5	0.2170
C_{4-4}	5/6	5/7	5/5	1	0.2170

注：CI-C=－0.0012，CR-C=－0.0013＜0.10

表 5-11　判断矩阵 B5-C

B_5	C_{5-1}	C_{5-2}	C_{5-3}	W
C_{5-1}	1	4/7	4/6	0.2353
C_{5-2}	7/4	1	7/6	0.4118
C_{5-3}	6/4	6/7	1	0.3530

注：CI-C=0.0014，CR-C=0.0025＜0.10

表 5-12　判断矩阵 B6-C

B_6	C_{6-1}	C_{6-2}	C_{6-3}	W
C_{6-1}	1	7/5	7/3	0.4667
C_{6-2}	5/7	1	5/3	0.3330
C_{6-3}	3/7	3/5	1	0.2003

注：CI-C=－0.0003，CR-C=－0.0006＜0.10

表 5-13　合成权重层次总排序

指标层	准则层						合成权重	总排序
	B_1	B_2	B_3	B_4	B_5	B_6		
	0.2572	0.2001	0.1716	0.1428	0.1141	0.1141		
C_{1-1}	0.1789						0.0460	10
C_{1-2}	0.2143						0.0551	7
C_{1-3}	0.2853						0.0734	5
C_{1-4}	0.3214						0.0827	3
C_{2-1}		0.4540					0.0909	2
C_{2-2}		0.5460					0.1093	1
C_{3-1}			0.2226				0.0382	13

续表

指标层	准则层						合成权重	总排序
	B_1	B_2	B_3	B_4	B_5	B_6		
	0.2572	0.2001	0.1716	0.1428	0.1141	0.1141		
C_{3-2}			0.4441				0.0762	4
C_{3-3}			0.3333				0.0572	6
C_{4-1}				0.2613			0.0373	15
C_{4-2}				0.3048			0.0435	11
C_{4-3}				0.2170			0.0310	16
C_{4-4}				0.2170			0.0310	17
C_{5-1}					0.2353		0.0268	18
C_{5-2}					0.4118		0.0470	9
C_{5-3}					0.3530		0.0403	12
C_{6-1}						0.4667	0.0533	8
C_{6-2}						0.3330	0.0380	14
C_{6-3}						0.2003	0.0229	19

注：CR＝0.0449＜0.10

层次分析结果表明，各判断矩阵具有满意的一致性。在准则层中，影响我国城市青少年体育消费心理预期行为的主要因素有 6 个方面，按照层次分析合成权重排序依次为家庭经济状况因素、社会经济发展状况因素、体育市场环境因素、社会文化因素、国家经济政策因素和消费者获取消费信息因素等。

一、家庭经济状况因素对我国城市青少年体育消费心理预期行为的影响

家庭经济状况因素在 6 大因素中的重要程度位列首位，其权重达 25.72％。在家庭经济状况因素中，家庭成员收入状况、个人收入状况、家庭成员就业状况、个人就业状况起主要作用，尤其是个人收入状况和家庭成员收入状况因素，其合成权重分别为 8.27％和 7.34％，在全部子因素中，其重要程度分别列第 3 位和第 5 位(见表 5－13)。

个人收入主要是指个人的现期经济收入状况，它直接影响到人们的购买力和消费水平，是人们完成各种活动所必备的重要心理前提。一般情况下，人们的体育消费心理预期水平会随着现期收入的增加而提高，也会随着现期收入的减少而降低。我国城市青少年的个人收入是指通过各种渠道能够获得的可支配金额数量，包括父母和其他长辈提供的日常学习和生活花销，还包括个人积蓄的“压岁钱”和通过打工、向学校或

社会申请贷款以及争取奖学金等方式获取的收入和经济支持等。调查表明，我国城市青少年月消费平均为529.40元，绝大多数用于日常学习、生活消费等；体育消费月消费平均仅为50.78元，主要用于购买普通运动服、普通运动鞋、小型运动器械等实物性体育消费品等。不难看出我国城市青少年个人可支配金额数量的不足，是导致青少年体育消费心理预期水平不高的直接原因(见表5-13)。

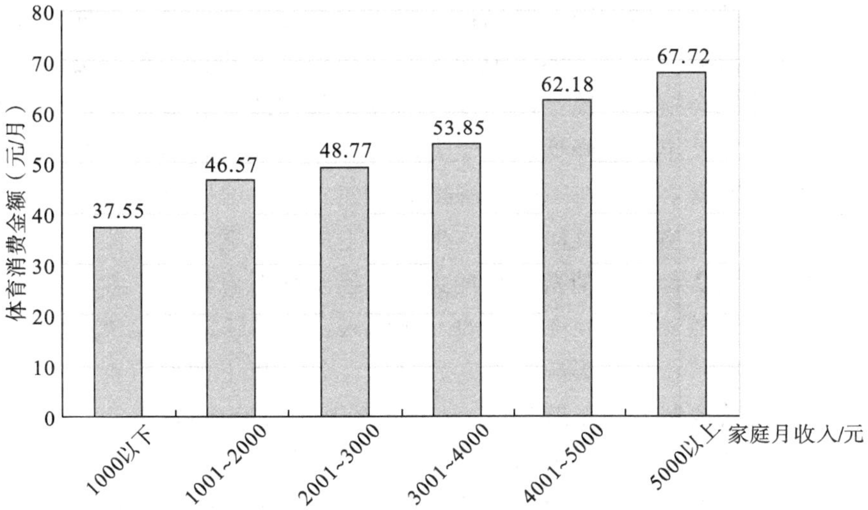

图5-5 我国不同家庭月收入城市青少年月体育消费金额比较

调查结果显示，我国城市青少年家庭成员的收入是青少年获取可支配金额的最主要来源，我国城市青少年的体育消费与家庭经济收入水平呈明显正相关关系(如图5-5所示)。我国城市青少年家庭月收入主要集中在1000～3000元，1000以下的家庭占22.0%，1001～2000元的家庭占26.8%，2001～3000元的家庭占22.0%；3000～5000元的家庭占18.1%；5000元以上的家庭占11.0%。分析表明，不同家庭收入的青少年其体育消费结构有所不同，家庭月收入在3000元以下的青少年实物性体育消费倾向较大，只有当家庭月收入达到3000元以上时，我国城市青少年的体育消费的总体水平才会有较大幅度的提高，劳务性体育消费才会有较明显的改善，并且随着家庭收入的增加，城市青少年对体育消费心理预期各主要因素的满意度和信心度呈上升趋势。

由此可见，我国城市青少年家庭成员的收入在很大程度上影响着青少年体育消费的心理预期和购买能力，不同收入的家庭其青少年会产生不同的消费心理预期和行为；良好的就业和收入状况是决定青少年对自身经济状况满意程度和对消费品价格承受力及信心程度的根本因素。改善我国城市青少年体育消费心理预期行为状况，归根到底就是要不断发展社会经济，改善社会分配制度，提高社会就业率和家庭成员收入，让更多的家庭享受到国家经济发展带来的实惠。

二、社会经济发展状况因素对我国城市青少年体育消费心理预期的影响

社会经济发展状况也是影响我国城市青少年体育消费心理预期的主要因素之一，

在6大因素中的重要程度位列第2位，其权重达20.01%。在社会经济发展状况因素中，区域经济发展水平和国民经济发展水平起非常关键的作用，其权重分别占到10.03%和9.09%，在全部子因素中，其重要程度分别列第1位和第2位(见表5-13)。

我国城市青少年的体育消费心理预期在很大程度上受到我国经济发展因素的制约。国民经济和区域经济虽属不同层面的概念，但二者存在相互依存、相互制约、相互促进的关系。对于消费者个体而言，国民经济发展水平是影响体育消费的宏观因素，而区域经济发展水平对城市青少年体育消费的心理预期和消费行为影响更加直接。一般来说，国民收入水平会随着国民经济的发展而逐步得到改善和提高，体育消费价格也会随着市场繁荣、产品丰富而降低或趋于合理被人们所接受，继而改善人们的消费心理预期。因此从宏观看，只有在国民经济得到迅速发展、国民收入水平提高、体育市场繁荣、产品丰富、价格合理及保证基本生活水平的情况下才有可能加大改善人们体育消费心理预期和消费行为及消费结构的力度，逐步降低恩格尔系数，有效提高体育消费支出。近年来，随着我国经济改革的不断深入，国民经济持续快速增长，对提高消费者心理预期产生了积极的影响，研究表明，有72%以上的城市青少年对我国未来经济发展前景和经济改革前景充满信心，表现出乐观的心理预期。

区域经济发展是国民经济发展的重要组成部分和基础性因素。国民经济的稳步可持续发展必须建立在区域经济平衡发展的基础之上。我国现阶段依然存在着区域经济发展不平衡的现象，严重影响了我国可持续发展与和谐发展局面的形成，影响了不同区域城市青少年的消费心理预期。研究结果表明，由于受东西部区域经济发展不均衡因素的影响，东部城市青少年体育消费心理预期满意度普遍高于西部城市青少年，尤其是对家庭目前经济状况、个人目前经济状况、体育消费环境和体育消费品价格几项的满意度均超出10个百分点。

为了实现国民经济和区域经济的协调发展，政府部门应该加强宏观调控，转变自身职能，通过制定适当的区域经济政策，为区域经济发展创造比较宽松的市场环境，防止地区经济发展差距进一步扩大。同时，政府应通过必要的投资和政策倾斜，加强不发达地区的教育投资，扶持落后地区的经济发展，尽快形成东中西互动、优势互补、相互促进、共同发展的格局，实现各区域经济协调发展共同富裕的目标。

三、体育市场环境因素对我国城市青少年体育消费心理预期的影响

体育市场环境也是影响我国城市青少年体育消费心理预期的主要因素之一，在6大因素中的重要程度列第3位，其权重达17.16%。在体育市场环境因素中商品价格、产品结构因素起主要作用，在全部子因素中，其重要程度分别列第4位和第6位(见表5-13)。

体育消费品价格高低对我国城市青少年的体育消费有着重要的影响，价格过高会抑制消费者的消费需求。消费者对消费品价格的认同状况和承受能力，反映了消费者的经济状况、消费意识和消费观念；市场价格定位本身也反映了消费市场的繁荣程度、供需矛盾状况，它还与市场产品结构、市场运营状况、价格管理及监督机制等因素密

切相关，是消费过程诸多因素的焦点。消费品价格的合理性和稳定程度将直接影响消费者心理预期的满意度及对未来投入消费的信心度。

出于身心发展的需要，我国城市青少年表现出较强的体育消费需求，但有限的可支配金额使青少年的购买力与价格的矛盾显得尤为突出。我国体育消费市场起点低、运营机制尚不规范，消费品价格管理及监督机制尚不健全，再加上区域经济发展不均衡等因素的制约，使我国城市青少年在体育消费过程中对商品价格的认同受到很大影响，调查结果表明，我国城市青少年对目前体育消费品价格心理预期的满意度仅为29.04%。

产品结构是指现阶段消费市场能够提供的不同价格、质量、功能档次的消费品数量及其比例关系。我国体育消费市场起步较晚，消费品品种不齐、功能不全、价格偏高、商品质量参差不齐，劳务型产品服务质量差，健身指导专门人才缺乏，体育消费市场区域差别较大等矛盾仍然较为突出，特别是适合青少年身体发育特征和消费特点的商品供应不足，这些因素都在很大程度上影响了我国城市青少年的消费积极性。

调查结果显示，我国城市青少年对目前体育消费品质量的心理预期满意度仅为39.59%。受我国传统勤俭节约思想、商品本身功能特点、消费者自身经济状况和消费能力的影响，我国城市青少年体育消费整体水平仍处在较低层次，现阶段我国城市青少年体育消费仍以实物性消费为主，劳务性消费为辅，其中对体育信息的关注程度普遍提高，同时也出现了一定数量的博弈性消费，在消费过程中注重消费品的经济性、耐用性和实用性；我国城市青少年体育消费的潜在需要是以名牌运动服和名牌运动鞋为主，注重消费品的品牌和知名度，并存在着由实物性消费需要向劳务性消费需要转化的趋势。随着全国亿万学生阳光体育运动的广泛开展和2008年北京奥运会的成功举办，国家对体育文化宣传的逐渐加强，体育消费环境的日益完善，高水平运动竞赛项目的不断增多，这些都将吸引更多的青少年积极参加体育锻炼，必将使我国城市青少年的体育消费需求空前高涨，实物性、劳务性体育消费水平大幅度提高。因此我们应该抓住这一良好的市场机遇，努力发展经济提高居民收入水平，改善健身环境，在深入了解青少年的身心发展特点和体育消费需求的基础上，调整产品结构，提供品种丰富、档次多样、价格适中的产品，及时改善青少年体育消费心理预期。

四、社会文化因素对我国城市青少年体育消费心理预期的影响

社会文化也是影响我国城市青少年体育消费心理预期的主要因素之一，在6大因素中的重要程度列第4位，其权重为14.28%。在社会文化因素中，价值观念和消费意识等因素起主要作用(见表5-13)。

“体育价值观念是人们以自身需要为尺度来评价体育消费存在和发展的根本观点，是体育消费群体对体育整体化的评价或价值取向，是体育消费者心理结构的核心。”它最典型地反映着消费主体所处的文化环境和文化传统对其心理的制约和影响，这种作用集中体现在体育消费者对体育这一特殊活动的使用价值、社会价值和文化价值的评价上，同时也规定着体育消费行为的基本特点。消费者的投入，一方面是为了获取消费品的使用价值，另一方面则是为了追求体育的文化价值。只有体育行业所提供的各

种体育服务、体育用品、体育信息所蕴含的价值取向与体育消费者的价值取向产生共鸣时，体育消费者才会为实现对这种取向的认同而进行消费行为。

随着我国改革开放的不断深入，中外文化交流的日益广泛，人们的传统生活方式和价值观念也随之发生了变化，城市青少年在重视物质消费的同时，对体育文化娱乐等精神方面的消费需求也有所增长，体育消费已成为城市青少年增进健康、促进交往、追逐时尚和愉悦身心的重要手段。研究结果表明，我国青少年体育消费在消费结构中居第4位，占每月消费总金额的9.60％。有27.27％的城市青少年认为健康需要足够的投资，有60.08％的青少年认可健康投资，但认为不需太多，这一方面与我国消费者勤俭节约的生活习惯有关，同时也反映出我国城市青少年的健康意识和体育消费意识正在逐步提高，但仍有必要在我国城市青少年中加强体育价值观念方面的知识培养。

意识是人脑对于客观物质世界的反映，它是通过认知，思维等心理过程而逐渐形成意识。消费意识是指产生不受本能生理欲支配，而受愿望、意向、爱好等因素支配的消费行为的思想心理动因。如果有意识的消费行为不足或者居民的“消费意识”薄弱，那么就会导致市场需求萎缩、消费品滞销、货币流通堵塞等不良现象。在思想观念方面，忽视消费的积极意义将会束缚和影响社会经济的健康发展。

我国城市青少年的体育消费虽然尚处在较低水平，但是思想上正在逐渐摆脱以往“量入为出，略有结余”为代表的保守的消费意识。这种变化不但反映在我国城市青少年体育消费的潜在需要内容上，也反映在体育消费动机之中。研究结果表明，名牌运动服、运动鞋是青少年体育消费潜在需要的最主要内容；在消费动机里，除了追求实用价值、追求商品安全以外，追求运动愉悦、追求美感、增进社会交往和追求个性发展等动机也占有相当重要的地位。

正确认识与理解体育的价值，树立正确的体育价值观，直接关系到人们的体育消费意识的形成，影响青少年体育消费的心理预期和行为。因此，我们应该充分发挥媒介的导向作用，加强体育科技、教育的推广与普及，改变青少年的消费观念，大力宣扬体育消费健康、快乐、时尚的新形象，树立正确的体育价值观和体育消费意识，及时调整城市青少年体育消费心理预期，不断提高我国城市青少年的体育消费水平。

五、国家经济政策因素对我国城市青少年体育消费心理预期的影响

国家经济政策是影响我国城市青少年体育消费心理预期的重要因素之一，在6大因素中的重要程度列第5位，其权重为11.41％。在国家经济政策因素中，收入分配政策因素起主要作用，在全部子因素中，其重要程度列第9位(见表5-13)。

国家制定的经济发展大政方针，是引领国家经济腾飞与经济体制改革迈向成功的战略性决策。我国社会主义经济发展的最终目的是要改善人们的生活条件，满足人们日益增长的物质文化需求，为了实现社会的和谐发展，合理的收入分配政策和完善的社会保障制度，是维持社会稳定、保证市场繁荣、提高人们消费心理预期的重要前提。

收入分配政策是关系到改善居民生活条件的重要政策之一，直接影响到居民的消费能力、消费结构和消费水平，影响到城市青少年的消费积极性和消费心理预期。在

改革开放之初，收入分配差距推动了消费品结构升级替代的进程，对经济发展起到了一定的支持作用。随着我国经济规模的逐渐增大，收入分配不均衡引发的消极因素也逐渐凸显出来，个体贫富差距、地区经济差距和城乡经济差距逐渐扩大，东部沿海地区的经济增长快于中西部地区，东部地区城镇居民收入水平明显高于中西部地区，且收入差距还在扩大。这种日趋扩大的状况日益影响着社会稳定、民族团结和整个国民经济的发展，严重地制约了居民消费需求的进一步提高。缩小收入差距已成为现阶段扩大内需、拉动经济增长的必要条件。为此，国家应当完善居民最低生活保障制度，加强对低收入群体的扶持，通过税收调节和发展社会保障体系来为弱势群体构建一张社会保障网；强化对分配结果的监管，建立适当的财政税收制度等逐步缩小收入差距，使收入分配差距保持在合理的限度内。

六、消费者获取体育消费信息因素对我国城市青少年体育消费心理预期的影响

消费者获取体育消费信息也是影响我国城市青少年体育消费心理预期的重要因素之一。在消费者获取体育消费信息因素中，信息获取渠道起主要作用，在全部子因素中，其重要程度列第 8 位(见表 5－13)。

丰富畅通的消费信息获取渠道、充足的消费信息获取量及真实可靠的消费信息是消费者形成合理消费预期的重要保证。在我国，由于体育消费市场长期发育迟缓，消费者主体意识薄弱，自主选择和自我保护能力相对不足，加之消费信息传播系统欠发达，个人信息占有量极为有限，多数消费者面对变化起伏的市场环境，难于做出清晰的判断和理智的预期。为避免蒙受损失，不得不参照他人意见，追随大多数人的消费行为选择。

研究结果表明，我国城市青少年体育消费信息来源比较有限，获取信息能力较弱，对消费信息的整合、判断能力较差，表现为参与消费决策信心不足。研究表明，现阶段我国城市青少年的体育消费行为主要依赖于个人经验，由于个人经验带有主观性，因此消费心理预期的正确程度在很大程度上取决于占有信息的数量与正确性；从各信息来源对消费行为影响程度的排序看，人际传播渠道所起的作用比大众传播渠道更多更有效，经朋友、同学和家人传递的信息在青少年体育消费心理预期形成的过程中起关键作用；在大众传播媒介中，电视和商家广告对青少年的体育消费心理预期形成起重要作用；由于互联网传播信息的可信度的不易确定，因此对青少年体育消费心理预期的形成暂未产生较大影响。

为了使我国城市青少年更好地获取各种体育消费信息，就必须加强社会信息系统建设，充分利用各种传播媒介，为青少年提供丰富便利的消费信息传播渠道；增加信息流通透明度，促进青少年对经济形势、产业政策、政府意图、市场变化等情况的了解，同时利用政府公告、专家咨询论证等方式提出权威性意见，纠正错误的消费导向；普及消费知识，提高青少年对商品的质量、性能的鉴别能力，提高对体育消费信息的获取、判断、整合及决断能力；加强诚信机制与法治建设的力度，保护青少年的合法消费权益，使之在充分占有真实信息的基础上正确判断利益得失，做出准确预计。

第三节　我国城镇居民体育消费需求结构影响因素分析

一、层次分析法原理及分析步骤

在复杂的决策问题上需要考虑的因素较多，仅通过主观的定性分析判断过程往往难以全面考量这些因素之间的相互影响、制约关系。层次分析法将复杂的决策系统层次化，通过定性的判断与定量地计算层层比较各影响因素的重要程度，最终确定所占权重，是一种较为有效的多因素决策分析方法。本研究主要分析步骤如下。

(1)确定研究对象的影响因素。通过梳理国内专家学者对于体育消费需求影响因素的研究成果，结合城镇居民体育消费的特点，归纳确定我国城镇居民体育消费需求结构影响因素指标。

(2)构建层次结构模型。根据(1)确定的影响因素和第一轮专家对各影响因素的排序，利用迈实 AHP 层次分析法软件构建我国城镇居民体育消费需求结构影响因素层次结构模型，该结构模型分为三层，分别为最高层——目标层(A 体育消费需求结构影响因素)，第二层——准则层(包括 B1 经济发展水平、B2 个人因素、B3 消费体验、B4 产业结构、B5 相关政策法规 5 个因素)，第三层——指标层(包括 28 个子因素)，具体层次结构模型如图 5 - 6 所示，见表 5 - 14。

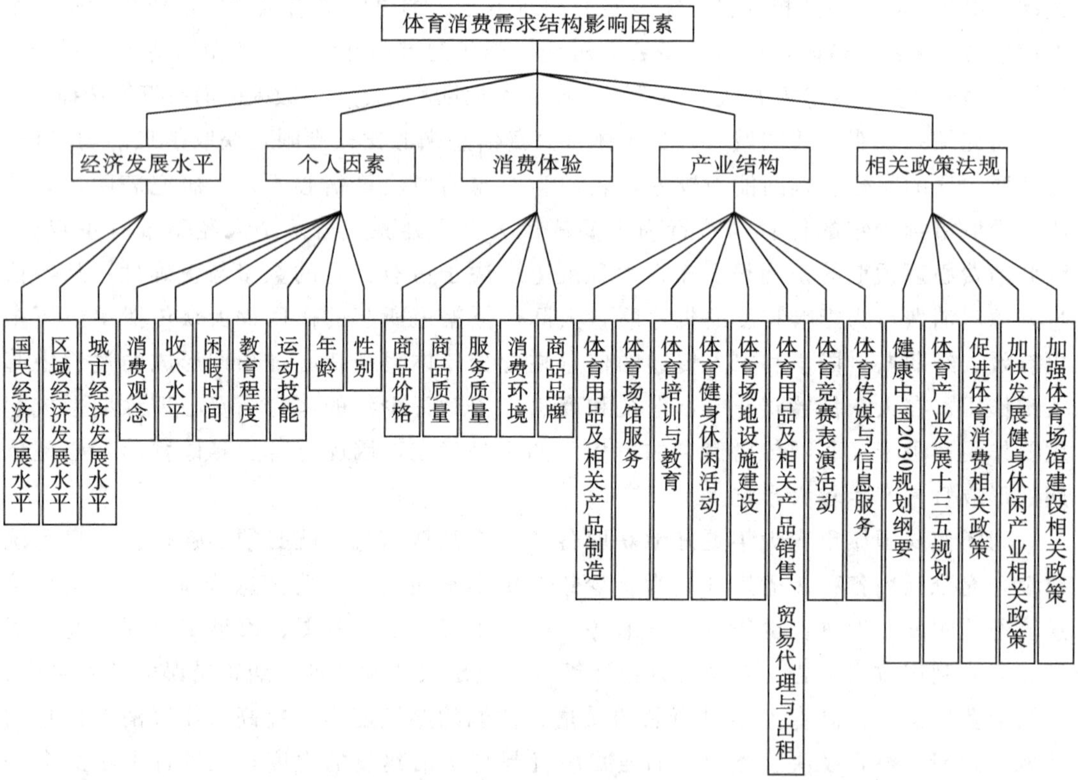

图 5 - 6　我国城镇居民体育消费需求结构影响因素层次结构模型

表 5－14　我国城镇居民体育消费需求结构影响因素层次结构模型一览表

目标层	准则层(5 项)	指标层(28 项)
A 体育消费需求结构影响因素	B1 经济发展水平	C1－1 国民经济发展水平
		C1－2 区域经济发展水平
		C1－3 城市经济发展水平
	B2 个人因素	C2－1 消费观念
		C2－2 收入水平
		C2－3 闲暇时间
		C2－4 教育程度
	B2 个人因素	C2－5 运动技能
		C2－6 年龄
		C2－7 性别
	B3 消费体验	C3－1 商品价格
		C3－2 商品质量
		C3－3 服务质量
		C3－4 消费环境
		C3－5 商品品牌
	B4 产业结构	C4－1 体育用品及相关产品制造
		C4－2 体育场馆服务
		C4－3 体育教育与培训
		C4－4 体育健身休闲活动
		C4－5 体育场地设施建设
		C4－6 体育用品及相关产品销售、贸易代理与出租
		C4－7 体育竞赛表演活动
		C4－8 体育传媒与信息服务
	B5 相关政策法规	C5－1 健康中国 2030 规划纲要
		C5－2 体育产业发展“十三五”规划
		C5－3 促进体育消费相关政策
		C5－4 加快发展健身休闲产业相关政策
		C5－5 加强体育场馆建设相关政策

(3)构造判断(成对比较)矩阵。以 A 表示目标，u_i、u_j(i, j=1, 2, …, n)表示因素。u_{ij}表示u_i对u_j的相对重要性数值。并由u_{ij}组成 A－U 判断矩阵 $\boldsymbol{P}$，u_{ij}的取值参考 Saaty 的 1－9 标度法。

$$\boldsymbol{P}=\begin{bmatrix} u_{11} & u_{12} & \cdots & u_{1n} \\ u_{21} & u_{22} & \cdots & u_{2n} \\ \vdots & \vdots & \vdots & \vdots \\ u_{n1} & u_{n2} & \cdots & u_{m} \end{bmatrix}$$

依据上述矩阵，函询 12 位专家(第二轮)对准则层和指标层相关因素重要程度两两比较赋值情况，输入到迈实 AHP 层次分析法软件中。

(4)计算各因素权重。根据输入的专家判断矩阵，求出其最大特征根λ_{max}所对应的特征向量 w。方程如下：

$$\boldsymbol{P}_w=\lambda_{\max}\cdot w$$

所求特征向量 w 经归一化，即为体育消费需求结构各影响因素的重要性权重分配。

(5)一致性检验。所得的权重是否有效合理要通过判断矩阵一致性的检验，检验公式如下：

$$\mathrm{CI}=\frac{\lambda_{\max}}{n-1},\mathrm{CR}=\frac{\mathrm{CI}}{\mathrm{RI}}$$

CR 为判断矩阵的随机一致性比率，CI 为判断矩阵的一致性指标，RI 为判断矩阵的平均随机一致性指标，RI 值可参考随机一致性指标，见表 5－15。

表 5－15　随机一致性指标 RI 值

n	1	2	3	4	5	6	7	8	9
RI	0	0	0.52	0.89	1.12	1.26	1.36	1.41	1.46

当判断矩阵 $\boldsymbol{P}$ 的 CR＜0.1 时，认为 P 具有满意的一致性，判断矩阵是可以接受的，否则就需要调整判断矩阵中的元素使其达到满意的一致性。

二、层次分析结果与讨论

近年来，随着国家层面对体育产业扶持力度的持续增强和居民个人体育消费意识的不断提高，我国体育产业发展取得了显而易见的成绩，但是体育产业结构失衡问题依然存在。一般认为，需求结构的变动是决定产业结构变动的基本因素①。因此该部分研究内容从深层次看是为了通过体育消费需求结构的影响因素分析，抓住体育消费需求结构变动的关键因素，遵循其演进的客观规律从而推进体育产业结构向高级化转换。

依据专家函询所提供的判断矩阵，利用迈实 AHP 层次分析法软件计算各层元素对于系统目标的权重及检验判断矩阵一致性，结果见表 5－16、5－17。同级权重表

①周振华．产业结构优化论[M]．上海：上海人民出版社，2014.

示同一指标下的权重关系，即每个指标在各自所属层次中的权重；全局权重表示各指标下的权重关系，即每个指标在各自所属层次中的权重与上级指标所属层次中的权重乘积。

表 5-16　准则层影响因素权重、排序及一致性检验

准则层	同级权重	全局权重	排序	一致性(CR)
B1	0.4435	0.4435	1	0.0757
B2	0.2945	0.2945	2	
B3	0.1331	0.1331	3	
B4	0.0923	0.0923	4	
B5	0.0366	0.0366	5	

从准则层统计结果可以看出，经济发展水平是影响体育消费需求结构最重要的因素，说明体育消费需求结构及体育产业结构优化升级的首要环节是大力发展经济，努力提高国内生产总值，加快经济增长速度，提升国民收入水平。个人因素的重要程度位居第二，个人因素很大程度上影响着消费者的购买行为，而购买行为则源于消费者的需求，在同等的经济发展条件下个人因素将直接导致居民消费需求结构的不同。消费体验也是影响体育消费需求结构较为重要的因素，其权重排在第三位，这是因为消费包括消费主体与客体，消费主体即消费者在个人因素一致的情况下，其消费需求的选择则取决于消费客体——商品与服务的质量，绝佳的消费体验势必会增加消费者的需求，不佳的消费体验则产生相反的效果。产业结构的影响程度排在第四位，体育供给结构与体育需求结构之间的平衡是体育产业结构升级的目标。现阶段，供给不足制约了居民的体育消费需求①。因此追求均衡合理的体育产业结构是满足消费需求、优化需求结构的必要手段。最后，影响因素重要程度最小的为相关政策法规，此因素是影响体育消费需求结构的保障因素，政府及管理部门针对体育消费和体育产业现存问题进行精准有效的规划改革是体育消费需求结构朝着正确轨迹发展的重要保障。需要注意的是该准则层的判断矩阵随机一致性比率 CR 值为 0.0757，小于 0.1，即说明判断矩阵的一致性是可以接受的，且各因素的重要程度判断结果是可靠的。

表 5-17　指标层影响因素权重、排序及一致性检验

指标层	同级权重	全局权重	排序	一致性(CR)
C1-1	0.6279	0.2785	1	0.0828
C1-2	0.2838	0.1259	2	
C1-3	0.0883	0.0392	7	

①刘远祥，孙冰川．体育产业供给侧改革的动因与路径研究[J]．山东体育学院学报，2019，35(06)：1-7.

续表

指标层	同级权重	全局权重	排序	一致性(CR)
C2 - 1	0.3515	0.1035	3	0.0499
C2 - 2	0.2236	0.0658	4	
C2 - 3	0.1772	0.0522	6	
C2 - 4	0.0909	0.0268	9	
C2 - 5	0.0720	0.0212	11	
C2 - 6	0.0452	0.0133	16	
C2 - 7	0.0396	0.0117	18	
C3 - 1	0.4419	0.0588	5	0.0383
C3 - 2	0.2723	0.0363	8	
C3 - 3	0.1541	0.0205	13	
C3 - 4	0.0791	0.0105	20	
C3 - 5	0.0526	0.0070	22	
C4 - 1	0.2760	0.0255	10	0.0482
C4 - 2	0.2251	0.0208	12	
C4 - 3	0.1741	0.0161	14	
C4 - 4	0.1192	0.0110	19	
C4 - 5	0.0825	0.0076	21	
C4 - 6	0.0555	0.0051	24	
C4 - 7	0.0362	0.0033	25	
C4 - 8	0.0314	0.0029	26	
C5 - 1	0.3981	0.0146	15	0.0352
C5 - 2	0.3236	0.0118	17	
C5 - 3	0.1485	0.0054	23	
C5 - 4	0.0804	0.0029	26	
C5 - 5	0.0494	0.0018	28	

(一)经济发展水平对我国城镇居民体育消费需求结构的影响

层次分析结果表明，经济发展水平的全局权重为 44.35%，重要程度排在第 1 位。其下级指标中国民经济发展水平的影响作用最大，同级权重达到 62.79%；全局权重为 27.85%，在所有指标层因素中重要程度排在首位。区域经济发展水平和城市经济发展水平因素同样至关重要，其重要程度排在了第 2 位和第 7 位。

城市经济发展水平、区域经济发展水平与国民经济发展水平存在相互包含、相互依赖的关系。国民经济包含区域经济，区域经济包含城市经济；区域经济的发展依赖于城市经济的发展繁荣，而国民经济的发展依赖于区域经济的发展与协调。总的来说，国民经济发展水平宏观上影响所有城镇居民体育消费需求结构的形成，当国民经济总体水平提高时，居民生活水平得到改善。当物质生活消费得到满足后就会追求更多样化的需求。参与型、观赏型等体育消费需求的进一步增加使得居民体育消费需求结构向劳务性消费转变。而体育消费多样化的明显特点表现在劳务性消费的增加，其中多种体育活动内容需求大大推动了体育消费①。区域经济与城市经济是我国国民经济的重要组成部分，改革开放以来，我国国民经济快速发展，却始终伴随着区域经济、城市经济发展不平衡的问题。这一问题使得我国不同区域、不同城市之间的居民体育消费需求结构产生较大的差异，调查研究发现，经济发展水平较高的上海市城镇居民实物型、参与型体育消费占比为50.9%、45.6%，而经济发展相对落后的贵阳市城镇居民这两项比例为59.6%、35.0%。消费由需求产生，体育消费结构的差异足以反映出不同区域、城市经济发展水平对体育消费需求结构造成的影响。

实现体育消费需求结构的升级转型首先要把握其影响的核心要素，明确国民经济发展的重点与改革方向，从追求高速度增长转为高质量发展，以供给侧结构性改革为重点，满足人民日益增长的美好生活需要，适应消费需求升级的要求；政府部门应统筹区域发展，加快形成区域协调发展机制，完善落后地区政策支持体系，发达区域、中心城市应发挥其优势带动周边地区经济发展，逐渐扩大优势区域的影响力和范围，实现各区域经济发展水平均衡提高。

(二)个人因素对我国城镇居民体育消费需求结构的影响

层次分析结果表明，个人因素的全局权重为29.45%，重要程度排在第2位。其下级7项指标中，消费观念和收入水平的重要程度排在了前两位，同级权重分别为35.15%、22.36%；全局权重分别为10.35%、6.58%，在指标层所有因素中重要程度排在第3位和第4位。闲暇时间指标排在了第6位，教育程度指标排在了第9位，运动技能、年龄、性别指标重要程度相对较弱。

消费观念是人们对待其可支配收入的指导思想和态度，对商品价值追求的取向是影响体育消费需求结构的主观要素。消费观念停留在求实的理性消费阶段，人们就更看重经久耐用的实物型体育消费品，而关注不到精神性的体育服务所带来的价值，这也是导致我国体育实物型消费长期处于主导地位的重要原因。

随着消费观念的更新，人们对于体育消费价值的认同越来越广泛，体育消费需求越加迫切，消费形式也越加多样。收入水平的高低将直接影响居民潜在消费需求能否实现，很多居民观念上能意识到参与型与观赏型体育消费的价值，也存在较强的需求，但出于收入不足的制约不能形成有效的体育消费需求，无法实现体育消费需求结构的升级。体育消费需求结构与体育消费结构两者之间在静态分析和预测时没有差别，通

①张贵敏．我国城市居民体育消费需求的发展趋势[J]．沈阳体育学院学报，2002(03)：5-7.

过体育消费结构的比例间接可以看出，实物型体育消费比例与收入水平呈负相关，而参与型体育消费比例与收入水平呈正相关(如图 5－7 所示)，即收入水平越高体育消费需求结构升级越明显。闲暇时间与教育程度对体育消费需求结构也产生一定的影响，闲暇时间是体育消费需求产生的保障，缺乏足够的闲暇时间大大制约了居民体育消费需求的发展。受教育程度的影响是间接的，通过高水平的教育人们对体育的文化、体育的价值、体育的参与有了更好的认识，体育消费的观念自然进一步加强，从而引起体育消费需求的增加。

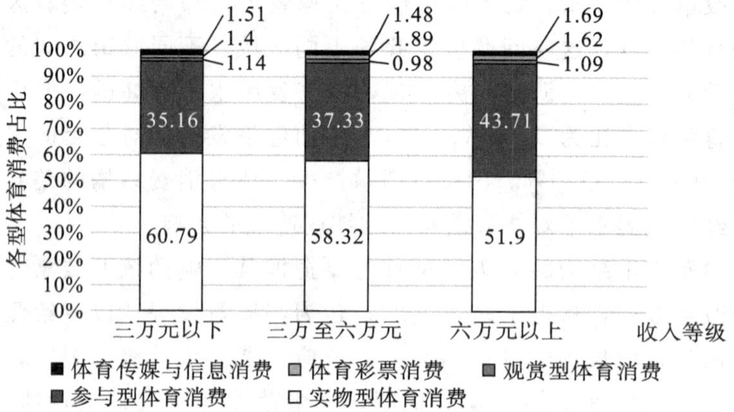

图 5－7　不同收入城镇居民体育消费结构比例情况

根据个人因素中各指标的权重大小，应分清主次有针对性地实行相关举措。首先，政府体育部门要加大健康投资的宣传力度，同时利用网络媒体增加对全民健身及体育功能的科普教育，提高居民体育参与的意识，引导体育消费观念的形成；政府应通过政策支持着力解决民生和就业问题，提高社会保障和福利水平，缩小收入差距，提升就业率与就业质量增加居民收入；倡导公司企业尝试实行弹性工作制，提高员工工作效率，增加闲暇时间；政府财政部门应加大教育事业的投入，尽快使我国达到高等教育普及化水平。

(三)消费体验对我国城镇居民体育消费需求结构的影响

层次分析结果表明，消费体验的全局权重为 13.31%，重要程度排在第 3 位。其下级 5 项指标中，商品价格和商品质量的重要程度排在了前两位，同级权重分别为 44.19%、27.23%；全局权重分别为 5.88%、3.63%，在指标层所有因素中重要程度排在第 5 和第 8 位。服务质量、消费环境、商品品牌指标的重要程度相对较弱。

根据需求价格弹性理论，当一种商品价格出现变动时，该商品的需求量会出现不同程度的变化。一般情况下，生活必需品价格变动不会引起需求量的急剧变化，是缺乏弹性的；而奢侈品则是富有弹性的，当某种商品价格上升时，消费者的需求会出现明显减少，体育消费属于奢侈品消费，因此商品价格会严重影响体育消费的需求量，各种商品需求量的变化将导致需求结构的连锁反应，此外某商品价格上升时，该商品的替代品需求则会增加，价格下降则需求减少，因此也会造成体育消费需求结构的变化。除了商品价格，消费者最关注的当然是商品质量，物美价廉的商品是消费者永恒不变的追求，随着居民生活条件的改善与消费意识的提高，部分居民甚至愿意多花一些钱来购买品质更高的商品，一旦一种商品的质量在消费者心理形成印象将很难改变，刻板效应将影响居民的需求选择。

对于体育商品价格和质量两大因素的调控，政府和市场应共同发挥其作用。政府应当对商品价格进行干预与管理促使体育商品价格稳定，同时不能违背市场的客观规律，市场根据供需合理调整价格适应消费状况；政府应建立市场监督与管理机制，对于商品质量不过关的企业严格处罚，利用市场的竞争淘汰一批产品质量不合格的企业，保障体育消费市场良性健康发展。

(四)产业结构对我国城镇居民体育消费需求结构的影响

层次分析结果表明，产业结构的全局权重为 9.23％，重要程度排在第 4 位。其下级 8 项指标中，体育用品及相关产品制造的重要程度排在首位，同级权重为 27.6％，全局权重为 2.55％，在指标层所有因素中重要程度排在第 10 位。其他指标中体育场馆服务、体育培训与教育、体育健身休闲活动位列产业结构因素的第 2、第 3、第 4 位，同级权重分别为 22.51％、17.41％和 11.92％。

当前我国体育产业规模有所扩大，但是产业结构不合理问题依然突出，主要表现在体育行业的比例不合理，整体结构不平衡，体育用品产业成为主体，而体育本体产业占比较低。体育本体产业发展缓慢供给不足，健身休闲行业服务质量不高，竞赛表演行业市场运作不规范，这些缺陷已经严重阻碍了居民体育消费需求结构的进一步升级。体育用品及相关产品制造重要程度最高，反映了目前该因素仍是我国居民体育消费需求的主导，体育场馆服务的权重增大说明居民已不再仅限于参与体育运动，消费者需要优质的场地设施来增强运动的体验感，体育培训与教育和体育健身休闲活动虽然当下影响程度不是很高，但作为体育本体产业的一部分随着行业发展的不断繁荣、服务质量的不断提升，影响居民需求的程度也将不断扩大，体育用品及相关产品制造不光要满足消费者量的需求，还应加强自主研发和创新能力，在产品质量、功能方面有所升级，增加商品种类，使其更符合居民日益增长的物质文化需求；政府与企业应加强合作，共筹资金加大体育场馆的建设力度，重视大型赛事后续体育场馆运营工作，尽可能多地面向社会提供体育场馆服务；体育院校与社会体育组织应发挥其职责，增加体育训练与管理人员的培养数量与质量，为体育健身休闲、体育培训教育输送更多专业人才，保障行业的服务质量是扩大居民体育本体产业消费需求的基础。

(五)相关政策法规对我国城镇居民体育消费需求结构的影响

层次分析结果表明，相关政策法规的全局权重为 3.66％，重要程度排在最后一位。其下级 5 项指标在指标层所有因素重要程度的排名中没有能够进入前十名，排名最靠前的为“健康中国 2030”规划纲要和体育产业发展“十三五”规划，全局权重分别为 1.46％、1.18％。

自 1995 年实施全民健身计划以来，政府在政策法规方面对促进全民健康、刺激体育消费的工作力度越来越大，成效越加显著。政府政策对刺激体育商品需求增加的作用比较明显，刺激的方式也是多方面的①。“健康中国 2030”规划纲要是 2030 年前我国推进健康中国建设、提升人民健康水平的行动纲领，同时对全民族普及体育健康理念、提高体育锻炼意识、增强体育消费观念和扩大内需有深远的影响。体育产业发展“十三五”规划更是将政策瞄准体育产业，其目的是在“十三五”期间更好促进体育产业高质量发展，推进体育供给侧结构性改革，引导体育消费需求结构升级。

从历史的经验来看，国家颁布相关政策法规将有效提升居民体育锻炼热情，刺激体育消费需求的产生。因此政府应继续加强宏观的管理与组织，完善体育产业相关法律体系，规范体育消费市场环境；政策上扶持重点行业发展，鼓励有条件的企业投资体育产业领域，从而优化产业结构，保证有效供给，引导体育消费需求结构多元化发展。

第四节　我国区域性城镇居民体育消费差异因素分析

一、居民可支配收入因素

可支配收入是影响居民体育消费倾向的首要因素和影响消费水平的决定性因素。体育消费属于发展型、享受型消费，只有当居民可支配收入达到一定水平时，这种消费动机才能形成，同时，这种需求的迫切性也会随可支配收入的提高而增加。随着居民收入的增加，各类体育消费都呈现上升趋势，实物型体育消费增长速度变慢，观赏型体育消费和健身型体育消费增长速度变快②。因此体育消费差异的标识在一定程度上就是由居民可支配收入差距体现的。数据显示，我国南、北方城镇居民年均可支配收入存在差距，南方城镇居民年均 42689.97 元可支配收入显著高于北方城镇居民 34570.85 元的可支配收入，这是导致南、北方城镇居民体育消费水平差异的主要因素。

二、社会经济发展因素

体育消费水平受社会经济发展因素的制约。体育消费受制于体育产业的发展状况，而体育产业又受制于社会经济发展因素，经济发达的地区吸引大量资金的投入和劳动力的转移，尤其是体育健身休闲业、体育竞赛表演业不管在数量还是质量上都更具优势。历史上看，宋代北方地区战乱频繁，大量北方人南迁，又受自然条件优越的影响，南方开始比北方富庶起来，近代之后借改革开放的东风，南方地区更是获得率先发展的先机，现阶段南方地区省份在 GDP 总量、人均 GDP 以及 GDP 增速等方面要强于北

①张西平，史兵，张鲲．影响我国体育消费的供求变动因素研究[J]．体育科学，2001(03)：23－25，10．

②于乐，程蕾．不同收入的城镇居民对体育消费结构和体育消费需求的影响[J]．广州体育学院学报，2019，39(05)：26－30．

方地区。2017年南方经济总量占比已经超过全国经济总量的61%，北方则不到39%，2014年南方人均GDP超越北方，并且南北差距持续扩大①。良好的社会经济发展状况使南方体育消费市场更加繁盛。

三、消费理念因素

体育消费理念是影响大众体育消费培育和发展的主要因素之一②。俗话说“一方水土养一方人”，南北方地理气候的差异造就了两个地区人们的性情思想的不同。南方水流纵横、气候温暖湿润使得南方人性情精致细腻、好安逸享受、思想开放，而北方土地辽阔、气候寒冷干燥，环境条件的恶劣形成北方人的粗犷豪迈、生活简朴节约、思想保守的特点。因此就消费理念而言南方人比北方人更加开放，更看重生活品质和个人健康，体育消费恰恰是一种较为高级的消费，故体育消费行为的形成需要消费者消费理念达到一定的境界。

四、消费者偏好因素

消费偏好直接影响体育消费的需求量，消费者对某种商品的偏好程度越高，对该商品的需求量就越高。受地理环境、文化传统等差异的影响，南北方居民的体育消费偏好也有所不同，南方河流海洋众多，居民喜爱游泳、龙舟等水上项目，而北方气候寒冷居民青睐冰雪运动。调查数据的结果证实了这一点，南方城镇居民在游泳眼镜消费、游泳健身会员费上高于北方居民，而北方城镇居民在滑雪健身会员费、滑雪健身培训费等方面遥遥领先于南方居民。

五、文化程度因素

居民体育消费的价值观和认同度受文化程度的影响。体育消费的功能不单纯是金钱投入与物质回报，更体现在强身健体、休闲娱乐、陶冶情操等更高层次的价值获得上，这需要个人具有一定的文化积淀才能有所认知。学历高的居民对体育消费本质的理解超越体育消费内涵特征，衍生到教育、社会适应等外延功能③，因此文化程度越高的居民有更强的消费动机。宋代开始，我国南方地区文化教育的发展程度超过北方，南北状元进士数量差距较大，近现代西方科学文化在东南沿海地区率先传入，巩固了南方文化发展的领先地位。从调查的数据看，高中及以下文化程度居民占比南方地区为39.7%，北方为42.9%，而大学及以上文化程度南方为60.3%，北方为57.1%，与文化程度越高体育消费越强的表现相符。

①戴德颐．基于资源异质性的南北经济发展差距研究[J]．技术经济与管理研究，2020(01)：94-98.

②钟天朗，徐琳．体育消费研究[M]．上海：复旦大学出版社，2013.

③赵胜国，王凯珍，邰崇禧，等．基于社会分层视野下的城镇居民体育消费观特征研究[J]．体育科学，2019，39(05)：39-50，87.

第五节　小　结

(1)居民体育消费行为影响因素的核心范畴分别为文化环境、市场及政府、经济水平和个体特征，其中文化环境为关键因素，市场及政府为保障因素，经济水平为基础因素，个体特征为核心因素。经济水平、个体特征是影响居民体育消费行为的直接因素，文化环境、市场及政府是影响居民体育消费行为的间接因素；四大因素与体育消费行为相互影响，共同促进彼此的发展。

(2)现阶段影响我国城市青少年体育消费心理预期的因素是多方面的，其主要因素是家庭经济状况因素、社会经济发展状况因素和体育市场环境因素；社会文化因素、国家经济政策因素和消费者获取消费信息因素也起重要作用，各影响因素之间相互联系、相互依赖、相互制约、相互作用，是密不可分的统一整体。因此，我们要全面、科学、辩证地分析各因素对体育消费心理预期所产生的不同作用和影响，客观合理地采取相应的对策，逐步改善和提高我国青少年体育消费心理预期水平。

(3)我国城镇居民体育消费需求结构影响因素的重要程度排序依次为：经济发展水平、个人因素、消费体验、产业结构、相关政策法规。其中经济发展水平、个人因素、消费体验、产业结构、相关政策法规的下级指标中影响作用最大的分别为国民经济发展水平、消费观念、商品价格、体育用品及相关产品制造、“健康中国 2030”规划纲要。抓住体育消费需求结构变动的关键因素，从而可以遵循其演进的客观规律推进体育产业结构向高级化转换。

(4)我国区域性城镇居民体育消费差异受居民可支配收入、社会经济发展、消费理念、消费者偏好、文化程度因素的影响。其中可支配收入是影响居民体育消费倾向的首要因素和影响消费水平的决定性因素。调整城镇居民收入结构，完善社会保障制度，提高居民可支配收入，是促进居民进行体育消费的根本办法。与此同时，根据不同区域的文化特点和消费理念，普及和推广地域性体育项目对于弘扬体育文化，促进体育项目多元化，推动体育消费同样具有不可忽视的作用。

第六章　我国城镇居民体育消费结构研究

近年来，我国体育产业增加值提高迅速，产业规模持续迈上新台阶，发展前景十分广阔。但从体育产业内部结构来看，体育用品及相关产品制造所占比重过高，体育竞赛表演、体育健身休闲规模还没有达到体育本体产业应有的核心地位，我国体育产业结构优化升级的任务依然艰巨。根据经济学理论，需求结构、消费结构与产业结构之间遵循动态平衡的规律，是相互协调、相互促进的关系。因此研究我国居民体育消费结构、需求结构与体育产业结构之间的关系，以合理的体育消费结构为出发点引导体育产业结构的调整升级就有着重要的实践价值。本研究运用文献资料法、问卷调查法、数理统计法、层次分析法，探析了体育消费结构、体育消费需求结构及体育产业结构三者之间的相互影响，并通过研究我国城镇居民体育消费结构的现状与特征，以期为结合消费结构引导体育产业结构优化升级的举措提供依据。

本研究以我国 16 个城市的城镇居民为研究对象。城镇居民调研采用多阶段分层抽样的方法，首先以全国四大经济区域(东部地区、东北地区、中部地区、西部地区)为第一层抽样依据，随后在各经济区抽取 50%的省份，并在所选择省会城市随机抽取部分城镇居民作为研究对象，有效调查问卷为 8337 份。

表 6－1　研究对象城市分布情况

城市	北京	济南	上海	广州	杭州	沈阳	长春	郑州	武汉	太原	西安	成都	南宁	西宁	兰州	贵阳
人数	520	527	512	489	539	505	522	503	525	521	565	474	549	547	508	531
百分比	6.2%	6.3%	6.1%	5.9%	6.5%	6.1%	6.3%	6.0%	6.3%	6.2%	6.8%	5.7%	6.6%	6.6%	6.1%	6.4%

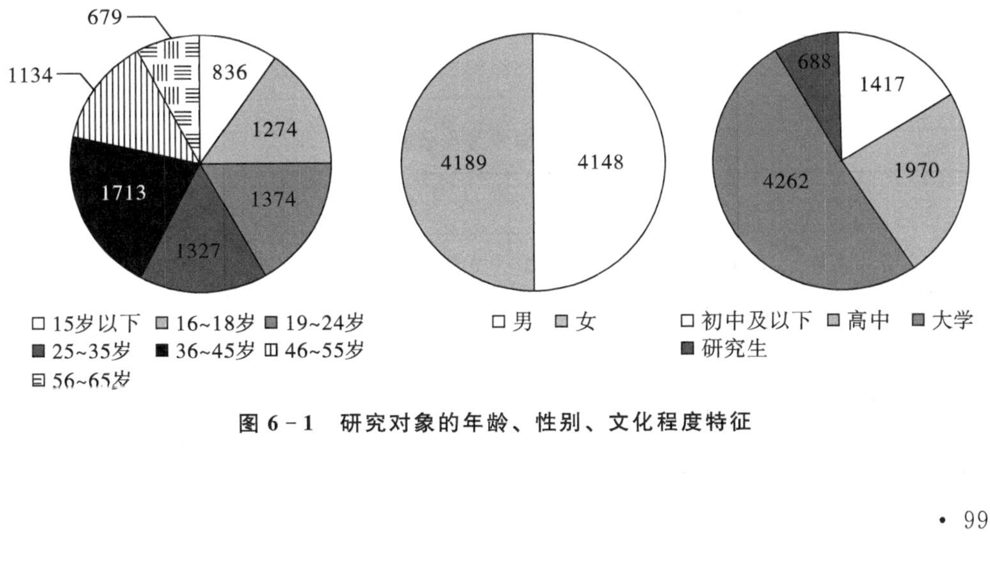

图 6－1　研究对象的年龄、性别、文化程度特征

笔者结合专家建议，根据研究的需要设计制定了“我国城镇居民体育消费结构调查问卷”(见附录)。本次问卷调查根据研究需要将体育消费类型划分为实物型体育消费、参与型体育消费、观赏型体育消费、体育彩票消费和体育传媒信息消费 5 大类。

由于调研对象分布广、数量大，为此课题组根据调研城市分布专门成立了 16 个调研小组，每小组 4～6 人，选用了问卷星(专业版)在线问卷调查平台作为调查问卷发布端，在有目的的控制调查对象年龄段、性别及数量的基础上，随机向全国 16 个城市城镇居民发放问卷，并要求受调查者在规定时间内提交问卷，共回收问卷 10405 份，利用 SPSS 软件箱型图功能剔除异常值问卷 629 份，人工筛查无效数据问卷 1439 份，共得到有效问卷 8337 份，有效率 80.1%。

采用 SPSS 软件可靠性分析对问卷内部一致性和问卷 5 个维度的内部一致性进行检验。由表 6－2 可知，问卷自身的 Cronbach's α 系数为 0.918，5 个维度的 Cronbach's α 系数保持在 0.716～0.876 区间内，系数平均值为 0.795，因此可以表明该问卷信度较好。采用专家评价法对问卷的内容效度和结构效度进行检验。由表 6－3 可知 15 位专家对问卷的评价较高，内容设计、选项设计、总体结构设计评价结果为“合理”或“基本合理”的比例分别为 100%、93.3%、93.3%，未出现不合理的结果，因此表明该问卷也具有较好的效度。

表 6－2　克隆巴赫 α 系数信度检验结果

项目	可靠性分析		
	个案数	项数	克隆巴赫 α
问卷的信度	8337	265	0.918
实物型体育消费维度的信度	8337	71	0.825
参与型体育消费维度的信度	8337	131	0.876
观赏型体育消费维度的信度	8337	27	0.764
体育彩票消费维度的信度	8337	17	0.794
体育传媒信息消费维度的信度	8337	19	0.716

表 6－3　专家效度检验结果

等级	合理		基本合理		一般		不太合理		不合理	
	人数	百分比	人数	百分比	人数	百分比	人数	百分比	人数	百分比
内容设计	8	53.3%	7	46.7%	0	0.0%	0	0.0%	0	0.0%
选项设计	9	60.0%	5	33.3%	1	6.7%	0	0.0%	0	0.0%
总体结构设计	9	60.0%	5	33.3%	1	6.7%	0	0.0%	0	0.0%

第一节　我国城镇居民体育消费结构特征分析

一、我国城镇居民体育消费结构性别特征分析

由数据计算得知，我国男性城镇居民年均体育消费金额为 6011.83 元，女性城镇居民年均体育消费金额为 4655.10 元，男女在各类型体育消费上的年均消费金额如图 6-2 所示。采用独立样本 t 检验分析我国城镇居民体育消费水平在性别上是否存在显著性差异，见表 6-4。结果表明实物型体育消费金额、观赏型体育消费金额、体育彩票消费金额及体育传媒与信息消费金额在性别方面均存在显著性差异($P<0.05$)，四种类型体育消费金额男性均显著大于女性，而参与型体育消费金额在性别方面不存在显著性差异($P>0.05$)。说明我国男性城镇居民的 5 种体育消费的水平均高于女性，但在参与型体育消费水平上女性城镇居民与男性差距较小。造成这种现象的原因可能是男女在生理心理上存在差异，男性的活动水平和身体素质强于女性更适合参加体育运动，而在心理上男性更加好动且好胜心强更乐于参加竞争激烈的运动，女性性格则偏于安静温和较多参与娱乐休闲活动，所以男性的体育消费动机较女性更强。

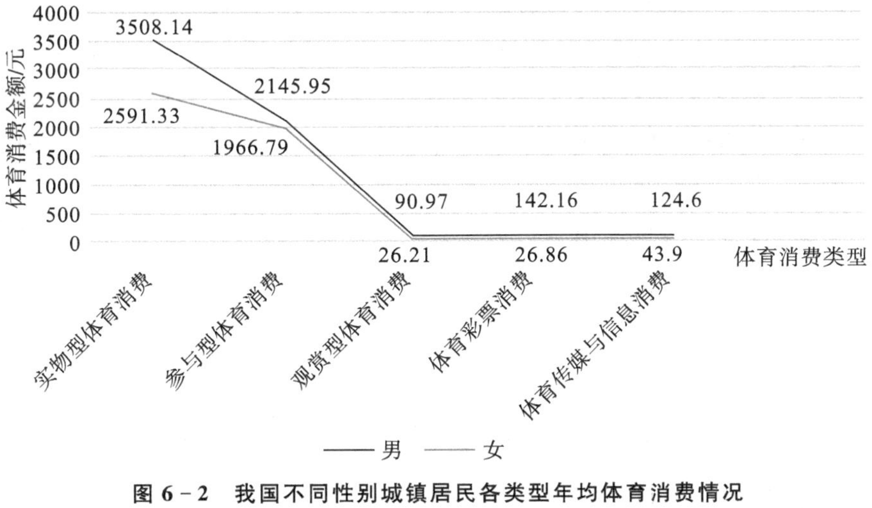

图 6-2　我国不同性别城镇居民各类型年均体育消费情况

表 6-4　我国不同性别城镇居民体育消费独立样本检验

消费类型	检验假设	莱文方差等同性检验		平均值等同性		t 检验	
		检验值	显著性	均方	自由度	显著性（双尾）	平均值差值
实物型体育消费	假定等方差	65.191	0.000	8.681	8335	0.000	916.80200
	不假定等方差			8.667	7479.840	0.000	916.80200
参与型体育消费	假定等方差	2.893	0.089	1.413	8335	0.158	179.15587
	不假定等方差			1.410	7507.451	0.158	179.15587

续表

消费类型	检验假设	莱文方差等同性检验		平均值等同性		t 检验	
		检验值	显著性	均方	自由度	显著性（双尾）	平均值差值
观赏型体育消费	假定等方差	217.189	0.000	8.279	8335	0.000	64.76005
	不假定等方差			8.248	5152.868	0.000	64.76005
体育彩票消费	假定等方差	303.400	0.000	9.804	8335	0.000	115.30885
	不假定等方差			9.765	5025.784	0.000	115.30885
体育传媒与信息消费	假定等方差	311.877	0.000	10.831	8335	0.000	80.70153
	不假定等方差			10.795	5667.673	0.000	80.70153

表 6－5 显示的是我国男、女城镇居民的各类型年均体育消费金额占各自体育总体消费金额的比例，从表中可以看出男性居民在实物型体育消费比例、观赏型体育消费比例、体育彩票消费比例及体育传媒与信息消费比例上均大于女性居民，但是在参与型体育消费占比上男性为 35.6％，而女性为 42.3％，女性居民参与型消费比例明显大于男性。说明我国女性城镇居民更倾向于参与型体育消费的支出。对男、女居民七种不同类型的参与型体育消费进行计算发现(见表 6－6)，女性居民的健身会员年均消费和参加健身培训的年均消费分别为 621.69 元、453.21 元，而男性居民的这两项消费为 559.43 元、423.82 元，虽然男性居民的总体参与型体育消费高于女性，但是在健身会员消费和参加健身培训消费这两项上女性却高于男性。出现这种现象的原因可能是女性居民更缺乏体育锻炼的知识和技能，因此选择有专业健身教练指导的健身项目，其次不同于深受男性喜爱的室外项目，健身会员与培训大多集中在室内，有舒适的环境更适合女性，最后在工作时间和社会角色承担上女性普遍少于男性，女性的闲暇时间也更充足。

表 6－5　我国不同性别城镇居民体育消费结构情况

性别	实物型体育消费占比	参与型体育消费占比	观赏型体育消费占比	体育彩票消费占比	体育传媒与信息消费占比
男性	58.4％	35.6％	1.5％	2.4％	2.1％
女性	55.6％	42.3％	0.6％	0.6％	0.9％

表 6－6　我国不同性别城镇居民参与型体育消费年均消费情况

性别	健身会员年费/元	参加健身培训的消费/元	购买健身锻炼门票消费/元	器材租赁费/元	运动保健消费/元	购买体育保险消费/元	体育旅游消费/元
男性	559.43	423.82	92.35	37.56	127.95	32.38	872.47
女性	621.69	453.21	70.58	23.69	98.01	10.19	689.42

二、我国城镇居民体育消费结构年龄特征分析

由数据计算得知，我国 56～65 岁城镇居民年均体育消费金额在所有年龄段中排名最高，为 7698.82 元，19～24 岁城镇居民年均体育消费金额排名最低，为 3785.96 元，不同年龄段城镇居民年均体育消费金额如图 6-6 所示。56～65 岁的居民随着年龄的增长，工作和家庭的负担逐渐减轻，可自由支配的时间相对较多，日常生活支出相对较小，因此有更充足的时间和收入进行体育消费，况且此年龄段居民身体机能处于较弱水平，他们对身体健康的关注和重视程度更高，体育作为强身健体的“妙方”自然受到青睐，这也从一定程度上说明 56～65 岁城镇居民的体育健康认识和体育消费意识在各方面的宣传教育下得到增强。而 19～24 岁居民普遍处于学生阶段，缺少稳定的收入，体育消费能力相对不足，同时学校提供的公共体育设施器材、体育教育训练基本能满足学生需求，此年龄段居民的体育消费大多是在免费或低费用状态下进行的。

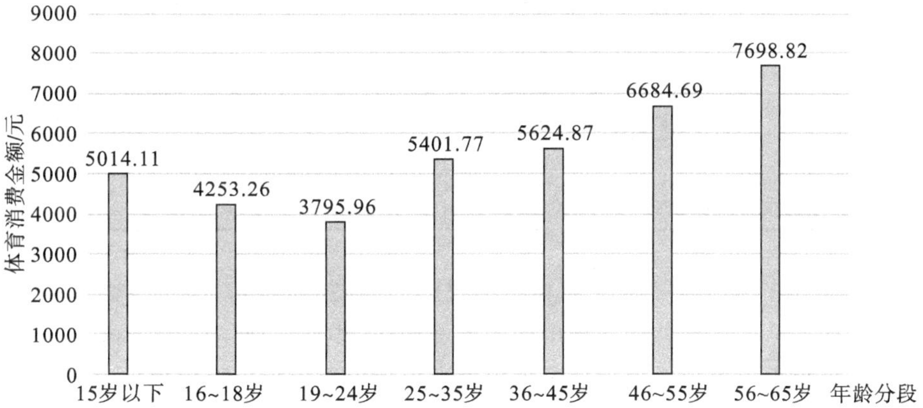

图 6-6　我国不同年龄城镇居民年均体育消费情况

不同年龄居民在各类型体育消费上的年均消费金额见表 6-7，采用单因素方差分析我国城镇居民体育消费水平在年龄上是否存在显著性差异见表 6-8。结果表明实物型体育消费金额、参与型体育消费金额、体育彩票消费金额及体育传媒与信息消费金额在年龄方面均存在显著性差异($P<0.05$)，观赏型体育消费金额在年龄方面不存在显著性差异($P>0.05$)。实物型体育消费金额、参与型体育消费金额和体育传媒与信息消费金额上 56～65 岁居民大于其他各年龄段居民，而体育彩票消费金额上 25～35 岁居民大于其他各年龄段居民。有研究表明我国体育彩民比较认可彩票是一种有效的经济投资方式①可能是因为 25～35 岁居民还处于事业起步时期，生存和收入压力较大，希望通过体育彩票中奖来改善自己的生活条件和地位。观赏型体育消费金额上各年龄段居民较为平均，15 岁以下及 56～65 岁居民略微高于其他年龄段居民。

①刘炼．我国体育彩民购彩意向与行为关系研究[D]．武汉：华中师范大学，2012.

表6-7　我国不同年龄城镇居民各类型年均体育消费情况

年龄段	实物型体育消费/元	参与型体育消费/元	观赏型体育消费/元	体育彩票消费/元	体育传媒与信息消费/元
15岁以下	3095.93	1760.11	77.99	15.25	64.83
16～18岁	2688.46	1402.04	53.45	42.43	66.88
19～24岁	2303.31	1293.81	53.24	55.79	89.81
25～35岁	3044.57	2070.65	52.75	137.26	96.53
36～45岁	3182.34	2215.53	50.61	113.49	62.9
46～55岁	3576.54	2838.49	62.48	103.79	103.09
56～65岁	3949.19	3450.88	78.28	94.99	125.48

表6-8　我国不同年龄城镇居民体育消费单因素方差分析

消费类型	方式	平方和	自由度	均方	检验值	显著性
实物型体育消费	组间	1827740762.518	6	304623460.420	13.102	0.000
参与型体育消费	组间	3475582011.497	6	579263668.583	17.483	0.000
观赏型体育消费	组间	821956.911	6	136992.819	1.066	0.381
体育彩票消费	组间	13026954.996	6	2171159.166	7.481	0.000
体育传媒与信息消费	组间	3279403.250	6	546567.208	4.671	0.000

表6-9显示的是我国不同年龄城镇居民的各类型年均体育消费金额占各自体育总体消费金额的比例，从表中可以看出所有年龄段居民实物型体育消费占比上，16～18岁居民最高，为63.1%，56～65岁居民最低，为51.3%；参与型体育消费占比上，56～65岁居民最高，为44.9%，16～18岁居民最低，为33.0%；观赏型体育消费占比、体育彩票消费占比、体育传媒与信息消费占比上，所有年龄段居民比例差距不大。因此说明在所有年龄段居民中我国56～65岁城镇居民体育消费结构层次最高，而16～18岁城镇居民体育消费结构层次最低。

表6-9　我国不同年龄城镇居民体育消费结构情况

年龄段	实物型体育消费占比	参与型体育消费占比	观赏型体育消费占比	体育彩票消费占比	体育传媒与信息消费占比	合计
15岁以下	61.7%	35.1%	1.6%	0.3%	1.3%	100%
16～18岁	63.1%	33.0%	1.3%	1.0%	1.6%	100%
19～24岁	60.6%	34.1%	1.4%	1.5%	2.4%	100%
25～35岁	56.3%	38.4%	1.0%	2.5%	1.8%	100%
36～45岁	56.6%	39.4%	0.9%	2.0%	1.1%	100%
46～55岁	53.5%	42.5%	0.9%	1.6%	1.5%	100%
56～65岁	51.3%	44.9%	1.0%	1.2%	1.6%	100%

三、我国城镇居民体育消费结构文化程度特征分析

由数据计算得知，我国研究生文化程度城镇居民年均体育消费金额在所有文化程度中排名最高，为 8115.84 元，初中及以下文化程度城镇居民年均体育消费金额排名最低，为 3726.36 元，不同文化程度城镇居民年均体育消费金额如图 6－7 所示。采用一元线性回归分析居民文化程度与年均体育消费金额是否存在相关关系，结果表明我国城镇居民年体育消费金额与文化程度呈显著正相关（$P<0.05$），即文化程度越高的城镇居民年均体育消费金额越高，一元线性回归方程为：年均体育消费金额＝2002.412＋1327.741×文化程度等级。较高层次的消费如享受和发展方面的消费，更需要较高的文化水平和艺术修养，必须是文明的消费者。体育消费本身属于较高层次的消费，文化程度越高的居民越能理解体育消费的价值，更追求体育带来的精神享受和体质发展的目标，因而居民的文化程度越高对体育消费的需求越旺盛，另外，文化程度在就业方面表现出明显优势，文化程度越高的居民工作稳定性和待遇越有保障，消费能力也相对更强。

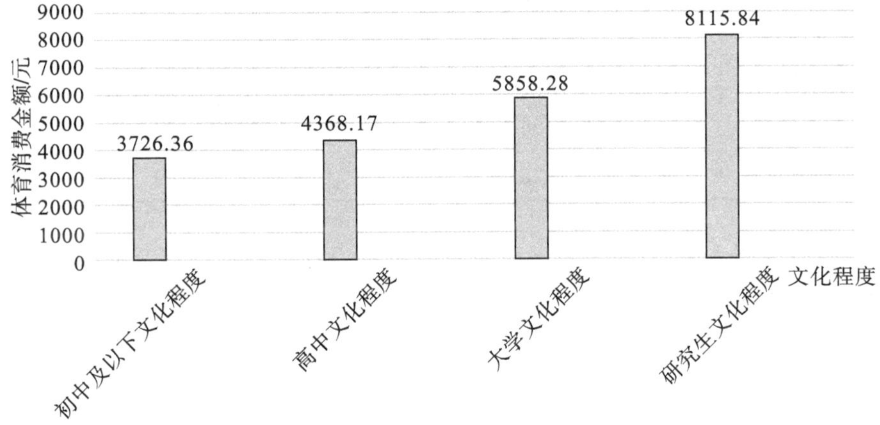

图 6－7　我国不同文化程度城镇居民年均体育消费情况

不同文化程度的居民在各类型体育消费上的年均消费金额见表 6－10，采用单因素方差分析我国城镇居民体育消费水平在文化程度上是否存在显著性差异，见表 6－11。结果表明实物型体育消费金额、参与型体育消费金额、观赏型体育消费金额、体育彩票消费金额及体育传媒与信息消费金额在文化程度方面均存在显著性差异（$P<0.05$）。实物型体育消费金额、参与型体育消费金额、体育传媒与信息消费金额均是居民文化程度越高数值越大，观赏型体育消费金额上研究生文化程度的居民大于其他各文化程度的居民，这是由于个体的经济资本、文化资本和社会资本越充裕，越倾向选择到现场观看体育比赛，而文化资本对现场观赏型体育消费分层的影响作用最大，观赏型体育消费是一种文化体验，需要一定的文化解码能力和鉴赏能力①，无疑研究生文化程度

①刘米娜．谁去现场观看体育比赛?：城镇化进程中现场观赏型体育消费的阶层分析[J]．体育与科学，2019，40(05)：84－96.

的居民在接受更高水平、更持久的教育过程中积累的文化资本要强于其他居民。体育彩票消费金额上大学文化程度的居民大于其他各文化程度的居民。

表 6－10　我国不同文化程度城镇居民各类型年均体育消费情况

文化程度	实物型体育消费/元	参与型体育消费/元	观赏型体育消费/元	体育彩票消费/元	体育传媒与信息消费/元
初中及以下文化程度	2306.10	1307.30	45.84	21.21	45.91
高中文化程度	2618.02	1577.21	44.72	74.14	54.09
大学文化程度	3307.39	2284.13	63.41	107.31	96.05
研究生文化程度	4194.04	3554.94	92.81	99.93	174.13

表 6－11　我国不同文化程度城镇居民体育消费单因素方差分析

消费类型	方式	平方和	自由度	均方	检验值	显著性
实物型体育消费	组间	2334534374	3	778178124.6	33.570	0.000
参与型体育消费	组间	3013518745	3	1004506248	30.278	0.000
观赏型体育消费	组间	1513629.305	3	504543.102	3.929	0.008
体育彩票消费	组间	8268495.201	3	2756165.067	9.481	0.000
体育传媒与信息消费	组间	10026123.99	3	3342041.329	28.770	0.000

表 6－12 显示的是我国不同文化程度城镇居民的各类型年均体育消费金额占各自体育总体消费金额的比例，从表中可以看出文化程度越高的居民实物型体育消费占比越低，从占比 61.9％逐级下降到 51.8％；而文化程度越高的居民参与型体育消费占比越高，从占比 35.1％逐级上升到 43.8％；文化程度越高的居民体育传媒与信息消费占比也越高，从占比 1.2％逐级上升到 2.1％；观赏型体育消费占比、体育彩票消费占比上没有随文化程度表现出逐级变化的特点且所有文化程度的居民比例差距不大。因此说明我国城镇居民文化程度越高，居民体育消费结构的层次越高，消费比例越合理。

表 6－12　我国不同文化程度城镇居民体育消费结构情况

文化程度	实物型体育消费占比	参与型体育消费占比	观赏型体育消费占比	体育彩票消费占比	体育传媒与信息消费占比	合计
初中及以下文化程度	61.9％	35.1％	1.2％	0.6％	1.2％	100％
高中文化程度	59.9％	36.1％	1.0％	1.7％	1.3％	100％
大学文化程度	56.5％	39.0％	1.1％	1.8％	1.6％	100％
研究生文化程度	51.8％	43.8％	1.1％	1.2％	2.1％	100％

四、我国城镇居民体育消费结构区域特征分析

由数据计算得知，我国东部地区城镇居民年均体育消费金额在所有区域中排名最

高，为5723.93元，东北地区城镇居民年均体育消费金额排名最低，为4206.57元，不同区域城镇居民年均体育消费金额如图6－8所示。经济发展状况是影响体育消费的首要因素，我国东部地区依靠地理优势经济发展状况优于其他三个地区，因而体育消费领先。而东北地区经济发展相对较弱，居民的消费能力有限，又受环境气候的影响，使得居民的体育参与程度略显不足，因此导致东北地区居民体育消费金额的落后。西部地区虽然经济发展基础最为薄弱，但是西部地区城镇居民的年均体育消费金额并不低，为5401.2元，说明西部地区经济发展和居民消费意识有所加强。

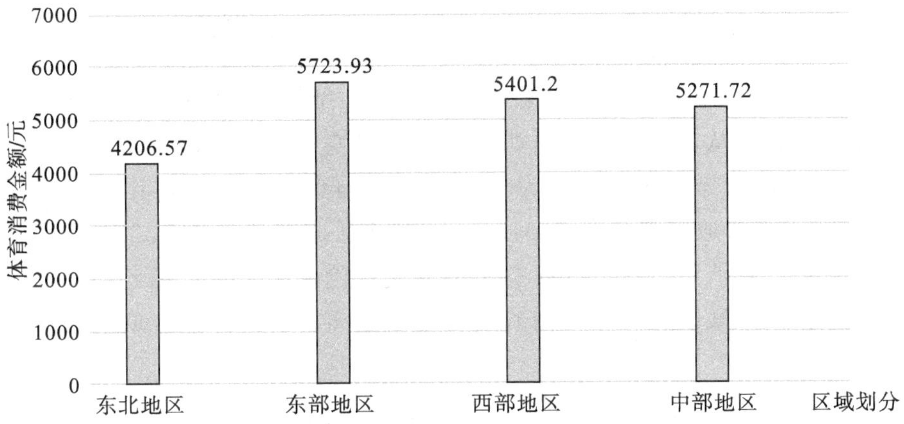

图6－8　我国不同区域城镇居民年均体育消费情况

不同区域居民在各类型体育消费上的年均消费金额见表6－13，采用单因素方差分析我国城镇居民体育消费水平在区域上是否存在显著性差异，见表6－14。结果表明实物型体育消费金额、参与型体育消费金额、观赏型体育消费金额在区域方面均存在显著性差异($P<0.05$)，体育彩票消费金额、体育传媒与信息消费金额在区域方面不存在显著性差异($P>0.05$)。实物型体育消费金额、参与型体育消费金额和观赏型体育消费金额上东部地区居民大于其他各区域居民，这与东部地区体育生产制造业、体育健身休闲业与体育赛事表演业的繁荣密切相关，也因居民收入水平和体育消费意识强劲而受到直接影响。体育彩票消费金额、体育传媒与信息消费金额上各区域居民较为平均，西部地区居民略微高于其他各区域居民，反映出西部地区城镇居民较强的投机、博弈心理和获取体育信息、赛事直播的心理。

表6－13　我国不同区域城镇居民各类型年均体育消费情况

地区	实物型体育消费/元	参与型体育消费/元	观赏型体育消费/元	体育彩票消费/元	体育传媒与信息消费/元
东北地区	2443.18	1571.32	43.33	71.28	77.46
东部地区	3184.25	2305.53	78.22	77.16	78.78
西部地区	3142.97	2013.64	50.80	102.36	91.41
中部地区	3024.05	2047.03	51.03	67.46	82.15

表 6－14　我国不同区域城镇居民体育消费单因素方差分析

消费类型	方式	平方和	自由度	均方	检验值	显著性
实物型体育消费	组间	453219158.0	3	151073052.7	6.454	0.000
参与型体育消费	组间	408149602.0	3	136049867.3	4.063	0.007
观赏型体育消费	组间	1516515.243	3	505505.081	3.937	0.008
体育彩票消费	组间	1780945.722	3	593648.591	2.037	0.106
体育传媒与信息消费	组间	294251.876	3	98083.959	0.836	0.474

表 6－15 显示的是我国不同区域城镇居民的各类型年均体育消费金额占各自体育总体消费金额的比例，从表中可以看出所有区域居民实物型体育消费占比上，西部地区最高，为 58.2%，东部地区最低，为 55.6%；参与型体育消费占比上，东部地区最高，为 40.3%，西部地区最低，为 37.3%；观赏型体育消费占比、体育彩票消费占比、体育传媒与信息消费占比上，所有区域居民比例差距不大。因此说明在所有区域居民中我国东部地区城镇居民体育消费结构层次最高，而西部地区城镇居民体育消费结构层次最低。

表 6－15　我国不同区域城镇居民体育消费结构情况

地区	实物型体育消费占比	参与型体育消费占比	观赏型体育消费占比	体育彩票消费占比	体育传媒与信息消费占比	合计
东北地区	58.1%	37.4%	1.0%	1.7%	1.8%	100%
东部地区	55.6%	40.3%	1.4%	1.3%	1.4%	100%
西部地区	58.2%	37.3%	0.9%	1.9%	1.7%	100%
中部地区	57.4%	38.8%	0.9%	1.3%	1.6%	100%

五、我国城镇居民体育消费结构职业特征分析

由数据计算得知，我国城镇个体私营业主年均体育消费金额在所有职业中排名最高，为 7093.02 元，城镇农业劳动者年均体育消费金额排名最低，为 1743.29 元，不同职业城镇居民年均体育消费金额如图 6－9 所示。各职业群体经济收入的增加可以提高其体育消费水平①，在这一结论的基础上对我国各职业城镇居民的年均可支配收入进行计算发现，个体私营业主确实在经济基础上更加雄厚，以年均 79844.96 元排在各职业的首位，农业劳动者以年均 15060.98 元仅高于学生的可支配收入排在倒数第 2 位，这就解释了个体私营业主体育消费金额最高而农业劳动者最低的情况。另外还有其他

①陈宏．城镇居民不同职业群体的体育消费现状研究[J]．北京体育大学学报，2005(07)：895－896.

因素可能影响体育消费，如个体私营业主由于自主经营，可雇佣职员替代工作，闲暇时间相对自由，有参与体育运动时间上的保证；又如农业劳动者由于环境条件限制，接触的体育活动较少，农业体力劳动较多，未能普遍形成体育健身和消费的意识。

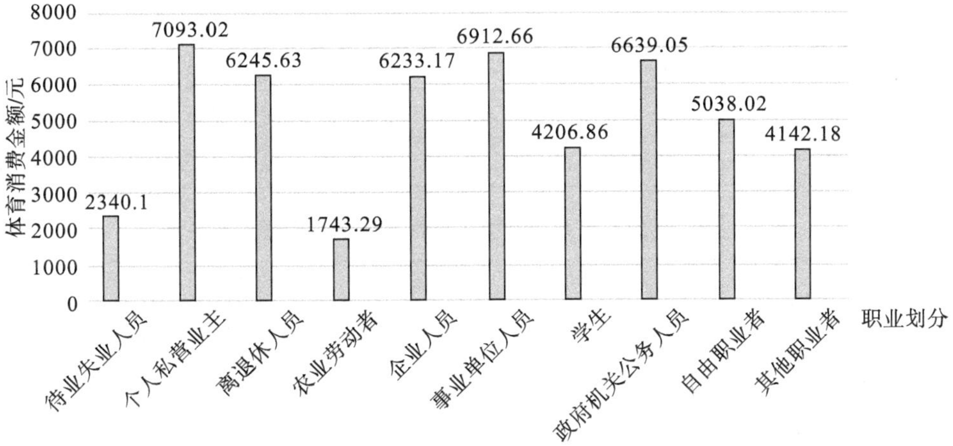

图 6-9　我国不同职业城镇居民年均体育消费情况

不同职业居民在各类型体育消费上的年均消费金额见表 6-16，采用单因素方差分析我国城镇居民体育消费水平在职业上是否存在显著性差异，见表 6-17。结果表明实物型体育消费金额、参与型体育消费金额、观赏型体育消费金额、体育彩票消费金额及体育传媒与信息消费金额在职业方面均存在显著性差异($P<0.05$)。实物型体育消费金额、观赏型体育消费金额和体育彩票消费金额上个体私营业主大于其他各职业居民；参与型体育消费金额上离退休人员大于其他各职业居民，体现出离退休人员在空闲时间和收入积累上的优势以及参与型体育消费意识上的转变；体育传媒与信息消费金额上事业单位人员大于其他各职业居民，这可能与事业单位的特殊性有关，事业单位是主要从事教育、科技、文化、卫生等社会服务活动的知识密集型组织，人员的文化程度相对更高，求知欲较强，因此通过体育传媒与信息消费满足他们对体育信息、体育知识的渴求。

表 6-16　我国不同职业城镇居民各类型年均体育消费情况

职业	实物型体育消费/元	参与型体育消费/元	观赏型体育消费/元	体育彩票消费/元	体育传媒与信息消费/元
待业失业人员	1624.48	692.71	2.08	15.10	5.73
个体私营业主	3948.26	2837.69	88.57	166.47	52.03
离退休人员	2788.75	3240.00	64.38	59.38	93.13
农业劳动者	1034.15	642.07	21.04	30.79	15.24
企业人员	3317.37	2655.45	74.82	127.50	58.04
事业单位人员	3886.74	2677.34	69.25	120.87	158.46

续表

职业	实物型体育消费/元	参与型体育消费/元	观赏型体育消费/元	体育彩票消费/元	体育传媒与信息消费/元
学生	2610.13	1427.45	56.52	39.64	73.12
政府机关公务人员	3586.82	2802.74	45.02	125.62	78.86
自由职业者	2807.34	2077.27	24.83	73.25	55.33
其他职业者	2426.43	1541.41	25.88	100.00	48.46

表6-17 我国不同职业城镇居民体育消费单因素方差分析

消费类型	方式	平方和	自由度	均方	检验值	显著性
实物型体育消费	组间	3496995386	9	388555042.9	16.851	0.000
参与型体育消费	组间	3742285645	9	415809516.1	12.557	0.000
观赏型体育消费	组间	2693080.171	9	299231.130	2.331	0.013
体育彩票消费	组间	15942116.19	9	1771346.243	6.108	0.000
体育传媒与信息消费	组间	13858360.22	9	1539817.803	13.299	0.000

表6-18显示的是我国不同职业城镇居民的各类型年均体育消费金额占各自体育总体消费金额的比例，从表中可以看出所有职业居民实物型体育消费占比上，待业失业人员最高，为69.5%，离退休人员最低，为44.7%；参与型体育消费占比上，离退休人员最高，为51.9%，待业失业人员最低，为29.6%；观赏型体育消费占比、体育彩票消费占比、体育传媒与信息消费占比上，所有职业居民比例差距不大。因此说明在所有职业居民中我国城镇离退休人员体育消费结构层次最高，而城镇待业失业人员体育消费结构层次最低。

表6-18 我国不同职业城镇居民体育消费结构情况

职业	实物型体育消费占比	参与型体育消费占比	观赏型体育消费占比	体育彩票消费占比	体育传媒与信息消费占比	合计
待业失业人员	69.5%	29.6%	0.1%	0.6%	0.2%	100%
个体私营业主	55.8%	40.0%	1.2%	2.3%	0.7%	100%
离退休人员	44.7%	51.9%	1.0%	0.9%	1.5%	100%
农业劳动者	59.3%	36.8%	1.2%	1.8%	0.9%	100%
企业人员	53.3%	42.6%	1.2%	2.0%	0.9%	100%
事业单位人员	56.3%	38.7%	1.0%	1.7%	2.3%	100%
学生	62.1%	33.9%	1.4%	0.9%	1.7%	100%
政府机关公务人员	54.0%	42.2%	0.7%	1.9%	1.2%	100%
自由职业者	55.7%	41.2%	0.5%	1.5%	1.1	100%
其他职业者	58.6%	37.2%	0.6%	2.4%	1.2%	100%

六、我国城镇居民体育消费结构可支配收入特征分析

根据国家统计局2019年发布的统计数据，将全国居民可支配收入按照5等份分组，其中低收入组人均可支配收入为7380元，中间偏下收入组为15777元，中间收入组为25035元，中间偏上收入组为39230元，高收入组为76401元①。基于此分层标准，结合问卷调查实际，本研究将居民年可支配收入10000元以下划为低收入组，10001～20000元划为中间偏下收入组，20001～30000元划为中间收入组，30001～70000元划为中间偏上收入组，70000元以上划为高收入组。

由数据计算得知，我国高收入组城镇居民年均体育消费金额在所有收入群体中排名最高，为10252.83元，低收入组城镇居民年均体育消费金额排名最低，为3498.38元，不同收入城镇居民年均体育消费金额如图6－10所示。采用一元线性回归分析居民收入与年均体育消费金额是否存在相关关系，结果表明我国城镇居民年体育消费金额与收入呈显著正相关（$P<0.05$），即收入越高的城镇居民，年均体育消费金额越高，一元线性回归方程为：年均体育消费金额＝1839.147＋1393.483×年均可支配收入等级。可支配收入是一种社会标志，它能反映出拥有者处于何种社会阶层的信息。研究发现居民社会阶层越高，全面参与体育的比例就越大②，意味着居民可支配收入越高，体育参与的程度越高，自然而然在体育消费上的花销就越大。另外，体育消费本身属于发展享受型消费，需要居民可支配收入水平达到一定阶段才有明显的提高。体育消费的总体水平要有较大幅度的改善居民月收入必须达到3000元以上③，从图6－10可以清晰地看出中间收入组以上每提升一个层级，居民年体育消费总额才有一个显著的提高。

不同收入组居民在各类型体育消费上的年均消费金额见表6－19，采用单因素方差分析我国城镇居民体育消费水平在可支配收入上是否存在显著性差异，见表6－20。结果表明实物型体育消费金额、参与型体育消费金额、观赏型体育消费金额、体育彩票消费金额及体育传媒与信息消费金额在收入方面均存在显著性差异（$P<0.05$）。实物型体育消费金额、参与型体育消费金额、观赏型体育消费金额、体育彩票消费金额均是居民收入水平越高数值越大，体育传媒与信息消费金额上中间偏下收入组高于中间收入组，呈现出不同的规律。这表明居民可支配收入的提升不仅对体育消费总体水平的提高有帮助，而且对5种类型体育消费水平的提高同样有显而易见的作用，居民可支配收入水平越高各类型体育消费参与度越广泛，体育消费实力越强劲。

---

①国家统计局．中华人民共和国2019年国民经济和社会发展统计公报[R].

②Wilson T C. The Paradox of Social Class and Sports Involvement: The Role of Cultural and Economic Capital[J]. International Review for the Sociology of Sport, 2002, 7(1): 5－16.

③郭聪聪，刘志强，赵江鸿．我国城市青少年体育消费需要类型的比较研究[J]. 北京体育大学学报，2008，31(4)：448－455.

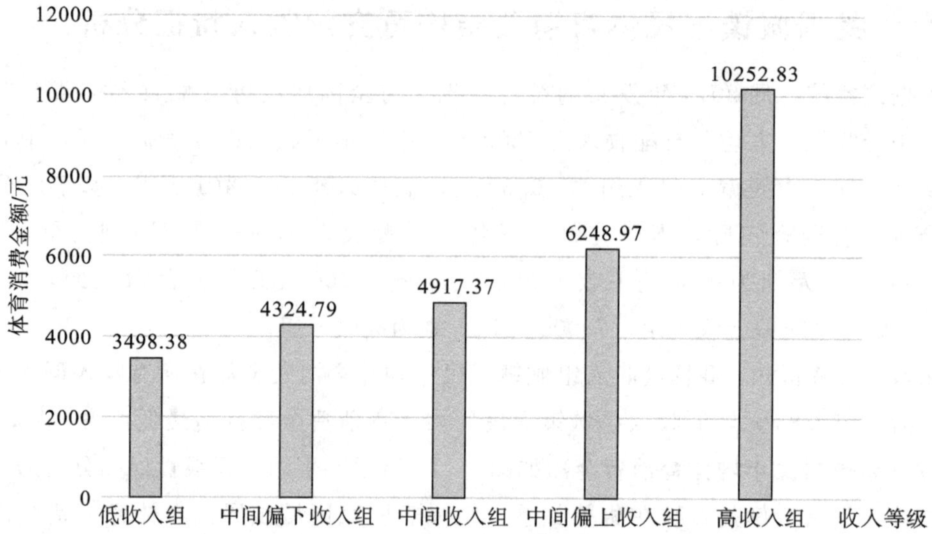

图6-10　我国不同收入城镇居民年均体育消费情况

表6-19　我国不同收入城镇居民各类型年均体育消费情况

收入等级	实物型体育消费/元	参与型体育消费/元	观赏型体育消费/元	体育彩票消费/元	体育传媒与信息消费/元
低收入组	2151.12	1211.82	39.55	44.06	51.82
中间偏下收入组	2646.23	1470.11	53.65	73.57	81.23
中间收入组	2798.99	1913.93	55.70	83.64	65.10
中间偏上收入组	3663.03	2317.44	61.66	114.35	92.50
高收入组	5202.15	4592.41	113.26	168.13	176.89

表6-20　我国不同收入城镇居民体育消费单因素方差分析

消费类型	方式	平方和	自由度	均方	检验值	显著性
实物型体育消费	组间	1.007E+10	4	2517355438	113.113	0.000
参与型体育消费	组间	1.167E+10	4	2918468857	90.802	0.000
观赏型体育消费	组间	5392324.267	4	1348081.067	10.535	0.000
体育彩票消费	组间	17205272.39	4	4301318.097	14.849	0.000
体育传媒与信息消费	组间	15754036.04	4	3938509.011	34.102	0.000

表6-21显示的是我国不同收入城镇居民的各类型年均体育消费金额占各自体育总体消费金额的比例，从表中可以看出随着收入水平的提高，居民实物型体育消费占比呈下降趋势，从低收入组的61.5%过渡到高收入组的50.7%，而参与型体育消费占比呈上升趋势，从低收入组的34.6%过渡到高收入组的44.9%，其他三种类型的体育消费占比变化不大，保持在1%左右的占比，由此可以说明居民收入水平越高，体育消费

水平增加的同时体育消费结构也得到了优化升级，但升级还不全面，观赏型体育消费、体育彩票消费、体育传媒与信息消费的结构没有实质性的变化。

表 6-21 我国不同收入城镇居民体育消费结构情况

收入等级	实物型体育消费占比	参与型体育消费占比	观赏型体育消费占比	体育彩票消费占比	体育传媒与信息消费占比	合计
低收入组	61.5%	34.6%	1.1%	1.3%	1.5%	100%
中间偏下收入组	61.1%	34.0%	1.3%	1.7%	1.9%	100%
中间收入组	56.9%	38.9%	1.2%	1.7%	1.3%	100%
中间偏上收入组	58.6%	37.1%	1.0%	1.8%	1.5%	100%
高收入组	50.7%	44.9%	1.1%	1.6%	1.7%	100%

第二节 我国城镇居民体育消费整体结构ELSE模型分析

一、建立扩展线性支出系统(ELES)模型

史东(Stone R)(1954)①提出了线性支出系统(LES)模型，通过解联立方程来分析居民的消费结构问题。此后，为了克服LES模型在估计时面临的困难，卢奇(Lluch)(1973)②对LES模型进行了扩展，提出了扩展的线性支出系统模型(ELES)。ELES模型的基本思想是，假定某一时期人们对各种消费品的需求量取决于人们的收入水平和各种消费品的价格，人们对各种消费品的需求可以分为基本需求和超过基本需求之外的需求两个部分。基本需求和收入水平没有关系，人们只有在满足基本需求之后才将剩余的支出用于各种非基本需求。ELES模型的最大优势在于进行参数估计时不需要价格信息，因此，在分析消费结构问题时得到了较为广泛的应用(臧旭恒、孙文祥，2003；姜百臣，2007；张海鹏等，2010)③④。

参考现有研究，本研究构建的ELES模型如下：

$$\text{consumption}_j = a_j + \beta_j \times \text{income} + \lambda \times X + \mu_j \tag{1}$$

其中，consumption代表 j 类体育消费总额，a_j 代表常数项，系数 β_j 表示 j 类体育的边际消费支出，经济学含义为收入每增加1元，j 类体育消费支出增加 β_j 元，income

①Stone R. Linear Expenditure Systems and Demand Analysis: An Application to the Pattern of British Demand[J]. The Economic Journal, 1954, 64(255): 511-527.

②Lluch C. The extended linear expenditure system[J]. European Economic Review, 1973, 4(1): 1-32.

③姜百臣．消费需求系统模型的理论约束与实证应用探讨[J]. 经济评论，2007(06)：94-97.

④张海鹏，牟俊霖，尹航．林区农村家庭生活能源消费需求实证分析：基于双扩展的线性支出系统模型[J]. 中国农村经济，2010(7)：66-76.

代表居民可支配收入，X 代表控制变量，μ_j 是随机扰动项。参考现有研究，本研究选取的微观控制变量如下：①教育水平(edu)，以高中及以下学历作为对照，当消费者的学历为大学本科及以上时，edu 取值为 1，否则取值为 0。②性别(gender)男性取值为 1，女性取值为 0。考虑到可能影响居民体育消费的宏观因素，本研究以消费者所在的省份的相应数据进行测度，宏观控制变量如下：①人均 GDP(pgdp)，采用人均 GDP 的对数值衡量；②第三产业占比(service)，采用第三产业产值与 GDP 的比值衡量；③房价(house)，以当地住宅售价的对数值衡量；④文化体育与传媒支出(culture)，以文化体育与传媒支出的对数值衡量；⑤职工工资(wage)，以职工平均工资的对数值衡量；⑥交通便利(road)，以单位面积上等级公里的长度测量。

二、变量相关性检验

在进行 ELES 模型参数估计之前，需要进行变量的相关性检验，防止多重共线性问题对回归结果产生干扰。本研究采用 Pearson 相关系数进行检验，检验结果见表 6－22。由表 6－22 的检验结果可知，本研究大多数变量均显著通过了相关性检验，说明本研究所选的控制变量之间不存在明显的多重共线性问题。

表 6－22　相关性检验结果

变量	income	edu	gender	pgdp	service	house	culture	wage	road
income	1								
edu	0.208***	1							
gender	0.058***	0.00400	1						
pgdp	0.080***	−0.057***	−0.020*	1					
service	0.046***	−0.024**	−0.030***	0.703***	1				
house	0.079***	−0.043***	−0.029***	0.933***	0.879***	1			
culture	0.094***	−0.029***	−0.0110	0.763***	0.544***	0.724***	1		
wage	0.065***	−0.030***	−0.020*	0.798***	0.868***	0.912***	0.525***	1	
road	0.061***	−0.031***	0.00500	0.678***	0.367***	0.536***	0.653***	0.411***	1

注：***、** 和 * 分别表示在 1%、5% 和 10% 的水平上显著，系数不足 0.001 的记为 0.001，下同。

三、ELES 模型参数估计

基于调研数据，模型(1)的估计结果见表 6－23，5 类消费的边际消费倾向(β_j)全部在 1% 的水平下高度显著为正，进一步比较 β_j 回归系数的大小可知，参与型体育边际消费倾向最高，实物型体育消费次之，再次为其他三类消费。这反映出从全国城镇居民体育消费需求总体发展趋势来看，当居民收入增加时，各类型体育的消费金额均会上涨，但是参与型和实物型两类体育消费的金额增长趋势将显著高于其他类型。

表 6-23　我国城镇居民体育消费 ELES 估计结果

变量	实物型	参与型	观赏型	体育彩票	体育传媒与信息
income	0.014***	0.016***	0.001***	0.001***	0.001***
	(20.27)	(19.62)	(8.54)	(7.28)	(7.39)
edu	−262.490**	83.101	−22.235**	48.344***	10.026
	(−2.16)	(0.57)	(−2.42)	(3.50)	(1.14)
gender	783.530***	42.971	61.579***	108.442***	77.221***
	(7.59)	(0.35)	(7.89)	(9.24)	(10.37)
pgdp	−814.832	−2149.439***	−69.709	108.206	−51.057
	(−1.38)	(−3.03)	(−1.56)	(1.61)	(−1.20)
service	−44.488***	−57.331***	−2.915**	−0.458	−3.460***
	(−2.72)	(−2.93)	(−2.36)	(−0.25)	(−2.94)
house	367.375	2028.635***	119.889**	−144.005**	74.098
	(0.57)	(2.62)	(2.46)	(−1.96)	(1.59)
culture	232.790	187.233	−5.991	−13.228	−11.524
	(1.40)	(0.93)	(−0.47)	(−0.70)	(−0.96)
wage	1397.553**	513.808	−53.014	192.209***	33.905
	(2.22)	(0.68)	(−1.11)	(2.68)	(0.75)
road	0.017	0.032*	0.001	−0.002	−0.000
	(1.06)	(1.70)	(0.85)	(−0.87)	(−0.00)
_ cons	−8873.764	937.966	533.660	−1861.496**	−125.332
	(−1.31)	(0.12)	(1.04)	(−2.42)	(−0.26)
N	8334	8334	8334	8334	8334
adj. R-sq	0.058	0.050	0.018	0.022	0.022

注：()为 t 值，***、** 和 * 分别表示在 1%、5%和 10%的水平上显著，系数不足 0.001 的记为 0.001，下同。

四、我国居民体育消费结构性特征分析

(一)我国居民体育消费结构整体性特征

1. 结构性特征

由表 6-24 中我国城镇居民 5 类体育消费的描述性统计结果可知，实物型体育消费最高，占居民可支配收入的 8.06%，占全部体育消费的 57.17%，是我国居民最主要

的体育消费项目。参与型体育消费紧随其后，占可支配收入的5.43%，占全部体育消费的38.58%。前两类消费共占全部体育消费的96%以上，几乎是全部体育消费支出项目的总和。

表6-24 城镇居民体育消费结构数据统计表

类型	均值	标准差	占收入比	占消费比
实物型	3047	4843	8.06%	57.17%
参与型	2056	5790	5.43%	38.58%
观赏型	58.43	358.5	0.15%	1.10%
体育彩票	84.23	540.0	0.22%	1.59%
体育传媒与信息	84.05	342.5	0.22%	1.56%
合计	5329.71	11874	14.08%	100%

2. 边际消费倾向

根据表6-23的回归结果可以计算出我国居民5类体育项目的边际消费倾向，由表6-25可知，我国居民对参与型体育项目的边际消费倾向最高，为0.016元，实物型次之，为0.014元，其他三类的边际消费倾向很低，只有0.001元。这说明，居民收入每增加1元，参与型和实物型体育消费就会增加0.016元和0.014元。

表6-25 我国城镇居民体育消费边际消费参数表

类型	实物型	参与型	观赏型	体育彩票	体育传媒与信息
消费增额/元	0.014	0.017	0.001	0.001	0.001

3. 消费收入弹性

为了计算消费的收入弹性，本研究采用双对数模型进行估计，模型如下：

$$\log(\mathrm{consumption}_j) = a_j + \beta_j \times \log(\mathrm{income}) + \lambda \times X + \mu_j \tag{2}$$

采用模型(2)的估计结果见表6-26。各类体育消费项目的收入弹性大小见β_j的回归系数。由β_j的回归系数在1%的水平下全部显著为正可知，当居民收入增加时，这5类体育消费金额都会上涨。进一步比较回归系数的大小可知，参与型体育消费的收入弹性最高，为0.670，实物型体育消费次之，为0.443，另外三类更小。这表明，居民收入每提高1%，参与型和实物型体育消费分别增加0.670和0.443个百分点。

从上述研究结果可以看出，随着我国经济的持续发展，居民在各类型体育消费上的投资均会有所增长，体育消费市场将拥有可观的增长潜力。结合居民消费实际支出和消费弹性统计结果可以看出，未来在实物型体育消费为主导的形势下，参与型消费将异军突起，成为居民体育消费的新热点，而其他三种类型的消费暂时尚未成为居民体育消费的重要选择。

表 6-26　我国城镇居民体育消费收入弹性回归表

变量	实物型	参与型	观赏型	体育彩票	体育传媒与信息
log(income)	0.443***	0.670***	0.081***	0.096***	0.132***
	(21.35)	(17.96)	(4.79)	(5.30)	(6.13)
edu	−0.415***	−0.257**	−0.012	0.428***	−0.044
	(−7.06)	(−2.43)	(−0.25)	(8.31)	(−0.72)
gender	0.316***	0.196**	0.480***	0.612***	0.675***
	(6.87)	(2.36)	(12.70)	(15.19)	(14.11)
pgdp	−0.591**	−1.960***	−0.397*	0.257	−0.983***
	(−2.25)	(−4.14)	(−1.84)	(1.12)	(−3.60)
service	−0.036***	−0.068***	−0.017***	−0.003	−0.049***
	(−4.92)	(−5.22)	(−2.83)	(−0.49)	(−6.48)
house	−0.018	1.652***	0.252	−0.899***	0.677**
	(−0.06)	(3.19)	(1.07)	(−3.57)	(2.27)
culture	0.315***	0.301**	0.060	0.148**	−0.033
	(4.24)	(2.25)	(0.98)	(2.27)	(−0.43)
wage	1.731***	1.042**	0.292	1.488***	1.494***
	(6.16)	(2.06)	(1.27)	(6.05)	(5.11)
road	0.000	0.000	0.000***	−0.000	0.000*
	(0.68)	(0.89)	(2.85)	(−0.39)	(1.69)
_cons	−12.610***	−8.562	−1.766	−14.185***	−9.722***
	(−4.18)	(−1.58)	(−0.71)	(−5.37)	(−3.10)
N	8334	8334	8334	8334	8334
adj. R-sq	0.068	0.048	0.025	0.053	0.037

注：()中为 t 值，*** 、** 和 * 分别表示在 1%、5%和 10%的水平上显著，系数不足 0.001 的记为 0.001，下同。

(二)我国居民体育消费结构的性别差异

为了分析性别对居民消费偏好的影响，本研究构建了模型(3)。

$$\text{consumption}_j = a_j + \beta_j \times \text{income} + \lambda \times \text{gender} + \gamma \times \text{income} \times \text{gender} + \lambda \times X + \mu_j \tag{3}$$

其中，gender 代表性别，男性取值为 1，女性取值为 0。收入与性别交互项(income * gender)的回归系数反映性别差异对我国居民消费偏好的影响，如果该系数显著为正，表明男性更偏好这类体育消费，如果该系数显著为负，则说明女性更偏好这类体育消费。由表 6－27 中交互项的回归结果可知，男性更偏好观赏性、彩票和传媒类体育消费，女士更加喜欢实物型体育消费，而参与型消费受性别差异影响不显著。上述结果反映出男性居民对观看比赛、博弈性体育消费及体育报纸杂志、网络信息等方面的需求相对突出，而女性对富于活力新颖时尚的运动服装鞋帽、体育饰品兴趣浓厚，参加体育俱乐部和体育培训对于不同性别消费者都具有相同的吸引力。这些信息提示商家在产品设计、市场细分、提供服务等方面应做到细致入微和有的放矢。

表 6－27　性别对我国居民体育消费需求结构的影响结果

变量	实物型	参与型	观赏型	体育彩票	体育传媒与信息
income	0.016***	0.016***	0.000	0.000	0.000**
	(13.90)	(11.26)	(1.24)	(0.16)	(2.37)
gender	887.424***	－7.794	42.233***	77.021***	67.336***
	(7.69)	(－0.06)	(4.84)	(5.88)	(8.09)
income*	－0.003**	0.001	0.001***	0.001***	0.000***
gender	(－2.01)	(0.82)	(4.96)	(5.36)	(2.66)
edu	－270.251**	86.892	－20.790**	50.691***	10.764
	(－2.22)	(0.60)	(－2.27)	(3.68)	(1.23)
pgdp	－821.891	－2145.990***	－68.395	110.341*	－50.385
	(－1.39)	(－3.03)	(－1.53)	(1.65)	(－1.18)
service	－44.709***	－57.223***	－2.874**	－0.391	－3.439***
	(－2.74)	(－2.92)	(－2.33)	(－0.21)	(－2.92)
house	382.298	2021.343***	117.110**	－148.518**	72.678
	(0.59)	(2.61)	(2.40)	(－2.03)	(1.56)
culture	223.481	191.782	－4.257	－10.412	－10.639
	(1.34)	(0.96)	(－0.34)	(－0.55)	(－0.88)
wage	1385.718**	519.591	－50.810	195.788***	35.031
	(2.20)	(0.69)	(－1.07)	(2.73)	(0.77)
road	0.017	0.032*	0.001	－0.002	－0.000
	(1.08)	(1.69)	(0.80)	(－0.92)	(－0.03)
_cons	－8715.349	860.560	504.161	－1909.406**	－140.404
	(－1.29)	(0.11)	(0.99)	(－2.49)	(－0.29)
N	8334	8334	8334	8334	8334
adj. R－sq	0.058	0.050	0.021	0.025	0.022

注：()为 t 值，***、** 和 * 分别表示在 1%、5% 和 10% 的水平上显著，系数不足 0.001 的记为 0.001，下同。

(三)我国居民体育消费结构的学历差异

表 6-28 报告了学历对我国居民消费结构的异质性影响。由收入的回归系数(即边际消费倾向)可知，除了高中学历以外，其他三类居民均对实物型和参与型体育消费有显著的正向偏好，即收入增加，这两类体育项目的消费水平也会随之提高。进一步比较回归系数的大小可知，大学学历的居民对实物型体育消费的偏好最高，且对于传媒消费也表现出明显偏好；而研究生对参与型体育消费偏好在四类学历中最高。其他三类体育消费中，只有研究生对这些体育项目有着明显的正向偏好，说明不同学历阶段人群对各体育消费项目的偏好与投入有所不同，中小学学历阶段，居民学业压力相对较低，出于发展身体及培养特长的需求，他们会积极参加各种参与型体育活动并进行了较多的实物型消费，高中阶段是我国目前教育体制下学生体育参与最薄弱的阶段，各项体育消费都显著下降，直至大学阶段，随着居民自主支配时间的增多，体育消费偏好种类也开始有所增加；总的趋势是随着学历水平的提高，居民的体育消费结构越来越趋向于多元化，不仅重视物质体育消费，同时会注重精神体育消费。

表 6-28　学历对我国居民体育消费结构的影响结果

变量	小学及初中					高中(含中专、中职、技校)				
	实物型	参与型	观赏型	体育彩票	体育传媒与信息	实物型	参与型	观赏型	体育彩票	体育传媒与信息
income	0.013***	0.011***	0.001	0.001*	0.001*	0.002	0.001	0.001	0.001	0.001
	(3.58)	(3.57)	(0.76)	(1.76)	(1.83)	(0.61)	(0.37)	(0.79)	(0.03)	(0.60)
controls	Yes	Yes	Yes	Yes	Yes	Yes	Yes	Yes	Yes	Yes
N	836	836	836	836	836	1274	1274	1274	1274	1274
adj. R-sq	0.012	0.012	0.001	0.002	0.002	0.001	0.001	0.001	0.001	0.001

变量	大学(含大专)					研究生(硕士、博士)				
	实物型	参与型	观赏型	体育彩票	体育传媒与信息	实物型	参与型	观赏型	体育彩票	体育传媒与信息
income	0.023***	0.016***	0.001	0.001	0.001*	0.014***	0.017***	0.001***	0.001***	0.001***
	(11.39)	(7.32)	(0.49)	(0.73)	(1.69)	(17.21)	(15.46)	(8.93)	(5.66)	(6.51)
controls	Yes	Yes	Yes	Yes	Yes	Yes	Yes	Yes	Yes	Yes
N	1374	1374	1374	1374	1374	4853	4853	4853	4853	4853
adj. R-sq	0.088	0.038	0.001	0.001	0.002	0.063	0.052	0.019	0.007	0.011

(四)我国居民体育消费结构的年龄差异

年龄对我国居民体育消费结构的差异化影响见表 6-29。由回归结果可知，所有年龄阶段的消费者对实物型和参与型体育项目均有明显的正向偏好，区别在于 19～55 岁之间的居民边际消费倾向更高。进一步查看其他三类体育项目的边际消费倾向可知，19～55 岁之间的消费者对各种类型消费均有显著的正向偏好，而 18 岁以下和56～65 岁的消费者仅仅对其中的某个项目感兴趣，由此可知 19～55 岁之间的消费者是体育项目消费的主要群体。

表 6-29　年龄对我国居民体育消费结构的影响结果

变量	18 岁以下					19～35 岁				
	实物型	参与型	观赏型	体育彩票	体育传媒与信息	实物型	参与型	观赏型	体育彩票	体育传媒与信息
income	0.008 ***	0.006 ***	0.001	0.001	0.001 *	0.016 ***	0.014 ***	0.001 ***	0.001 ***	0.001 ***
	(2.87)	(2.71)	(0.97)	(0.61)	(1.85)	(14.94)	(10.88)	(3.84)	(3.45)	(3.40)
controls	Yes	Yes	Yes	Yes	Yes	Yes	Yes	Yes	Yes	Yes
N	2110	2110	2110	2110	2110	2701	2701	2701	2701	2701
adj. R-sq	0.004	0.003	0.001	0.001	0.001	0.080	0.044	0.006	0.004	0.005
变量	36～55 岁					56～65 岁				
	实物型	参与型	观赏型	体育彩票	体育传媒与信息	实物型	参与型	观赏型	体育彩票	体育传媒与信息
income	0.014 ***	0.020 ***	0.001 ***	0.001	0.001 ***	0.013 ***	0.010 **	0.001	0.002 ***	0.001
	(14.49)	(17.69)	(9.83)	(1.59)	(7.15)	(4.90)	(2.11)	(1.01)	(8.40)	(1.01)
controls	Yes	Yes	Yes	Yes	Yes	Yes	Yes	Yes	Yes	Yes
N	2847	2847	2847	2847	2847	679	679	679	679	679
adj. R-sq	0.074	0.105	0.039	0.001	0.021	0.033	0.007	0.001	0.083	0.001

（五）我国居民体育消费结构的职业差异

表 6-30 报告了职业对我国居民体育消费结构的异质性影响结果。在职业的划分中，企业人员由企业人员和个体私营业主构成，公务人员由事业单位人员和政府机关公务人员组成，其他职业全部划归为其他组当中。由不同职业居民的边际消费倾向可知，实物型与参与型体育项目消费得到所有职业居民的显著偏好，区别在于学生对实物型体育商品最喜爱，体现出年轻人追求时尚的消费心理，而公务人员最偏好参与型体育项目，体现出体育消费对促进人际交流和丰富企业文化方面发挥的积极作用。进一步查看其他三类体育消费项目可以发现，传媒类是所有职业居民关注的项目，体育新闻和赛事对各种职业居民都有很大的吸引力，如果在此方面加强宣传和引导，对于提高居民体育参与意识和养成合理的消费价值观具有重要意义，可以为培育新的消费增长点发挥重要作用。目前观赏型和彩票还只是部分职业居民的偏好，如何培育和发展观赏型和体育彩票市场还需要全社会做出更多的努力。

表 6-30　职业对我国居民体育消费结构的影响结果

变量	学生					企业人员				
	实物型	参与型	观赏型	体育彩票	体育传媒与信息	实物型	参与型	观赏型	体育彩票	体育传媒与信息
income	0.023***	0.007***	0.001*	0.001	0.001***	0.012***	0.016***	0.001***	0.001**	0.001***
	(6.88)	(2.62)	(1.66)	(1.34)	(2.98)	(11.33)	(8.91)	(6.83)	(2.17)	(5.84)
controls	Yes	Yes	Yes	Yes	Yes	Yes	Yes	Yes	Yes	Yes
N	3213	3213	3213	3213	3213	1636	1636	1636	1636	1636
adj. R-sq	0.012	0.002	0.001	0.001	0.002	0.077	0.052	0.031	0.003	0.022
变量	公务人员					其他				
	实物型	参与型	观赏型	体育彩票	体育传媒与信息	实物型	参与型	观赏型	体育彩票	体育传媒与信息
income	0.018***	0.019***	0.001	−0.001	0.001***	0.012***	0.013***	0.001	0.001***	0.001**
	(9.02)	(8.78)	(0.30)	(−0.00)	(3.39)	(10.64)	(9.60)	(0.84)	(8.21)	(2.46)
controls	Yes	Yes	Yes	Yes	Yes	Yes	Yes	Yes	Yes	Yes
N	1962	1962	1962	1962	1962	1526	1526	1526	1526	1526
adj. R-sq	0.040	0.042	0.001	0.001	0.008	0.075	0.060	0.001	0.041	0.004

五、我国居民体育消费者分区域结构性特征

(一)我国居民体育消费者分区域结构性需求特征

我国居民体育消费者分区域结构性特征见表 6-31。由表中结果可知，实物型与参与型体育消费几乎是四大地区居民所有的体育消费项目，占所有体育消费金额的 95%以上。仅从各项消费的占比来看，四大地区之间并未呈现明显的分化趋势。在绝对消费金额上，东、中、西三个地区相差不大，均值在 5000 元以上，而东北地区的体育消费金额明显落后，仅有 4206.07 元。

表 6-31　我国居民体育消费者分区域结构性特征

类型	东部			中部		
	均值	标准差	占消费比	均值	标准差	占消费比
实物型	3184	5287	73.82%	3024	5148	74.33%
参与型	2306	7497	22.60%	2047	5399	22.38%
观赏型	78.22	475.1	0.80%	51.03	372.8	0.67%
体育彩票	77.16	496.6	1.39%	67.46	460.3	1.19%
体育传媒与信息	78.78	345.2	1.38%	82.15	345.7	1.42%
合计	5724.16	—	100%	5271.64	—	100%

续表

类型	西部			东北		
	均值	标准差	占消费比	均值	标准差	占消费比
实物型	3143	4374	73.13%	2443	4528	75.63%
参与型	2014	4753	22.49%	1571	4059	21.08%
观赏型	50.80	253.5	0.60%	43.33	255.8	0.56%
体育彩票	102.4	596.4	1.94%	71.28	571.2	1.41%
体育传媒与信息	91.41	299.9	1.84%	77.46	440.6	1.33%
合计	5401.61	—	100%	4206.07	—	100%

(二)我国居民体育消费者分区域边际消费倾向分析

由表6-32中结果可知，四大地区实物型和参与型的边际消费倾向相对较高，西部地区居民边际消费倾向最高，中部地区次之，东部再次，东北地区最少。进一步观察所有地区对观赏型和传媒类体育消费均有明显的正向偏好，但是边际消费倾向均不高，只有0.001，即收入每增加1元，这三类体育项目的消费金额每项只能增加0.001元。

表6-32　我国居民体育消费分区域边际消费倾向分析

变量	东部					中部				
	实物型	参与型	观赏型	体育彩票	体育传媒与信息	实物型	参与型	观赏型	体育彩票	体育传媒与信息
income	0.011***	0.016***	0.001***	0.001	0.001***	0.017***	0.014***	0.001***	0.001***	0.001***
	(9.82)	(10.30)	(5.20)	(1.11)	(4.40)	(8.49)	(6.59)	(5.00)	(6.55)	(2.91)
controls	Yes	Yes	Yes	Yes	Yes	Yes	Yes	Yes	Yes	Yes
N	2587	2587	2587	2587	2587	1549	1549	1549	1549	1549
adj. R-sq	0.038	0.046	0.010	0.001	0.010	0.047	0.031	0.016	0.034	0.007

变量	西部					东北				
	实物型	参与型	观赏型	体育彩票	体育传媒与信息	实物型	参与型	观赏型	体育彩票	体育传媒与信息
income	0.019***	0.020***	0.001*	0.001***	0.001***	0.013***	0.010***	0.001***	−0.001	0.001**
	(16.47)	(15.63)	(1.92)	(7.77)	(4.72)	(5.56)	(4.75)	(4.67)	(−0.28)	(2.25)
controls	Yes	Yes	Yes	Yes	Yes	Yes	Yes	Yes	Yes	Yes
N	3174	3174	3174	3174	3174	1027	1027	1027	1027	1027
adj. R-sq	0.079	0.073	0.001	0.022	0.008	0.035	0.023	0.024	0.001	0.006

(三)我国居民体育消费分区域消费收入弹性分析

收入弹性是指在价格和其他因素不变的条件下，由于消费者的收入变化所引起的需求数量变化的程度大小。通常用需求的收入弹性系数来表示收入弹性的大小。表 6－33 报告了我国四大地区居民体育消费收入弹性结果。从均值来看，四大地区对参与型消费项目的收入弹性最高，实物型次之，随后的是传媒和彩票，最后是观赏型体育消费项目。从四大地区之间的对比来看，中部地区在参与型项目上的收入弹性最大，西部地区在彩票项目上的弹性收入最高，而东北地区在实物型、观赏型和传媒项目上的弹性收入都位列第一。这反映出，我国不同经济区体育项目发展具有不均衡性，各经济区居民体育消费需求各具特色。中部地区历史厚重，交通便利，是我国的人口大区，现代服务业发展迅速，居民在体育培训、健身辅导方面的消费需求较为旺盛；西部地区居民博弈型消费心理相对突出，对体育彩票消费需求较高；东北地区作为我国竞技体育人才的重要输出地，优势体育项目众多，群众体育基础好，居民普遍对体育运动关注度较高，随着区域经济发展，居民在体育用品、观赛门票、体育信息传媒等方面的潜在需求将进一步被激发；东部地区经济发达，体育市场发展比较成熟，居民实物型、参与型的消费金额相对较高但收入弹性相对较小，对各类型体育消费项目的需求相对均衡。

表 6－33　我国居民体育消费分区域消费收入弹性分析

变量	东部					中部				
	实物型	参与型	观赏型	体育彩票	体育传媒与信息	实物型	参与型	观赏型	体育彩票	体育传媒与信息
income	0.383***	0.647***	0.078**	0.048	0.129***	0.383***	0.701***	0.118***	0.099***	0.122**
	(10.86)	(9.94)	(2.53)	(1.56)	(3.55)	(7.62)	(8.11)	(2.99)	(2.58)	(2.46)
controls	Yes	Yes	Yes	Yes	Yes	Yes	Yes	Yes	Yes	Yes
N	2584	2584	2584	2584	2584	1549	1549	1549	1549	1549
adj. R－sq	0.064	0.055	0.024	0.046	0.035	0.063	0.065	0.030	0.053	0.042
变量	西部					东北				
	实物型	参与型	观赏型	体育彩票	体育传媒与信息	实物型	参与型	观赏型	体育彩票	体育传媒与信息
income	0.489***	0.630***	0.052*	0.158***	0.093**	0.479***	0.684***	0.138***	0.035	0.255***
	(15.43)	(10.29)	(1.87)	(4.89)	(2.46)	(6.46)	(5.93)	(2.91)	(0.68)	(4.24)
controls	Yes	Yes	Yes	Yes	Yes	Yes	Yes	Yes	Yes	Yes
N	3174	3174	3174	3174	3174	1027	1027	1027	1027	1027
adj. R－sq	0.098	0.043	0.025	0.063	0.025	0.052	0.038	0.023	0.041	0.055

由上述统计资料可以看出，体育消费与区域经济发展有着密不可分的联系，经济条件较好的东部和中部地区，聚集了更多的体育场地、设施，规划有更多的体育赛事，

体育市场的布局与发展也相对较完善，区域内的居民具有更好的收入支撑其体育消费行为；经济发展相对落后的西部和东北部地区，居民整体消费能力相对较低，短期内主要依靠国家给予的优惠政策。这就需要我们充分发掘区域自然环境、文化及人力资源方面的优势，大力发展经济，同时努力扩大内需刺激消费，为实现经济的可持续发展创造良好条件。参考不同区域居民消费弹性分析结论得出，想要进一步发展体育产业，除了继续发展体育制造业，提供适合居民体育消费需求的实物型产品外，尤其需要注重开发具有巨大市场潜力的优质体育培训、体育辅导等服务产品，满足居民日益增长的参与型消费需求，形成新的消费增长点；大力发展马拉松、体育旅游、冰雪项目、民族特色体育等具有地方特色的体育活动，吸引大型赛事的投资和运营，带动居民积极地参与体育活动，进而促进区域体育消费的增长。

第三节　我国区域性城镇居民体育消费结构比较研究

一、我国中西部城镇居民体育消费结构比较

（一）体育消费结构整体比较

表6-34为中西部地区城镇居民体育消费结构比较。总体上来说，西部的消费能力更强。从体育消费结构比较的数据中可以看到，中部地区城镇居民为5271.7元/年，而西部地区为5401.2元/年，高出前者2.5个百分点。从各类型的体育消费比较来看，中部地区城镇居民在参与型和观赏型项目上的体育消费高于西部地区，而西部地区城镇居民在实物型、体育彩票和体育传媒与信息项目上的体育消费高于中部地区。

表6-34　中西部地区城镇居民体育消费结构总体对比

地区	实物型消费	参与型消费	观赏型消费	体育彩票消费	体育传媒与信息消费	总计
中部	3024.1 (57.4%)	2047.0 (38.8%)	51.0 (1.0%)	67.5 (1.3%)	82.2 (1.6%)	5271.7
西部	3143.0 (58.2%)	2013.6 (37.3%)	50.8 (0.9%)	102.4 (1.9%)	91.4 (1.7%)	5401.2

虽然西部地区居民年可支配收入相对中部地区更低，但西部地区的体育消费水平更高，表明收入水平并不足以完全决定体育消费水平，性别、年龄、职业、文化程度等因素同样具有决定作用。各种类型的体育消费上，中西部地区具备不同的优势类型，也与上述各因素相关。表6-35为中西部地区城镇居民体育消费结构显著性比较。由表可知，中西部地区城镇居民在体育消费中，仅在体育彩票项目中 $P<0.05$，说明存在显著差异，而其他类型的体育消费 $P>0.05$，不存在显著差异。

表 6-35 中西部地区城镇居民体育消费结构整体比较

体育消费结构	检验值	显著性
实物型消费	0.034	0.855
参与型消费	0.830	0.362
观赏型消费	0.001	0.972
体育彩票消费	11.421	0.001***
体育传媒与信息消费	0.841	0.359

注：* $P<0.05$，** $P<0.01$，*** $P<0.001$

虽然在细分类别下，中西部地区城镇居民体育消费水平可能存在某些差异，但从整体上看，实物型、参与型、观赏型和体育传媒与信息方面的消费并没有显著差异，可能是因为子类别会存在诸多互相影响的因素。体育彩票存在显著差异，可能跟中西部地区体彩运营、民间体育文化等因素有关。

(二)实物型消费结构比较

表 6-36 为中西部地区城镇居民实物型体育消费结构比较。由表可知，中西部地区城镇居民实物型消费中，运动服装、饮品及纪念品消费和运动辅助装备消费 $P<0.05$，说明存在显著差异；小型运动器材消费和家用大型健身器械 $P>0.05$，不存在显著差异。

表 6-36 中西部地区城镇居民实物型体育消费结构比较

实物型体育消费类型	检验值	显著性
运动服装、饮品及纪念品消费	6.005	0 .014*
小型运动器材消费	2.058	0.151
家用大型健身器械	2.942	0.086
运动辅助装备消费	25.522	0.000***

注：* $P<0.05$，** $P<0.01$，*** $P<0.001$

结合前文的调查研究，分析认为西部地区居民对户外体育项目比如足球的热爱程度要高于中部地区，同时，西部地区居民在篮球、田径等容易发生运动损伤项目中的参与程度也均高于中部地区，而这些体育项目通常都需要佩戴相应的运动辅助装备以保护躯体免受损伤。这些都是导致中西部地区居民在运动辅助装备消费上存在差异的原因。

(三)参与型消费结构比较

表 6-37 为中西部地区城镇居民参与型体育消费结构比较。通过表中数据可以看出，在器材租赁费项目中，$P<0.05$，说明存在显著差异，而其他项目的 $P>0.05$，不存在显著差异。

表 6-37　中西部地区城镇居民参与型体育消费结构比较

参与型体育消费类型	检验值	显著性
健身会员年费	0.318	0.573
参加健身培训的消费	1.858	0.173
购买健身锻炼的门票消费	0.164	0.686
器材租赁费	11.999	0.001**
运动保健消费	1.748	0.186
购买体育保险消费	2.873	0.090
体育旅游消费	2.512	0.113

注：* $P<0.05$，** $P<0.01$，*** $P<0.001$

通过对数据分析发现，中西部地区居民在健身器材租赁方面存在显著差异，原因可能是西部地区器材租赁市场更为成熟，比如西安、成都、贵阳等城市都有规模较大的器材租赁公司，这对于消费者本身来说既是一种便利，同时也是一种消费暗示。同时，这也预示着中西部地区，尤其是中部地区在体育器材租赁方面存在一定的市场潜能。

(四)观赏型消费结构比较

表 6-38 为中西部地区城镇居民观赏型消费结构比较。通过数据分析，发现两者在足球、排球、网球、台球、游泳、跳水、武术搏击等项目比赛门票上 $P<0.05$，差异显著；在其他项目中 $P>0.05$，差异不显著。

表 6-38　中西部地区城镇居民观赏型体育消费结构比较

观赏型体育消费类型	检验值	显著性
田径比赛门票	0.932	0.334
篮球比赛门票	0.085	0.770
足球比赛门票	17.268	0.000***
排球比赛门票	4.483	0.034*
乒乓球比赛门票	0.302	0.583
羽毛球比赛门票	0.512	0.474
网球比赛门票	17.501	0.000***
台球比赛门票	4.439	0.035*
游泳比赛门票	6.258	0.012*
跳水比赛门票	5.051	0.025*
高尔夫比赛门票	1.780	0.182

续表

观赏型体育消费类型	检验值	显著性
武术搏击类比赛门票	4.737	0.030*
冰上运动比赛门票	2.168	0.141
赛车比赛门票	0.167	0.683

注：* $P<0.05$，** $P<0.01$，*** $P<0.001$

通过分析认为，造成差异的原因可能主要表现在以下几个方面：其一，与当地的社会环境和人文环境有关，比如通过前文所述，西部地区居民对足球等户外运动的热情度高于中部地区，且民间存在较为活跃的业余足球联赛等，这些都会拉动体育消费经济。其二，跟当地的自然环境和气候等因素有关，比如西部地区户外风较大、气温偏低，因此对促进居民游泳、跳水等体育运动的热情会有一定影响。其三，还可能跟运营部门、相关单位的管理制度、费用等因素有关。

(五)体育彩票消费结构比较

表6－39为中西部地区城镇居民体育彩票消费结构的比较。从表中可以看出高频11选5、排列3、排列5、七星彩、足球彩票、顶呱刮6种彩票的$P<0.05$，差异显著；超级大乐透、地方体彩、篮球彩票的$P>0.05$，差异不显著。

表6－39　中西部地区城镇居民体育彩票消费结构比较

体育彩票消费类型	检验值	显著性
超级大乐透	3.396	0.065
高频11选5	13.044	0.000***
排列3	5.865	0.015*
排列5	7.543	0.006*
七星彩	21.236	0.000***
地方体彩	2.727	0.099
足球彩票	38.956	0.000***
篮球彩票	1.171	0.279
顶呱刮	8.938	0.003*

注：* $P<0.05$，** $P<0.01$，*** $P<0.001$

体育彩票由线下门店直接运营，因此存在较大的地方性差异。彩票本身的玩法也决定了居民对它的偏好程度，比如，西部地区城镇居民可能会因为喜欢足球运动而更加偏好于足球彩票。当然，彩票本身由于具有博弈性质，跟消费者所受的教育、性别都可能有较大关系。通过调查发现，男性用户对体育彩票的消费能力明显大于女性，因此彩票运营商可以根据当地人口分布情况进行科学选址，将有助于带动体彩消费。

(六)体育传媒与信息消费结构比较

表 6－40 为中西部地区城镇居民体育传媒与信息消费结构的比较。从表中可以看出，两者在体育电子出版物、体育电视频道、体育动漫游戏消费中，$P<0.05$，存在显著差异；其他项目中 $P>0.05$，差异不显著。

表 6－40　中西部地区城镇居民体育传媒与信息消费结构比较

体育传媒与信息消费类型	检验值	显著性
体育书籍	0.212	0.645
体育期刊	1.854	0.173
体育报纸	1.942	0.164
体育音像制品	0.087	0.768
体育电子出版物	4.812	0.028*
体育电视频道	9.302	0.002*
体育电子竞技	0.152	0.696
体育动漫游戏	3.839	0.050*
体育健身咨询	0.367	0.545
体育应用软件	3.361	0.067

注：* $P<0.05$，** $P<0.01$，*** $P<0.001$

体育电视频道的推广与多方面的因素相关，其中最大的可能就是与当地运营商的政策有关。因网络传媒在视觉上能够给观众带来较大的冲击，如果资费合理，可以极大地促进居民的消费欲望。

通过对中西部地区城镇居民体育消费结构的比较分析，发现西部地区城镇居民体育消费水平比中部地区高 2.5 个百分点。从各类型的体育消费对比来看，中部地区城镇居民在参与型和观赏型两种类型的体育消费上高于西部地区，而西部地区城镇居民在实物型、体育彩票和体育传媒与信息三种类型的体育消费上高于中部地区。通过差异性比较分析发现，实物型的运动辅助装备，参与型的器材租赁，观赏型的足球、排球、网球、台球、游泳、跳水、武术搏击比赛门票，体彩类的高频 11 选 5、排列 3、排列 5、七星彩、足球彩票、顶呱刮及体育电子出版物、体育电视频道和体育动漫游戏消费等这些项目上，中西部地区居民消费情况存在显著差异。分析认为有以下几类原因造成：其一是当地的社会文化和历史文化环境，比如西部地区的居民对足球的喜爱程度要高于中部地区，民间有很多业余的足球比赛，同时最近几年，西部地区在足球行业取得的成绩也会激发人们的消费热情；其二，跟当地的自然环境、气候等因素有关；其三，跟地区企业的运营策略也有关，比如彩票类、体育传媒与信息类等，都依赖于企业的宣传推广。

二、我国南北方城镇居民体育消费结构比较研究

(一)体育消费结构对比分析

体育消费结构主要是指一定社会经济条件下居民所消费的各种体育消费资料的比例关系①。除了体育消费水平这一指标外，体育消费比较的另一个指标就是体育消费结构，它反映的是消费质量的高低或内在构成合理程度的高低。将各类型体育消费占总体消费的比例整理见表 6－41，可以看出我国南北方地区城镇居民体育消费结构以实物型体育消费、参与型体育消费为主，实物型体育消费南、北方均超过消费比例的一半；观赏型体育消费、体育彩票消费、体育传媒与信息消费的比例较低，三种类型体育消费的占比均为 1％左右。通过南、北方各类型体育消费的比例对比发现，我国南、北方城镇居民体育消费结构没有明显差别，各类型体育消费比例相近。前期研究显示，2017 年我国一线城市居民实物型体育消费占 67.47％，参与型体育消费占 19.96％②，而目前我国南方地区这两项数据为 56.7％、38.8％，北方地区为 57.7％、38.2％，从纵向比较这两类体育消费的比例，实物型体育消费比例的降低与参与型体育消费比例的增加说明我国南北方城镇居民体育消费结构有所升级，并趋于合理，但也存在其他三种类型体育消费比率过低的现实，因此，南、北方城镇居民体育消费结构有待进一步优化，使其更加合理化、高度化。

表 6－41　南北方城镇居民体育消费比例

地域	实物型体育消费	参与型体育消费	观赏型体育消费	体育彩票消费	体育传媒与信息消费
南方	56.7％	38.8％	1.2％	1.7％	1.6％
北方	57.7％	38.2％	0.9％	1.6％	1.6％

(二)实物型体育消费结构对比分析

为使调查更加系统化层次化，问卷又将实物型体育消费分为四小类进行统计，分别为运动服装饮品及纪念品消费、小型运动器材消费、家用大型健身器械消费、运动辅助装备消费(见表 6－42)。南、北方城镇居民实物型体育消费排名前两位的均是运动服装饮品及纪念品和家用大型健身器械。运动服装饮品及纪念品用途多样，不仅可以满足体育健身需要又可用于日常生活，因而最受消费者的青睐，数据显示南、北方地区各有 91.3％、88.6％的城镇居民有此项的消费；而家用大型健身器械对一些经济基础好、住宅环境优良的居民来说较为适用，更有利于居家进行锻炼。南、北方地区各有 23.0％、21.7％的城镇居民有此项消费，因此消费项目金额昂贵间接提高了居民的

①李国，孙庆祝．城乡居民体育消费结构动态变迁的 ELES 模型分析[J]．北京体育大学学报，2019，42(01)：98－110.

②王焱．我国城市居民体育消费结构的统计研究[D]．天津：天津财经大学，2017.

平均消费水平。经检验南方地区与北方地区城镇居民用于购买家用大型健身器械的消费不存在显著性差异外($P>0.05$)，其他三项消费南方地区城镇居民均显著大于北方地区($P<0.05$)。即南方地区城镇居民在实物型体育消费结构中的运动服装饮品及纪念品、小型运动器材和运动辅助装备的消费水平显著高于北方地区的城镇居民。

表6-42 实物型体育消费各项消费比例

地域	运动服装饮品及纪念品消费	小型运动器材消费	家用大型健身器械消费	运动辅助装备消费
南方	39.9%	16.2%	27.0%	16.9%
北方	37.0%	15.6%	31.5%	15.9%

(三)参与型体育消费结构对比分析

参与型体育消费分为7小类进行调查，分别为健身会员年费、参加健身培训消费、健身锻炼门票(卡)消费、器材租赁消费、运动保健消费、体育保险消费和体育旅游消费(见表6-43)。南、北方城镇居民参与型体育消费排名前两位的均是体育旅游消费和健身会员年费，南、北方城镇居民体育旅游消费占参与型体育消费的比例分别高达38.4%、38.9%。体育旅游消费能在众多参与型体育消费中脱颖而出的最直接原因是它结合了旅游和体育的特点，形成了自然资源观光与体育资源参与的融合，能带给消费者生理和心理的双重情感体验，这是普通旅游和健身活动所无法比拟的。随着“全民健身计划”的实施，我国居民的体育需求被大大激发，然而公共体育设施和免费体育场地资源相对匮乏，因而越来越多的居民选择了花钱成为会员进入体育场馆参与锻炼，使得南、北方城镇居民健身会员年费的占比分别达到了28.4%和28.3%。经检验南方地区城镇居民参加健身培训和运动保健的消费显著大于北方地区($P<0.05$)，其他5项消费南方地区与北方地区无显著性差异($P>0.05$)。

表6-43 参与型体育消费各项消费比例

地域	健身会员年费	参加健身培训消费	健身锻炼门票(卡)消费	器材租赁消费	运动保健消费	体育保险消费	体育旅游消费
南方	28.4%	21.4%	3.5%	1.5%	5.7%	1.1%	38.4%
北方	28.3%	20.5%	4.6%	1.4%	5.3%	1.0%	38.9%

(四)观赏型体育消费结构对比分析

如图6-11所示，南方地区城镇居民观赏型体育消费排名前三位的依次是足球、篮球和田径，而北方地区城镇居民此项消费排名前三位的依次是篮球、足球和田径。从我国体育赛事发展情况看，排名在前面的这三个项目的消费直接和体育赛事开展状况相符，例如中超、CBA联赛的规模和影响力在国内都是巨大的。体育竞赛表演产业作为体育产业的本体产业应该大力发展，但根据调查的数据显示，在消费人数比例上，不管是南方还是北方地区这三项消费为零的人数比例均超过了95%，即使有消费的人群消费的档次也集中在1～200元，说明我国南、北方城镇居民观赏型体育消费项目比较单一，消费结构仍然处于较低级水平，与发展要求相差甚远。

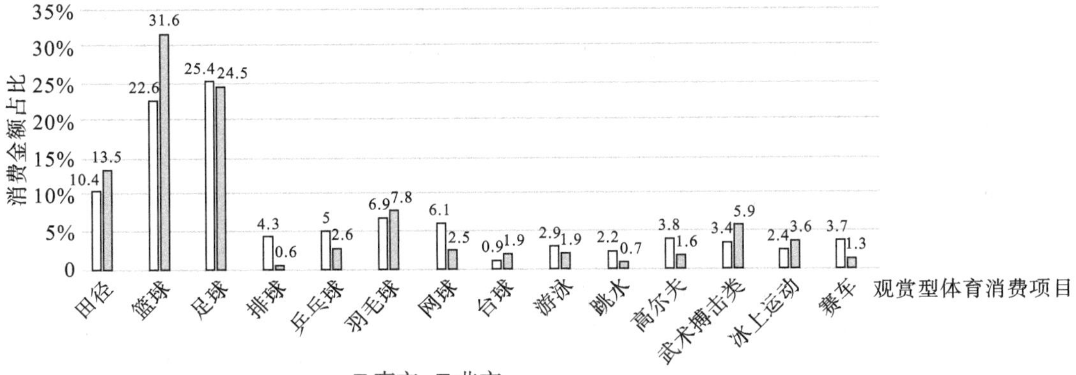

图6-11　观赏型体育消费各项消费比例

(五)体育彩票消费结构对比分析

如图6-12所示，南、北方城镇居民体育彩票消费主要选择足球彩票和超级大乐透两种类型，其中南方地区居民足球彩票消费比例最大，为32.8%，北方地区居民超级大乐透消费比例最大，为30.3%。在消费人数比例上，南、北方地区超级大乐透消费为零的人数比例均超过了90%，而足球彩票消费为零的人数比例均超过了93%。反映出人们进行体育彩票消费的积极性不高，消费结构有待提升。出现这种情况的原因可能是由于居民的求实心理比较重，对于体育彩票的理解限于博弈的性质，没有充分意识到体育彩票消费的公益和娱乐价值。

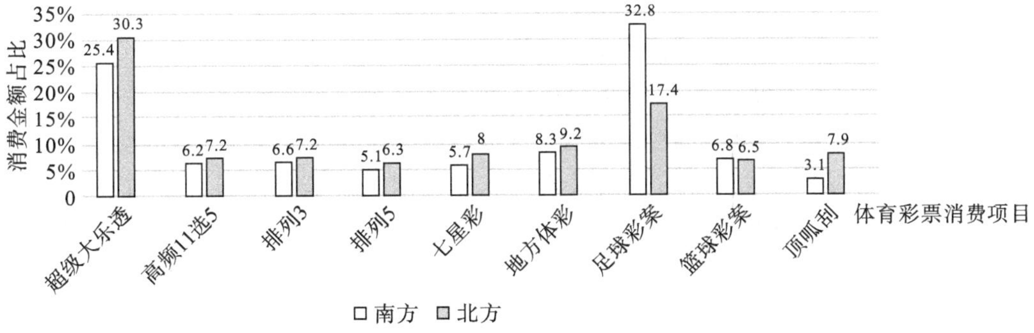

图6-12　体育彩票消费各项消费比例

(六)体育传媒与信息消费结构对比分析

如图6-13所示，南、北方城镇居民最主要的体育传媒与信息消费项目均是体育书籍，其他消费项目比例有所不同，南方城镇居民消费比例排名第 2 和第 3 的项目是体育期刊和体育电视频道，而北方城镇居民依次是体育电子竞技和体育电视频道，由此可以看出南方城镇居民重视体育期刊的消费，北方城镇居民更热衷于体育电子传媒消费。在消费人数比例上，南、北方城镇居民体育书籍消费为零的人数比例分别为 85.6％、90.0％，其他项目消费为零的消费人数比例均在 93％～99％范围内，说明南北方城镇居民体育传媒与信息消费人群的积极性不高，消费结构有待提升。

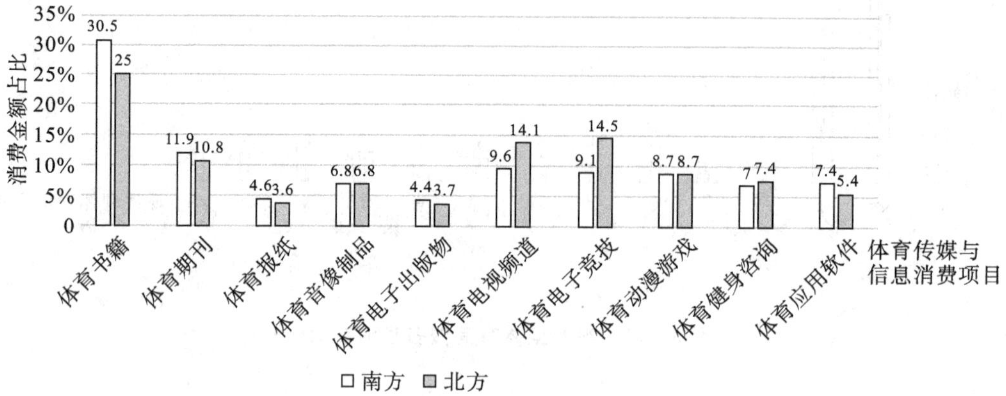

图 6－13　体育传媒与信息消费各项消费比例

三、我国东西部城镇居民体育消费结构比较分析

调查数据显示，我国东部和西部城镇居民在体育总体消费上不存在显著性差异（$P>0.05$），东部地区城镇居民以年均 5723.95 元的体育消费金额略微领先西部地区城镇居民。在 5 种体育消费类型的比较中，东西部居民在实物型体育消费、参与型体育消费、体育彩票消费、体育传媒与信息消费上不存在显著性差异（$P>0.05$），而观赏型体育消费上东部地区城镇居民显著高于西部城镇居民（$P<0.05$）。以上结果说明随着“西部大开发”战略的实施推进，西部地区体育消费现状得到改善，东西部居民体育消费差距逐渐缩小，尤其在体育彩票消费和体育传媒与信息消费上西部地区已超过东部地区，展示出较强的发展态势，但西部地区城镇居民观赏型体育消费水平较东部地区还有较大差距。资本是影响居民观赏型体育消费活动的物质基础，西部地区居民收入状况是制约现场观赛有效需求形成的关键，从对我国东西部城镇居民年均可支配收入的调查结果来看，西部地区居民以年均 33563.33 元落后于东部地区居民的 48393.89 元，这是东西部地区观赏型体育消费差距形成的重要原因。另外观赏型体育消费行为不是个体行为，而是个体及所嵌入的社会结构、资源环境等要素共同作用的结果[1]，这意味着区域内体育服务环境、体育赛事资源的发展对观赏型体育消费有推动作用，我国东部地区在这方面的领先地位一定程度也造成了东西部地区观赏型体育消费不均的现象，以我国较为火爆的篮球和足球赛事为例，东部地区拥有 14 支 CBA 球队和 12 支中超球队，而西部地区仅有 2 支 CBA 球队和 1 支中超球队。

如表 6－44 所示，从各种类型的体育消费年均金额占比情况来看，东部地区实物型体育消费占比为55.6%，低于西部地区的58.2%，参与型体育消费的占比东部地区高于西部地区，其他三种类型体育消费占比相近，说明东部地区城镇居民体育消费结构优于西部地区城镇居民。结合上述对东西部地区居民体育消费差异性比较的分析可以得出，虽然东西部地区在体育消费水平上不存在显著性差异，但西部地区城镇居民体育消费结构相较于东部地区还有待于进一步优化。

表6-44 我国东、西部城镇居民体育消费及占比情况

地域	指标	实物型体育消费	参与型体育消费	观赏型体育消费	体育彩票消费	体育传媒与信息消费	体育总体消费
东部	年均消费金额	3184.25元	2305.53元	78.22元	77.16元	78.79元	5723.95元
	年均消费占比	55.6%	40.3%	1.4%	1.3%	1.4%	100%
西部	年均消费金额	3142.97元	2013.64元	50.80元	102.36元	91.41元	5401.18元
	年均消费占比	58.2%	37.3%	0.9%	1.9%	1.7%	100%

表6-45 我国东、西部城镇居民体育消费金额独立样本检验

消费类型	检验值	自由度	显著性	平均值差值	标准误差差值	差值95%置信区间	
						下限	上限
实物型体育消费	0.324	5759	0.746	41.27400	127.28224	208.24704	290.79504
参与型体育消费	1.719	4191.601	0.086	291.88555	169.83411	−41.07934	624.85043
观赏型体育消费	2.644	3760.500	0.008	27.41461	10.36881	7.08558	47.74364
体育彩票消费	−1.751	5756.384	0.080	−25.20794	14.40014	−53.43764	3.02176
体育传媒与信息消费	−1.486	5759	0.137	−12.63661	8.50383	−29.30682	4.03460
体育总体消费	1.195	4501.048	0.232	322.73010	270.08139	206.76207	852.22227

四、基于文化程度视角的我国西部地区城镇居民体育消费结构实证研究

（一）西部地区城镇居民体育消费总体水平分析

在21世纪初“西部大开发”战略的带动下，西部地区经济和社会发展水平得到稳步提高，“一带一路”倡议的提出更是使西部迎来了经济、社会、文化大发展的重要契机，人们的可支配收入水平不断提高，体育消费观念、意识逐渐增强，体育消费水平、质量也较之前有了很大的提高。调查结果表明，西部地区城镇居民2018年人均可支配收入为33563.3元，而年均体育消费金额为5401.2元，体育消费金额占居民可支配收入的比例为16.1%。由此可见体育消费已经成为西部地区城镇居民日常生活的重要支出内容之一。在体育消费结构方面，以实物型、参与型体育消费为主，年均体育消费金额分别为3142.9元、占比58.19%，2013.7元、占比37.3%，体现出实物型体育消费

比例有所降低，参与型体育消费占比有较大幅度提高的特征，表明体育消费结构有所升级并趋于合理。

在其他三种类型消费中，体育彩票消费年均 102.4 元、占比 1.89%，反映出西部地区城镇居民有一定的投机心理，但消费金额较少；体育传媒与信息消费年均 91.4 元、占比 1.69%，说明西部地区城镇居民对体育传媒与信息消费具有一定的认可度，在一定程度上促进了体育消费意识的传播和影响；观赏型体育消费年均为 50.9 元，占比 0.94%，一方面反映了西部地区城镇居民观赏竞赛表演消费意识的薄弱，另一方面也体现了西部地区缺乏高水平体育赛事和体育品牌赛事的现实。

(二)不同文化程度对体育消费的影响分析

采用一元线性回归法分析了文化程度对城镇居民年均体育消费水平的影响，结果表明，文化程度对城镇居民年均体育消费水平具有非常显著的正向作用($F=39.805$，$P<0.01$，见表 6-46)。建立回归方程：年均体育消费总额=2617.657+1082.583×文化程度(见表 6-47)，说明西部地区城镇居民文化程度每提升一个层次，年均体育消费总额平均增加 1082.583 元。出现这种结果的原因主要有两个方面：首先可支配收入是消费的重要决定因素，稳定的收入预期是居民扩大消费需求的重要基础①。前人研究证实，文化特征是影响个人可支配收入金额差别的重要变量，且文化程度与收入水平正相关②。文化程度越高就意味着居民的可支配收入越丰厚，消费能力也越强。根据马斯洛需求层次理论，体育消费是建立在满足基本需求之上的较高层次的消费，长期良好的教育会对居民的审美情趣、价值取向和思维方式起到潜移默化的作用，他们往往更关注健康问题，更倾向于在娱乐与健身消费方面进行更多的投入。

表 6-46　文化程度与年均体育消费总额一元线性回归方差分析

模型	平方和	自由度	均方	检验值	显著性
1	2622209793	1	2622209793	39.805	0.000[b]
回归残差	2.090E+11	3172	65875867.17		
总计	2.116E+11	3173			

因变量：a. 年均体育消费总额　b. 预测变量：(常量)文化程度

表 6-47　文化程度与年均体育消费总额一元线性回归系数

模型	未标准化系数		标准化系数		
	检验值	标准错误	测试值	检验值	显著性
1(常量)	2617.657	464.117		5.640	0.000

①李国，孙庆祝．城镇居民体育消费结构特征与发展趋势分析：以长江三角洲地区为例[J]．西安体育学院学报，2019，36(05)：536-545.

②陈宗胜，周云波．文化程度等人口特征对城镇居民收入及收入差别的影响：三论经济发展对收入分配的影响[J]．南开经济研究，2001(04)：38-42.

续表

模型	未标准化系数		标准化系数		
	检验值	标准错误	测试值	检验值	显著性
文化程度	1082.583	171.589	0.111	6.309	0.000

a. 因变量：年均体育消费总额

方差分析结果表明，除高中文化程度与初中及以下文化程度之间不存在显著性差异($P>0.05$)以外，其他各文化程度居民之间的年均体育消费总额均存在非常显著性差异($P<0.01$)(见表 6-48)。从不同文化程度城镇居民年均体育消费总额及标准差的比较可以看出，西部地区城镇居民随文化程度层次的提升，其年均体育消费总额呈上升趋势。当文化程度达到大学阶段时，体育消费金额开始有较大幅度的提高(如图 6-14 所示)。通过数据离散度分析，结果表明文化程度越高的人群体育消费金额的标准差越大，呈现出离散程度越高的特征，表明仍有相当部分文化程度较高的人群体育消费参与不足；同时文化程度越低的人群消费水平愈加趋于集中。因此，政府相关部门和企业在提升居民健康意识和消费观念、保障体育消费品的供给等方面还需要作更多的努力。

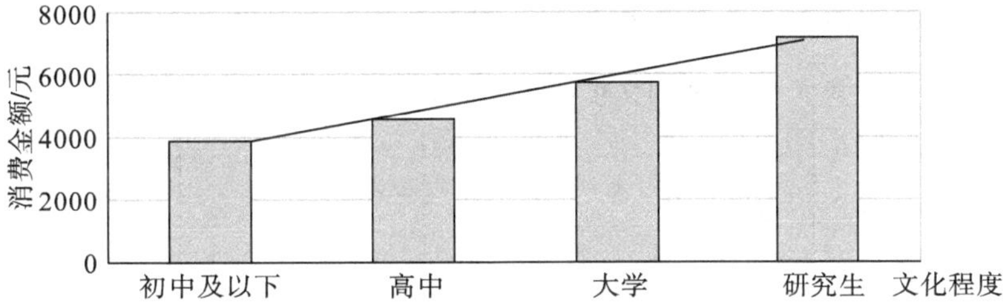

图 6-14 不同文化程度城镇居民年体育消费金额趋势图

表 6-48 不同文化程度城镇居民年体育消费总额单因素 ANOVA 方差检验

(I)文化程度	(J)文化程度	平均值差值(I-J)	标准错误	显著性	95%置信区间	
					下限	上限
初中及以下	高中	-706.76848	485.73114	0.146	-1659.1477	245.6107
	大学	-1914.95409	425.76733	0.000	-2749.7615	-1080.1467
	研究生	-3334.08213	622.34592	0.000	-4554.3236	-2113.8406
高中	初中及以下	706.76848	485.73114	0.146	-245.6107	1659.1477
	大学	-1208.18561	361.53282	0.001	-1917.0476	-499.3236
	研究生	-2627.31364	580.29527	0.000	-3765.1059	-1489.5214
大学	初中及以下	1914.95409	425.76733	0.000	1080.1467	2749.7615
	高中	1208.18561	361.53282	0.001	499.3236	1917.0476
	研究生	-1419.12804	531.11739	0.008	-2460.4966	-377.7595

续表

(I)文化程度	(J)文化程度	平均值差值(I-J)	标准错误	显著性	95%置信区间	
					下限	上限
研究生	初中及以下	3334.08213	622.34592	0.000	2113.8406	4554.3236
	高中	2627.31364	580.29527	0.000	1489.5214	3765.1059
	大学	1419.12804	531.11739	0.008	377.7595	2460.4966

注：平均值差值的显著性水平为 0.05

(三)西部地区不同文化程度城镇居民体育消费结构特征分析

1. 不同文化程度城镇居民实物型体育消费分析

研究结果表明，除大学与研究生文化程度的城镇居民在实物型体育消费金额上不存在显著差异外($P>0.05$)，其他各文化程度层级居民之间均存在显著性差异($P<0.05$)。西部地区城镇居民文化程度越高，实物型体育消费金额越高，且在体育消费结构中所占比例越小(见表 6-49)。说明西部地区文化程度较高的居民，其参与型及其他类型的体育消费占比增大，消费结构更趋于合理。

表 6-49　不同文化程度城镇居民体育消费结构比较

文化程度	实物型消费/元	占比	参与型消费/元	占比	观赏型消费/元	占比	体育彩票消费/元	占比	传媒与信息消费/元	占比
研究生	3861.7	53.3%	3055.4	42.2%	82.6	1.1%	109.1	1.5%	139.1	1.9%
大学	3333.4	57.2%	2216.2	38.0%	51.8	0.9%	123.4	2.1%	103.8	1.8%
高中	2903.4	62.8%	1509.4	32.7%	42.6	0.9%	101.3	2.2%	63.9	1.4%
初中及以下	2374.1	60.7%	1418.5	36.2%	41.1	1.1%	20.8	0.5%	59.2	1.5%

2. 西部地区不同文化程度城镇居民参与型体育消费分析

研究结果表明，在参与型体育消费方面，除高中与初中及以下文化程度的城镇居民不存在显著差异外($P>0.05$)，其他各文化程度层级居民之间均存在非常显著性差异($P<0.01$)。西部地区城镇居民文化程度越高，参与型体育消费的金额越高，参与型体育消费在体育消费结构中所占比例越大。反映出西部地区城镇居民参与型体育消费水平和消费结构层次随着文化程度的提高而有所提升，且参与型体育消费水平还有进一步提升的空间(见表 6-49)。

3. 西部地区不同文化程度城镇居民观赏型体育消费分析

研究结果表明，西部地区不同文化程度的城镇居民在观赏型体育消费中，除高中与研究生、初中及以下与研究生文化程度的城镇居民在观赏型体育消费金额上存在显著性差异外($P<0.05$)，其他各文化程度层级居民之间均不存在显著性差异($P>0.05$)。而且，居民观赏型体育消费金额在体育消费结构中占比最低。尽管如此，仍表现出城镇居民文化程度越高，观赏型体育消费的金额越高、各文化程度层级的居民观赏型体育消费在体育消费结构中所占比例几乎无异的特征。说明西部地区城镇居民在观赏型体育消费方面的意识较为薄弱，积极性不高，同时也反映出西部地区体育竞赛表演产业的活力和影响力亟待激发和扩大(见表6-49)。

4. 西部地区不同文化程度城镇居民体育彩票消费分析

研究结果表明，西部地区不同文化程度城镇居民在体育彩票消费中，除高中与初中及以下、大学与初中及以下文化程度的城镇居民存在显著性差异外($P<0.05$)，其他各文化程度层级居民之间在体育彩票消费金额上均不存在显著性差异($P>0.05$)。而且，居民体育彩票消费金额与比例不高，没有随文化程度的改变表现出规律性的特征。说明西部地区城镇居民虽然存在一定程度的博弈心理，但在参与体育彩票消费的行为上仍较为保守(见表6-49)。

5. 西部地区不同文化程度城镇居民体育传媒与信息消费分析

研究结果表明，西部地区不同文化程度的城镇居民在体育传媒与信息消费中，除高中与初中及以下、大学与研究生文化程度城镇居民不存在显著性差异外($P>0.05$)，其他各文化程度层级居民之间在体育传媒与信息消费金额上均存在显著性差异($P<0.05$)。而且，居民体育传媒与信息消费金额比例不高。同时也表现出，文化程度越高，体育传媒信息消费的金额越高、各文化程度居民体育传媒与信息消费在体育消费结构中所占比例几乎无异的特征。说明文化程度高的居民对体育传媒与信息产品的实际需求更多，使用能力更强，在信息化时代的背景下，西部地区城镇居民体育传媒与信息消费水平仍有很大的提升空间(见表6-49)。

第四节　我国城市青少年体育消费结构特征研究

消费结构是指人们在消费过程中所消费的各种不同类型的消费资料(包括劳务)的比例关系。为了深入了解我国城市青少年的体育消费结构和消费行为，正确引导城市青少年的体育消费，及时调整其体育消费心理预期，促进体育消费结构的改善，有必要对不同特征的青少年消费结构及可供支配的体育消费金额数量等内容进行深入研究。

一、我国城市青少年体育消费结构现状的调查研究

根据居民家庭消费结构的概念，我们将体育消费结构的概念定义为：消费者在体育消费过程中，所消费的各类消费资料包括实物性消费、劳务性消费(精神性消费)和博弈性消费等在消费支出总额中所占的比例。体育消费结构会随着社会经济的发展而不断变化，其变化受地区经济发展状况、现阶段家庭收入状况、体育消费环境状况、体育消费意识等因素的影响。但变化的总体方向总是由生存需要到安全需要再到发展、享受需要这样的顺序发展的。这也是居民消费结构变动的一般规律。

体育消费结构是体育消费行为的直观结果，反映了体育消费的具体内容、金额数

量和各消费内容间的比例关系，通过对我国城市青少年体育消费结构的分析能揭示出我国城市青少年体育消费的水平、质量和消费意识，同时通过对体育消费结构的比较研究，还可以发现我国城市不同年龄、性别、地区及家庭收入的青少年其体育消费结构的现状、存在的差异和发展趋势，为正确预期我国城市青少年体育消费水平、为政府有关部门对市场进行宏观调控、企业及时调整产品结构和经营策略提供理论与实证依据。

本研究将体育消费分为实物性消费、劳务性消费和博弈性消费三部分。调查结果表明，我国城市青少年年均体育消费总金额为 487.53 元，其中实物性消费 345.36 元、劳务性消费 112.07 元(精神性消费)和博弈性消费 30.10 元，分别占体育消费总金额的 70.84%、22.99%和 6.17%(见表 6-50，如图 6-15、图 6-16 所示)。

表 6-50 我国城市青少年体育消费结构

消费内容	实物性消费					劳务性消费				博弈性消费		其他	合计
	运动服	运动鞋	运动器械	体育报刊	体育音像制品	比赛门票	体育培训	体育俱乐部	消费性锻炼	体彩	足彩		
消费金/元	108.60	126.50	51.79	24.09	34.38	20.68	28.82	21.68	25.93	15.47	14.63	14.96	487.53
百分比/%	22.28	25.95	10.62	4.94	7.05	4.24	5.91	4.45	5.32	3.17	3.00	3.07	100

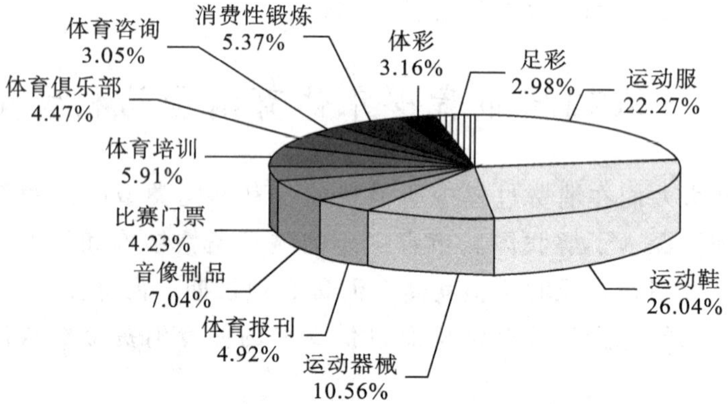

图 6-15 我国城市青少年体育消费结构图

研究结果表明，运动服、运动鞋消费是实物性消费的主要组成部分，分别占体育消费总额的 22.28%和 25.95%，几乎占到体育消费总额的一半，这是因为运动鞋和运动服具有生活耐用品及体育用品的双重功能所致，反映出我国城市青少年体育消费整体水平仍处在较低层次；运动器械占到了体育消费总额的 10.62%；体育报刊、体育音像制品是日常体育信息的重要载体，由于这两项消费品的价格较低，且青少年人年均消费金额达到了 24.09 元和 34.38 元，分别占体育消费总额的 4.94%和 7.05%，说明我国城市青少年对体育信息的关注程度普遍较高。

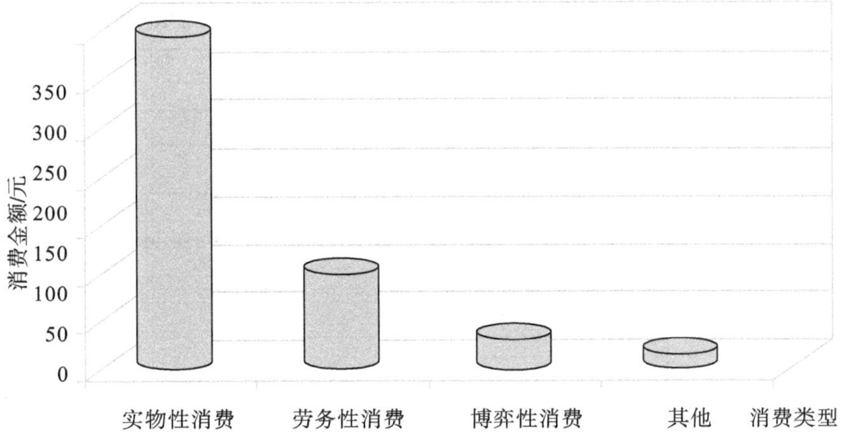

图 6-16　我国城市青少年体育消费分类结构图

在劳务性消费中，排在前三位的依次是体育培训消费、消费性锻炼和体育俱乐部消费，分别占体育消费总额的 5.91%、5.32%和 4.45%。这说明现阶段作为城市青少年主要集聚地的各级学校，都十分重视各类体育培训班和体育俱乐部的建立及消费性体育场所的建设，为城市青少年体育消费提供了良好的消费环境，对提高体育的劳务性消费起到积极的推动作用。

研究结果表明，博弈性体育消费占我国城市青少年体育消费总额的 6.17%，其中体彩占 3.17%、足彩占 3.00%。这反映出我国城市青少年已经出现少量通过购买彩票的方式投资国家体育事业发展并试图获取中奖回报的投机性消费行为，需要适时加以引导。

二、我国城市青少年不同年龄段体育消费结构的比较研究

通过对我国城市青少年不同年龄段消费结构的比较，可以看出在电话费、日用品(含学习用品)等几方面 13～17 岁青少年的消费金额明显高于 18～25 岁青少年，其主要是因为 13～17 岁青少年在校期间学习负担重，交流时间少，电话和短信成为此年龄段青少年交流的重要手段；而 18～25 岁青少年因所处环境、学习、工作和生活相对独立，零用钱消费的计划性和节俭性意识明显高于 13～17 岁的青少年；13～17 岁的城市青少年因其攀比心理较强，家长溺爱，零用钱得来也较容易，故日用品(含学习用品)更新周期较快；只有在正常伙食方面 18～25 岁青少年的消费金额明显高于 13～17 岁青少年，因为大部分 13～17 岁未成年的城市青少年生活在父母身边，生活费一般都由父母负担，而 18～25 岁的青少年除父母给的部分生活费外，他们还会通过自己的劳动获取一部分经济收入；另外，在上网、体育消费、朋友聚会等几方面两个年龄段青少年的消费水平较为接近，其中在体育消费方面 13～17 岁青少年月消费在 52.07 元，略高于 18～25 岁的青年(见表 6-51，如图 6-17 所示)。

表 6-51　我国不同年龄段城市青少年月消费结构(消费金额单位：元)

年龄段	零食	杂志	上网	朋友聚会	体育消费	正常伙食	日用品（含学习用品）	电话费	其他	总值
13～17岁	45.97	36.71	43.31	51.12	52.07	124.52	66.24	58.95	39.73	518.63
百分比(%)	8.86	7.08	8.35	9.86	10.04	24.01	12.77	11.37	7.66	100
18～25岁	47.86	39.91	38.53	48.62	48.20	180.49	56.15	47.09	43.04	549.90
百分比(%)	8.70	7.26	7.01	8.84	8.77	32.82	10.21	8.56	7.83	100

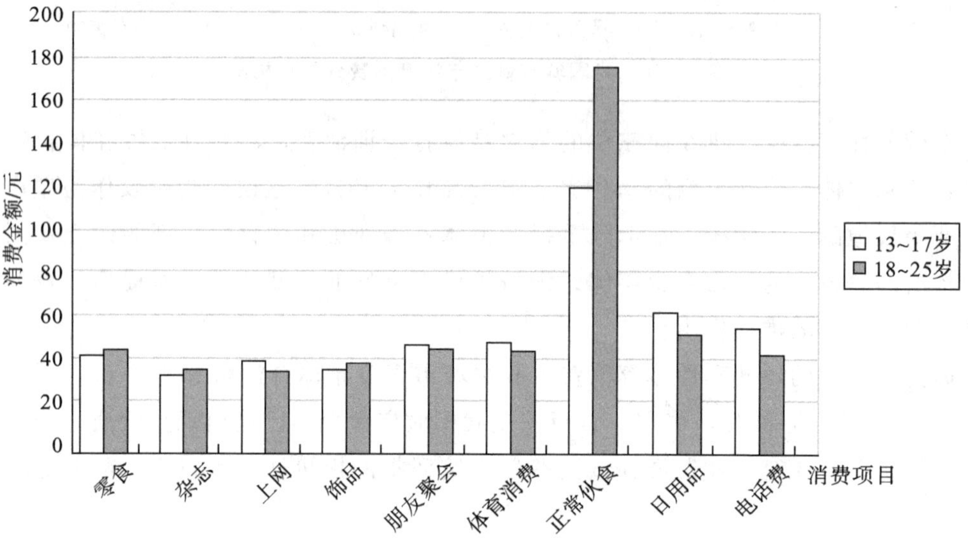

图 6-17　我国不同年龄段城市青少年月消费结构

通过平均数中值加权法计算得出，我国13～17岁城市青少年年均体育消费总金额约为477.06元，18～25岁城市青少年年均体育消费总金额约为497.99元，18～25岁城市青少年年均体育消费总额稍高于13～17岁城市青少年。

13～17岁和18～25岁青少年年均实物性体育消费分别为343.62元和347.09元，具体表现为13～17岁城市青少年运动鞋消费金额所占比高出18～25岁城市青少年3.40%($P>0.05$)，无显著性差异，在运动服、运动器械、体育报刊、体育音像制品等方面均差别不大。

13～17岁城市青少年年均劳务性体育消费89.37元，18～25岁城市青少年年均劳务性消费140.83元，在比赛门票、体育培训、体育俱乐部、消费性锻炼方面18～25岁城市青少年年均消费金额均略高于13～17岁城市青少年，尤其在比赛门票、体育培训两方面二者差距较大，均存在非常显著性差异($P<0.01$)。

18～25岁城市青少年和13～17岁城市平均年青少年博弈性消费金额相差较小，分别为30.67元和29.55元，两者不存在显差异($P>0.05$)。(见表6-52、表6-53、表6-54，如图6-18、图6-19所示)。

表 6－52　我国城市青少年不同年龄段体育消费结构比较(元/年)

年龄段	实物性消费	劳务性消费	博弈性消费
13～17 岁	343.62	89.37	30.67
18～25 岁	347.09	140.83	29.55

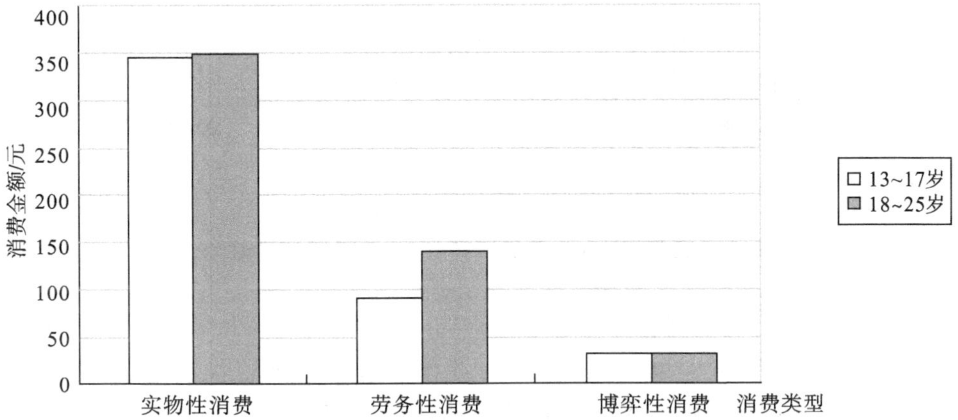

图 6－18　我国不同年龄段城市青少年各类型体育消费结构比较

表 6－53　我国城市不同年龄段青少年体育消费结构比较表

年龄段	指标	实物性消费					劳务性消费				博弈性消费		其他	合计
		运动服	运动鞋	运动器械	体育报刊	体育音像制品	比赛门票	体育培训	体育俱乐部	消费性锻炼	体彩	足彩		
13～17 岁	消费金额/元	106.47	132.06	49.78	24.47	30.84	18.86	25.57	20.75	24.19	15.9	14.77	13.4	477.06
	百分率/%	22.32	27.68	10.43	5.13	6.46	3.95	5.36	4.35	5.07	3.33	3.10	2.81	100
18～25 岁	消费金额/元	110.73	120.93	53.81	23.71	37.91	22.5	32.06	22.6	27.67	15.05	14.5	16.52	497.99
	百分率/%	22.24	24.28	10.80	4.76	7.61	4.52	6.44	4.54	5.56	3.02	2.91	3.32	100

表 6－54　我国城市不同年龄段青少年体育消费结构差异显著性比较表

方差检验	运动服	运动鞋	运动器械	体育报刊	体育音像制品	比赛门票	体育培训	体育俱乐部	消费性锻炼	体彩	足彩	其他
检验值	0.690	1.375	3.065	0.279	0.035	6.794	12.293	1.321	3.737	0.678	0.004	5.101
显著性	0.406	0.241	0.080	0.597	0.851	0.009	0.000	0.251	0.053	0.410	0.949	0.024

综上所述，我国 18～25 岁城市青少年年均体育消费总额之和略高于 13～17 岁城市青少年，且 13～17 岁和 18～25 岁城市青少年在实物性体育消费方面无明显差异；18～25 岁城市青少年年均劳务性消费高于 13～17 岁城市青少年，并在比赛门票、体育

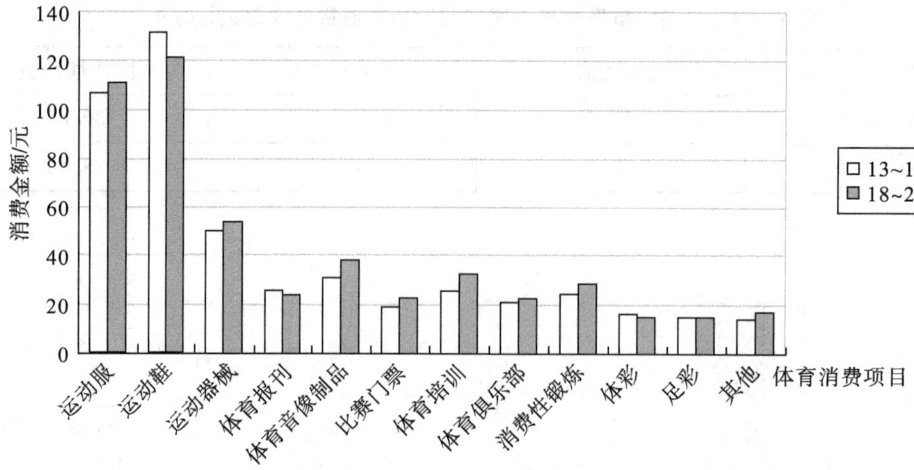

图 6-19　我国不同年龄段城市青少年体育消费结构图(元/年)

培训方面有显著性差异；在博弈性消费方面 13～17 岁城市青少年略高于 18～25 岁青少年，二者无显著性差异。以上现状说明，我国城市青少年随着年龄的增长、生活阅历的不断丰富、闲暇时间的增多对体育消费的认识程度和参与意识也会逐步提高。他们不再以追求满足物质需求为最主要目的，而更多地向通过观赏体育比赛愉悦身心和通过参加体育培训提高自身体育能力、综合素质等方面发展，以满足更高层次体育需求。但从消费金额的差距仍然可以看出随着年龄的增长，社会经验日渐丰富，18～25 岁城市青少年的消费目的更加明确，消费更具理性。同时也反映出学校和社会在加强青少年体育消费意识和能力的培养方面责任重大，都有责任引导青少年树立正确的价值观和体育消费观。从体育消费结构比较的结果看，18～25 岁城市青少年其体育消费意识和健身意识略高于 13～17 岁城市青少年，体育消费结构也从单一的实物性体育消费向更高层次和更加多元化的方向发展。

三、我国城市不同性别青少年体育消费结构比较研究

我国城市男性青少年月消费金额区间调查结果显示。除正常伙食消费有 19.51％和 26.22％的男性青少年选择了 251～300 元和 301 元以上，其余各项消费内容大都选择了 100 元以下。这说明我国男性城市青少年在零食、杂志、上网、朋友聚会、体育消费、日用品(含学习用品)、电话费及其他项目上月消费金额区间主要集中在 100 元以下，正常伙食月消费金额区间主要在 251 元以上(见表 6-55，如图 6-20 所示)。

表 6-55　我国男性城市青少年月消费金额区间调查(％)

金额/元	零食	杂志	上网	朋友聚会	体育消费	正常伙食	日用品(含学习用品)	电话费	其他
50 以下	41.37	55.65	43.49	31.58	34.17	3.66	23.25	28.39	53.94
51～100	25.73	18.19	25.46	29.37	19.38	6.21	28.63	30.77	14.49

续表

金额/元	零食	杂志	上网	朋友聚会	体育消费	正常伙食	日用品（含学习用品）	电话费	其他
101～150	11.29	14.31	14.73	16.23	20.46	11.02	20.83	17.48	14.56
151～200	9.48	7.63	6.60	11.02	11.05	15.78	12.83	12.07	12.97
201～250	2.54	0.61	4.77	3.98	3.11	17.60	2.63	3.36	0.00
251～300	2.48	0.75	0.00	1.62	2.17	19.51	3.67	2.05	2.18
301 以上	7.11	2.86	4.95	6.20	9.66	26.22	8.17	5.87	1.85

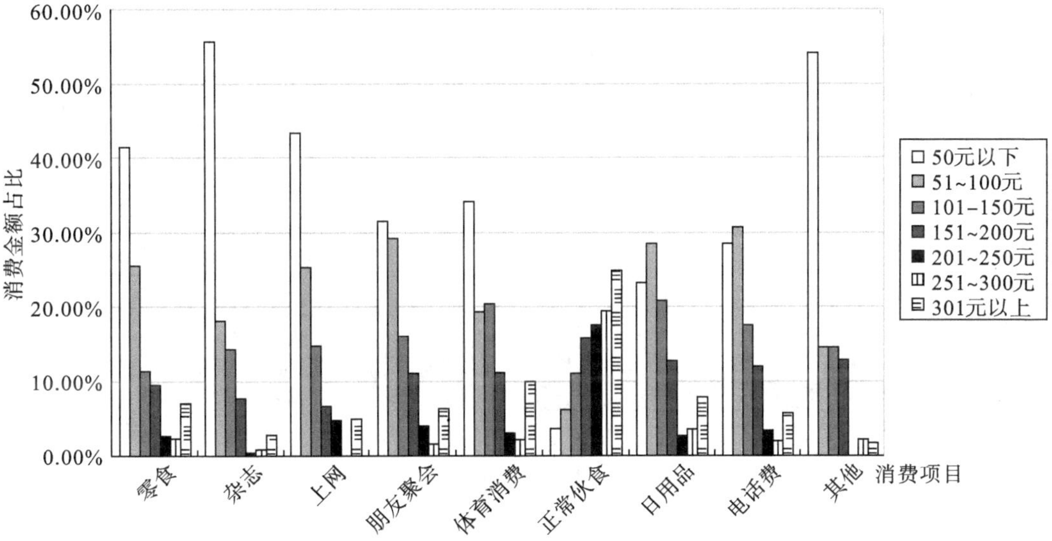

图 6－20　我国男性城市青少年月消费金额区间

我国城市女性青少年月消费金额区间调查结果显示，除正常伙食消费有 17.17％和 20.83％的女性青少年选择了 251～300 元和 301 元以上，其余各项消费内容大都选择了 100 元以下。这说明我国城市女性青少年在零食、杂志、上网、朋友聚会、体育消费、日用品(含学习用品)、电话费及其他项目上月消费金额区间主要集中在 100 元以下，正常伙食月消费金额区间主要在 251 元以上(见表 6－56，如图 6－21 所示)。

表 6－56　我国女性城市青少年月消费金额区间调查(％)

金额/元	零食	杂志	上网	朋友聚会	体育消费	正常伙食	日用品（含学习用品）	电话费	其他
50 以下	31.09	56.24	51.88	31.44	43.17	3.14	18.61	23.62	51.63
51～100	32.10	20.32	22.74	26.14	16.42	8.22	29.45	35.48	15.02
101～150	14.95	8.54	10.95	16.24	14.05	14.66	18.07	15.39	10.88
151～200	6.78	4.95	7.47	12.95	10.17	19.28	14.33	12.46	10.66

续表

金额/元	零食	杂志	上网	朋友聚会	体育消费	正常伙食	日用品（含学习用品）	电话费	其他
201～250	2.27	1.59	1.52	2.22	3.49	16.70	6.91	3.67	1.96
251～300	2.78	2.59	3.09	1.81	3.20	17.17	4.57	3.67	2.99
301 以上	10.03	5.77	2.36	9.21	9.50	20.83	8.06	5.71	6.86

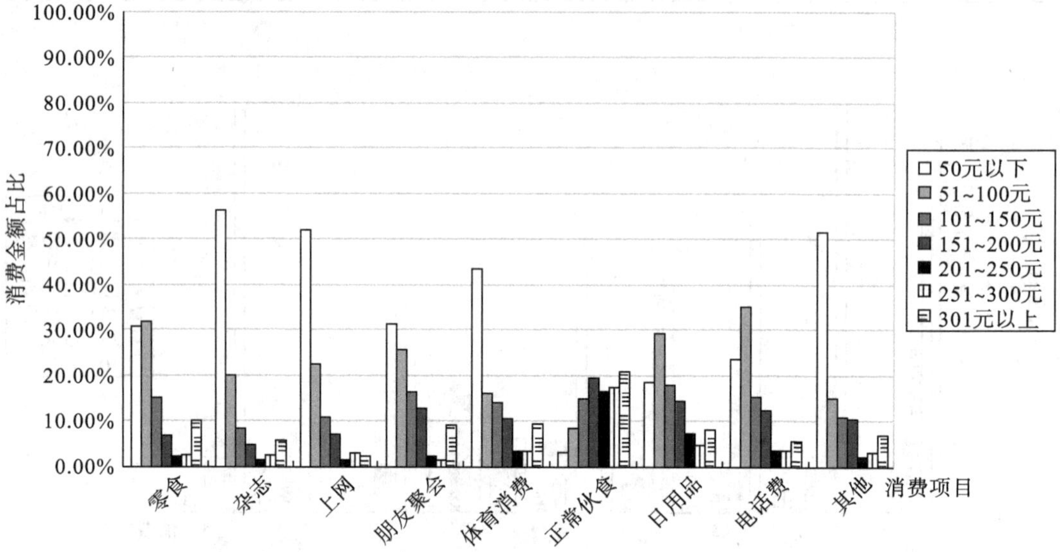

图 6－21　我国女性城市青少年月消费金额区间

我国城市男性青少年月消费金额平均为 539.33 元，女性为 536.69 元。二者消费水平基本一致；通过方差分析，男性在正常伙食、体育消费、上网消费几方面的平均消费金额高于女性，且存在非常显著性差异（$P<0.01$），女性在零食消费方面明显高于男性，存在显著性差异（$P<0.01$），在日用品（含学习用品）及电话费、杂志、朋友聚会方面等方面男女没有明显差异（$P>0.05$），（见表 6－57、表 6－58，如图 6－22 所示）。

表 6－57　我国城市不同性别青少年月消费金额比较

消费内容	零食	杂志	上网	朋友聚会	体育消费	正常伙食	日用品（含学习用品）	电话费	其他	合计
男性消费金额（元）	44.89	37.76	44.60	52.95	52.80	148.96	61.86	56.12	39.39	539.33
百分率（%）	8.32	7.00	8.27	9.82	9.79	27.62	11.47	10.41	7.30	100
女性消费金额（元）	51.48	37.13	39.82	52.04	47.74	137.69	70.52	60.30	39.97	536.69
百分率（%）	9.59	6.92	7.42	9.70	8.90	25.66	13.14	11.24	7.45	100

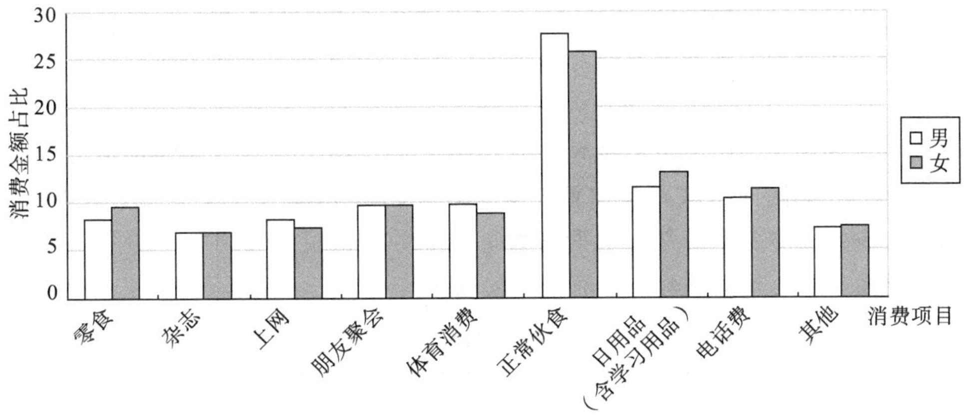

图 6－22　我国城市不同性别青少年月消费金额比例

表 6－58　我国不同性别城市青少年消费结构方差检验

消费内容	零食	杂志	上网	朋友聚会	体育消费	正常伙食	日用品（含学用品）	电话费	其他
检验值	18.986	0.067	27.669	0.000	10.230	15.945	1.367	0.619	0.728
显著性	0.000	0.796	0.000	0.984	0.001	0.000	0.243	0.432	0.394

通过平均数中值加权法计算得出，我国城市男性青少年体育消费水平略高于女性，男性城市青少年年均体育消费总金额为 495.94 元，女性为 481.38 元；其实物性体育消费男性青少年比女性高出 1.66％，略有差别，主要表现在男性城市青少年在运动服、运动鞋、运动器械几个方面的消费分别高出女性城市青少年 0.84％、1.62％、0.99％（$P<0.05$，0.01，0.05），并有显著性差异；而女性城市青少年在劳务性体育消费几项内容上的消费均高于男性，年均高出男性城市青少年 2.02％，这说明女性城市青少年的劳务性消费意识高于男性，尤其表现在参加体育俱乐部和消费性锻炼比率上，并存在显著性差异（$P<0.05$，0.5）；男性青少年的博弈性消费略高于女性城市青少年，两者仅相差 0.02％和 0.50％（$P>0.05$，0.05），不存在显著性差异（见表 6－59、表 6－60、表 6－61，如图 6－23 所示）。

表 6－59　我国不同性别城市青少年体育消费结构比较表

年龄段	指标	实物性消费					劳务性消费				博弈性消费		其他	合计
		运动服	运动鞋	运动器械	体育报刊	体育音像制品	比赛门票	体育培训	体育俱乐部	消费性锻炼	体彩	足彩		
13～17 岁	消费金额/元	111.48	128.688	55.06	25.32	35.26	21.61	26.14	20.97	14.89	25.21	15.38	15.93	495.94
	百分率/％	22.48	25.95	11.10	5.11	7.11	4.36	5.27	4.23	3.00	5.08	3.10	3.21	100
18～25 岁	消费金额/元	107.32	120.67	50.13	22.97	36.29	21.33	28.49	21.49	16.10	27.91	15.26	13.43	481.38
	百分率/％	21.64	24.33	10.11	4.63	7.32	4.30	5.74	4.33	3.25	5.63	3.08	2.71	100

以上结果反映出由于不同性别青少年在生理和心理特征方面存在的差异，使得不同性别的青少年对体育消费观的认识也有所不同，所选择的消费内容、特点和性质也有所不同。男性青少年在体育活动内容的选择上往往倾向于选择竞争性、技术性和对抗性较强的锻炼项目，所以在实物性体育消费中男性高于女性，并表现出较大的差异性。而女性一般更倾向于选择韵律性、美感较强和运动量相对较小的项目进行消费。所以女性青少年在体育俱乐部、消费性锻炼方面的经济投入较男性青少年高，表现出在劳务性体育消费上比男性青少年有更大的投入。

表 6-60　我国城市不同性别青少年体育消费结构差异显著性比较表

方差检验	运动服	运动鞋	运动器械	体育报刊	体育音像制品	比赛门票	体育培训	体育俱乐部	消费性锻炼	体彩	足彩	其他
检验值	4.161	6.659	4.871	0.034	0.088	3.679	3.968	3.644	2.356	1.672	1.772	3.758
显著性	0.032	0	0.049	0.854	0.767	0.055	0.045	0.042	0.125	0.196	0.206	0.305

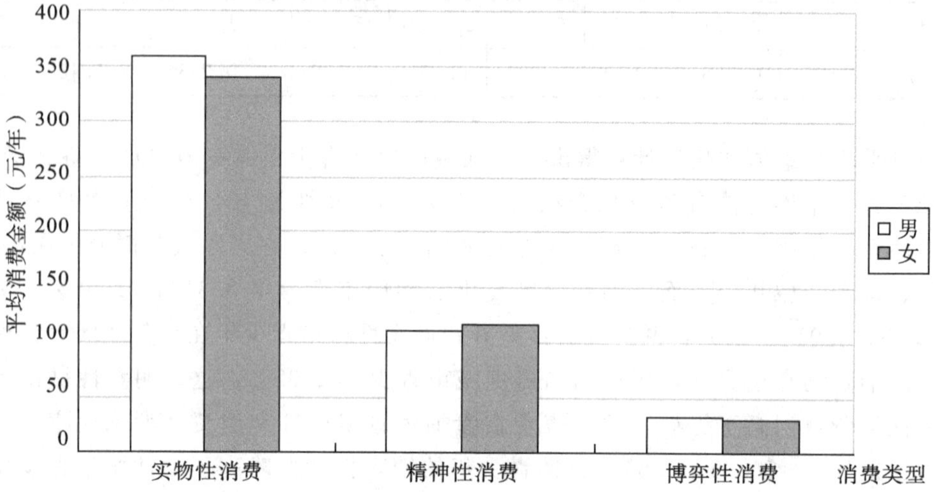

图 6-23　我国城市不同性别青少年各类型体育消费结构比较

表 6-61　我国城市不同性别青少年各类型体育消费结构比较

性别	实物性消费	劳务性消费	博弈性消费
男	355.80	108.83	31.31
女	337.38	115.32	28.69

四、我国城市青少年不同家庭收入体育消费结构比较

研究表明，我国城市青少年体育消费结构和水平在很大程度上受家庭收入的影响，

在实物性体育消费中，家庭月收入在3000元以上的城市青少年比月收入在3000元以下的城市青少年年均消费高出201.73元，主要表现在运动鞋与运动服方面的消费分别高出68.54元和74.31元（$P<0.01$，0.01），存在非常显著性差异，其各项内容消费差值在10～40元（$P<0.05$，0.05），也存在显著性差异；在劳务性体育消费中，家庭月收入在3000元以上的城市青少年比3000元以下的城市青少年年均劳务性消费高出69.22元，主要表现在体育俱乐部与消费性锻炼方面均高出20元左右（$P<0.01$，0.01），存在非常显著性差异，其他各项消费内容差值在12～17元（$P<0.05$，0.05），存在显著性差异；在博弈性体育消费中，家庭月收入在3000元以上的城市青少年比家庭月收入在3000元以下的青少年博弈性消费高出24.97元（$P<0.05$，0.05），存在显著性差异（见表6-62）。

综上所述，家庭收入对我国城市青少年体育消费水平有非常大的影响，家庭月收入愈高，可供体育消费的支出就愈高，反之就愈低。研究表明，不同家庭收入其体育消费结构也有所不同，家庭月收入在3000元以下的青少年实物性体育消费倾向较大，这一部分群体的人数也最多，也是我国城市青少年体育消费的主体。只有当家庭月收入达到3000元以上时，我国城市青少年的体育消费的总体水平才会有较大幅度的提高，劳务性体育消费才会有较明显的改善。

表6-62　我国不同家庭收入城市青少年体育消费结构比较表

家庭收入	实物性消费（元）					劳务性消费（元）				博弈性消费（元）		其他（元）
	运动服	运动鞋	运动器械	体育报刊	体育音像制品	比赛门票	体育培训	体育俱乐部	消费性锻炼	体彩	足彩	
3000元以上	157.35	179.86	75.34	31.8	44.57	32.1	38.03	38.03	40.21	23.18	28.66	20.84
3000元以下	88.81	105.55	41.8	20.85	30.18	15.97	25.1	17.61	20.47	12.24	14.63	12.45
方差	68.54	74.31	33.54	10.95	14.39	16.13	12.93	20.42	19.74	10.94	14.03	8.39
检验值	48.85	44.079	6.037	20.295	8.957	10.711	12.329	84.41	76.077	11.088	14.736	15.418
显著性	0	0	0.040	0.036	0.003	0.035	0.020	0	0	0.025	0.021	0.031

第五节　小　结

（1）我国体育消费类型可分为实物型体育消费、参与型体育消费、观赏型体育消费、体育彩票消费、体育传媒与信息消费5大类。从我国城镇居民体育消费结构的现状特征来看，城镇居民体育消费结构整体构成呈现显著性差异，具有明显的性别、年龄、文化程度、地域、职业和收入特征。整体来看，实物型体育消费所占比例仍位居第一，参与型体育消费紧随其后，其他三类体育消费占比较低。前两类消费共占全部体育消费总额的96%以上，几乎是全部的体育消费支出项目。参与型边际消费倾向最高，实物型体育消费次之，随着居民可支配收入的增长，这两类消费的增长趋势显著高于其他类型，未来在实物型体育消费为主导的形势下，参与型消费将异军突起，成为居民体育消费的新热点。

(2)笔者根据城镇居民体育消费结构不同的特征差异，总结出如下特点：①性别差异对消费需求的影响表现为男性居民更偏好观赏性、彩票和传媒与信息等体育消费，女性更加喜欢实物型体育消费，参与型消费受性别影响不显著。②不同文化程度的居民对各类型体育消费差异显著，总的趋势是随着文化水平的提高，居民的体育消费结构越来越趋向于多元化，不仅重视物质体育消费，同时还注重精神性体育消费。③19～55岁的消费者对各种类型的消费均有显著的正向偏好，是目前体育消费的主要群体。④我国中部地区城镇居民在参与型项目上的收入弹性最大，西部地区在彩票项目上最高，东北地区在实物型、观赏型和传媒与信息项目上最高；东部地区居民的实物型、参与型的消费金额相对较高但需求弹性相对较小，对各类型体育消费项目的需求相对均衡。

根据上述特征差异，为了进一步优化我国城镇居民体育消费结构，笔者提出以下建议：①大力发展经济，提高城镇居民收入水平，努力缩小西部地区、东北部地区居民与发达地区居民的收入差距；强化政策配套，完善社会保障制度，减轻居民在教育、住房、就业、医保等方面的生活负担，使居民有足够的闲暇时间和财力投入体育消费。②针对居民参与型体育消费在边际消费倾向方面的突出地位，建议集中资源优先发展体育健身休闲活动、体育教育与培训等参与型体育消费市场，从人员培训、政策配套、资金投入、制度建设和科研创新等方面入手，共同营造良好的产业发展生态，将参与型消费培养成为支撑体育产业发展的新热点。③针对不同区域居民体育消费的收入弹性特征，在产业发展规划和布局方面做到总体均衡、各有侧重、优势互补。以需求为导向，发掘市场潜力，提供满足本地区居民有迫切消费需求的物质产品与服务产品，打造一批具有鲜明地域特色的品牌产业，注意不同区域间的资源调配和体育产业分类搭配，形成相互融合、优势互补的发展格局，推进我国体育产业的协调均衡发展。

(3)居民文化程度是影响我国西部城镇居民体育消费水平的重要因素，其对年体育消费总额的影响具有非常显著的正向作用，居民文化程度每提高一层级，其年体育消费总额平均增加1082.58元；当达到大学文化程度时，体育消费金额开始有较大程度的提高；文化程度越高的人群体育消费金额的离散程度越高，文化程度越低的人群体育消费金额的离散程度越趋于集中。西部地区城镇居民的文化程度越高，实物型、参与型、观赏型体育消费和体育传媒与信息消费的金额越高；但是体育彩票消费金额并没有随文化程度的改变表现出规律性的特征；居民文化程度越高，实物型体育消费在消费结构中的占比总体上越低，而参与型体育消费在体育消费结构中的占比总体上越高；各文化程度的居民观赏型体育消费、体育传媒与信息消费、体育彩票消费在体育消费结构中的占比较低且差异不大。建议进一步完善体育消费市场，针对不同文化程度城镇居民体育消费结构的变化、特征和需求开发相应的体育产品和健身场所，提供优质的体育服务，尤其加大对健身娱乐、竞赛表演产业的扶持力度，不断提高市场竞争力。

(4)现阶段我国城市青少年体育消费仍以实物性消费为主、劳务性消费为辅，其中对体育信息的关注程度普遍提高，同时也出现了一定数量的博弈性消费，反映出我国城市青少年体育消费整体水平仍处在较低层次，不同性别、年龄、家庭收入的青少年体育消费结构呈显著性差异。随着全国亿万学生阳光体育运动的广泛开展、2008年北京奥运会的成功举办和国家对体育宣传的加强，体育消费环境的日益优化、高水平运动竞赛项目的不断增多，将吸引更多的青少年积极参加体育锻炼，我国城市青少年的劳务性体育消费水平将大幅度提高。

第七章　我国体育产业结构合理化评价与优化升级研究

随着社会的不断进步，体育产业已成为我国经济发展的重要组成部分，同时也在提升人们生活品质、满足更高层次消费需求方面发挥着越来越重要的作用。现阶段，我国体育产业的发展虽已初具规模，但与西方发达国家相比还存在显著差距，如产业区域布局不合理、资源配置不到位、产业政策不完善、管理人才缺乏、服务与产品创新不足、各产业部门之间缺乏协调配合等都严重阻碍了我国体育产业的健康可持续发展。

国家为了鼓励体育产业发展，相继出台了一系列方针与政策，为加快发展体育产业、促进体育消费和推动大众健康指明了方向，明确了以建立布局合理、功能完善、门类齐全的体育产业体系作为近期体育产业的发展目标，并将创新体制机制、培育多元主体、改善产业布局、促进融合发展等作为发展体育产业的重要任务①。

体育产业结构的合理化和高级化是体育产业能够成为新的经济增长点的关键，是体育产业能够快速发展的前提，也是使体育资源得到充分利用，满足人民群众合理、有效体育需求的有力支撑。因此，本研究采用文献资料、逻辑推理、层次分析等研究方法，就我国体育产业结构合理化评价与优化升级进行深入研究，其目的是为推动我国体育产业结构的合理化和高级化，加快经济发展提供决策依据。

第一节　层次分析法原理及分析步骤

一、层次分析法基本原理

层次分析法是指将一个复杂的无结构的问题分解为多个组成因素，并将这些因素按支配关系进一步分解，按目标层、准则层、指标层等排列起来，形成一个多目标、多层次的模型，形成有序的递阶层次结构。将同一层次各个元素相与一层指标通过两两比较判断的方式，确定其相对重要性，运用层次分析法对体育产业结构的合理化进行评价，也就是通过一定的统计方法，将不能进行直接计算或无可比性的体育产业结构指标描述值转化为可以直接计算并具有可比性的评价值，再运用一定的方法，对综合评价的各项指标赋予不同的权重系数，最终求得体育产业结构合理化的综合评价，从而为体育产业结构合理调整提供决策依据。

---

①中国政府网：http：//www.gov.cn/gongbao/content/2014/content_2771071.htm.

二、层次分析法的基本步骤

(一)确定研究对象的影响因素

通过梳理国内外专家学者对体育产业结构优化的研究、体育产业政策的研究和体育产业结构优化升级对策的研究成果，归纳确定了我国体育产业结构现状评价指标。

(二)构建层次结构模型

本研究根据国家统计局2019年发布的《体育产业统计分类》并参照了学者刘远祥在《体育产业结构优化研究》中的体育产业结构评价指标体系，建立了我国体育产业结构合理化评价层次结构模型①。该结构模型分为：A目标层(A体育产业结构合理化)；B准则层(B1合目的性、B2内外部环境适应性)；C指标层(包括8个子因素C1～C8)；D项目层(包括11个子因素D1～D11)，具体层次结构模型如图7-1所示。

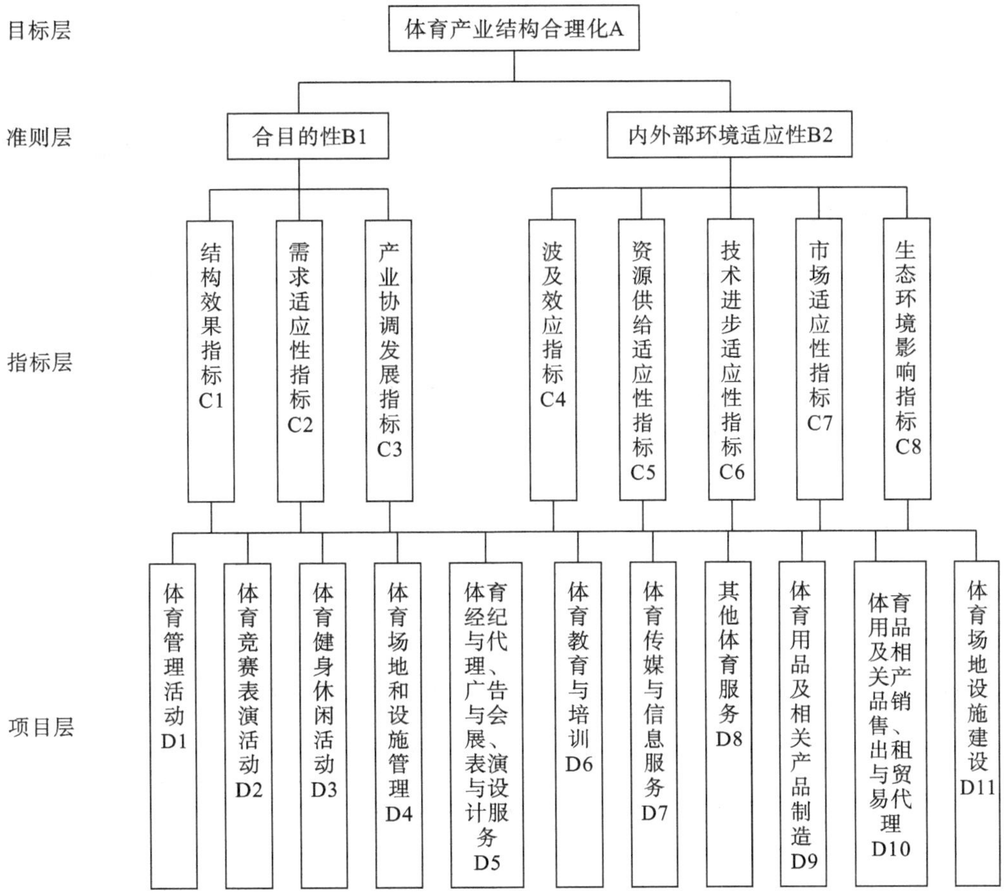

图7-1　我国体育产业结构合理性评价模型

①刘远祥．体育产业结构优化研究[M]．济南：山东大学出版社，2015.

(三)构造判断(成对比较)矩阵

以 A 表示目标，u_i、u_j(i，j=1，2，…，n)表示因素。u_{ij}表示u_i对u_j的相对重要性数值。并由u_{ij}组成 A－U 判断矩阵 $\boldsymbol{P}$，u_{ij}的取值参考 Saaty 的 1～9 标度法。

$$\boldsymbol{P}=\begin{bmatrix} u_{11} & u_{11} & \cdots & u_{1n} \\ u_{11} & u_{11} & \cdots & u_{1n} \\ \vdots & \vdots & & \vdots \\ u_{n1} & u_{n1} & \cdots & u_{nn} \end{bmatrix}$$

为了客观评价我国体育产业结构合理化，针对我国体育产业结构合理化评价指标选择及各指标的重要性两两比较向 15 位专家进行了两轮函询，并根据第二次函询结果，取平均值构建判断矩阵，并输入到迈实层次分析法软件中。

(四)计算各因素权重

根据输入的专家判断矩阵，求出其最大特征根 $\lambda_{\max}$所对应的特征向量 w。方程如下：

$$\boldsymbol{P}_w=\lambda_{\max}\cdot w$$

所求特征向量 w 经归一化，即为体育产业结构各项目的重要性权重分配。

(五)一致性检验

所得的权重是否有效合理要通过判断矩阵一致性的检验，检验公式如下：

$$\mathrm{CI}=\frac{\lambda_{\max}-n}{n-1},\mathrm{CR}=\frac{\mathrm{CI}}{\mathrm{RI}}$$

CR 为判断矩阵的随机一致性比率，CI 为判断矩阵的一致性指标；RI 为判断矩阵的平均随机一致性指标，1～9 阶的判断矩阵的 RI 值参见表 7－1。

表 7－1　随机一致性指标 RI 值

n	1	2	3	4	5	6	7	8	9
RI	0	0	0.52	0.89	1.12	1.26	1.36	1.41	1.46

当判断矩阵 $\boldsymbol{P}$ 的 CR＜0.1 时，认为 $\boldsymbol{P}$ 具有满意的一致性，判断矩阵是可以接受的。

第二节　层次分析结果与讨论

一、层次分析评价结果

运用评价模型通过迈实层次分析法软件进行层次分析，结果见表 7－2、表 7－3。

表 7-2　体育产业结构合理化判断矩阵

体育产业结构合理化	合目的性	内外部环境相适应性	权重(wi)
合目的性	1	1.0188	0.5047
内外部环境相适应性	0.9815	1	0.4953

注：$\lambda_{max}=2$；CR=0；CI=0

修正后计算权重矩阵：体育产业结构合理→合目的性 $\lambda_{max}=3$；CR=0；CI=0。

表 7-3　合目的性判断矩阵

合目的性	需求适应性指标	结构效果指标	产业协调发展指标	权重(wi)
需求适应性指标	1	1.4071	1.7265	0.4367
结构效果指标	0.7107	1	1.2265	0.3103
产业协调发展指标	0.5792	0.8154	1	0.253

注：$\lambda_{max}=3$；CR=0；CI=0

表 7-4　内外部环境相适应性判断矩阵

内外部环境适应性	波及效应指标	资源供给适应性指标	技术进步适应性指标	市场适应性指标	生态环境影响指标	权重(wi)	排序
波及效应指标	1	0.4975	0.8632	0.7081	0.9957	0.1519	5
资源供给适应性指标	2.0101	1	1.739	1.4104	2.0035	0.3049	1
技术进步适应性指标	1.1584	0.575	1	0.8159	1.1548	0.1757	3
市场适应性指标	1.4122	0.709	1.2256	1	1.416	0.2154	2
生态环境影响指标	1.0043	0.4991	0.8659	0.7062	1	0.1522	4

注：$\lambda_{max}=5$；CR=0；CI=0

备注：为表述方便起见，将各体育产业名称简称如下。

(1)体育用品及相关产品制造简称为产品制造；

(2)体育用品及相关产品销售、出租与贸易代理简称为产品销售；

(3)体育教育与培训简称为教育培训；

(4)其他体育服务简称为其他服务；

(5)体育健身休闲活动简称为健身休闲；

(6)体育管理活动简称为管理活动；

(7)体育场地和设施管理简称为场地管理；

(8)体育传媒与信息服务简称为传媒信息；

(9)体育经纪与代理、广告与会展、表演与设计服务简称为经纪代理；

(10)体育场地设施建设简称为场地建设；

(11)体育竞赛表演活动简称为竞赛表演；

（以下表格中均使用上述简称）

表 7－5　需求适应性判断矩阵

需求适应性	D1	D2	D3	D4	D5	D6	D7	D8	D9	D10	D11	权重(wi)
管理活动 D1	1	1.1282	0.9228	0.757	1.1291	0.6573	1.0662	0.8466	0.3777	0.5346	1.1353	0.0705
竞赛表演 D2	0.8864	1	0.8184	0.6647	1.0004	0.5765	0.9421	0.7441	0.3325	0.4734	0.9977	0.0622
健身休闲 D3	1.0836	1.2218	1	0.8199	1.2196	0.7091	1.1532	0.9114	0.4068	0.5795	1.2196	0.0761
场地管理 D4	1.321	1.5044	1.2196	1	1.4964	0.863	1.4129	1.1222	0.5024	0.7056	0.6669	0.0866
经纪代理 D5	0.8857	0.9997	0.82	0.6683	1	0.5762	0.9454	0.7433	0.3331	0.4697	0.9987	0.0622
教育培训 D6	1.5214	1.7345	1.4103	1.1587	1.7354	1	1.6291	1.288	0.5775	0.8176	1.7352	0.1077
传媒信息 D7	0.9379	1.0615	0.8671	0.7078	1.0578	0.6138	1	0.7902	0.3531	0.4989	1.0564	0.0659
其他服务 D8	1.1811	1.344	1.0972	0.8911	1.3454	0.7764	1.2655	1	0.4491	0.6345	1.3451	0.0835
产品制造 D9	2.6476	3.0072	2.4584	1.9903	3.0021	1.7317	2.8322	2.2266	1	1.4075	3.0031	0.1864
产品销售 D10	1.8707	2.1124	1.7255	1.4172	2.129	1.2232	2.0046	1.576	0.7105	1	2.1292	0.1319
场地建设 D11	0.8808	1.0023	0.8199	1.4995	1.0013	0.5763	0.9466	0.7434	0.333	0.4697	1	0.0669

注：λ_{max}＝11.0503；CR＝0.0033；CI＝0.005

表 7－6　结构效果判断矩阵

结构效果	D1	D2	D3	D4	D5	D6	D7	D8	D9	D10	D11	权重(wi)
管理活动 D1	1	1.2586	0.7721	1.097	1.1782	0.7777	1.0925	0.896	0.632	0.4473	1.2665	0.0783
竞赛表演 D2	0.7945	1	0.6138	0.8635	0.9357	0.6115	0.8653	0.7059	0.4988	0.355	0.9977	0.0619
健身休闲 D3	1.2952	1.6291	1	1.4202	1.5211	1.0028	1.4124	1.1528	0.8136	0.5795	1.6261	0.1011
场地管理 D4	0.9116	1.1581	0.7041	1	1.0775	0.7047	0.999	0.8195	0.5802	0.4074	0.8663	0.0696
经纪代理 D5	0.8488	1.0687	0.6574	0.928	1	0.6534	0.9283	0.7538	0.5341	0.3766	1.0676	0.0662
教育培训 D6	1.2858	1.6353	0.9972	1.4191	1.5305	1	1.4108	1.152	0.8167	0.5781	1.6359	0.1011
传媒信息 D7	0.9153	1.1556	0.708	1.001	1.0772	0.7088	1	0.8161	0.5766	0.4073	1.1501	0.0715
其他服务 D8	1.1161	1.4167	0.8674	1.2202	1.3266	0.8681	1.2253	1	0.7101	0.5016	1.4178	0.0877
产品制造 D9	1.5822	2.0048	1.2292	1.7237	1.8721	1.2245	1.7343	1.4082	1	0.7038	2.0021	0.1238
产品销售 D10	2.2359	2.8165	1.7255	2.4546	2.6554	1.7298	2.4551	1.9935	1.421	1	2.8389	0.1752
场地建设 D11	0.7896	1.0023	0.615	1.1543	0.9366	0.6113	0.8695	0.7053	0.4995	0.3522	1	0.0636

注：λ_{max}＝11.0062；CR＝0.0004；CI＝0.0006

表 7－7　产业协调发展判断矩阵

产业协调发展	D1	D2	D3	D4	D5	D6	D7	D8	D9	D10	D11	权重(wi)
管理活动 D1	1	0.9307	0.4984	0.9367	0.8623	0.7937	0.8637	0.6134	0.7066	0.3536	1.062	0.0644
竞赛表演 D2	1.0744	1	0.5358	0.9971	0.9261	0.8439	0.9251	0.6535	0.7541	0.3796	1.1313	0.0688
健身休闲 D3	2.0065	1.8664	1	1.8787	1.7247	1.5855	1.7298	1.2227	1.4091	0.7098	2.1124	0.1287
场地管理 D4	1.0676	1.0029	0.5323	1	0.9236	0.8422	0.9249	0.6571	0.7596	0.3772	0.8822	0.0673
经纪代理 D5	1.1596	1.0797	0.5798	1.0827	1	0.9111	1.0027	0.7051	0.8159	0.4068	1.2231	0.0744
教育培训 D6	1.2599	1.1849	0.6307	1.1873	1.0975	1	1.0928	0.7728	0.8946	0.4478	1.3441	0.0814
传媒信息 D7	1.1578	1.081	0.5781	1.0812	0.9973	0.9151	1	0.7068	0.8154	0.4073	1.2198	0.0743
其他服务 D8	1.6301	1.5302	0.8178	1.5219	1.4182	1.294	1.4149	1	1.1596	0.5792	1.7365	0.1053
产品制造 D9	1.4152	1.326	0.7097	1.3165	1.2256	1.1178	1.2264	0.8624	1	0.4976	1.5016	0.091
产品销售 D10	2.8282	2.6346	1.4088	2.6513	2.4584	2.2332	2.4551	1.7264	2.0095	1	3.0111	0.1822
场地建设 D11	0.9416	0.884	0.4734	1.1335	0.8176	0.744	0.8198	0.5759	0.666	0.3321	1	0.0621

注：$\lambda_{max}=11.0047$；CR＝0.0003；CI＝0.0005

表 7－8　波及效应判断矩阵

波及效应	D1	D2	D3	D4	D5	D6	D7	D8	D9	D10	D11	权重(wi)
管理活动 D1	1	0.995	1.2868	1.7345	1.7247	1.4199	1.1516	1.5302	0.5769	0.5774	1.6351	0.0977
竞赛表演 D2	1.005	1	1.294	1.727	1.7327	1.4122	1.1538	1.5249	0.576	0.5798	1.6292	0.0977
健身休闲 D3	0.7771	0.7728	1	1.3473	1.336	1.0985	0.8933	1.1813	0.4456	0.4489	1.2596	0.0757
场地管理 D4	0.5765	0.579	0.7422	1	0.9976	0.8137	0.666	0.8852	0.3349	0.3326	1.061	0.057
经纪代理 D5	0.5798	0.5771	0.7485	1.0024	1	0.8149	0.6685	0.8794	0.3331	0.3321	0.9416	0.0564
教育培训 D6	0.7043	0.7081	0.9103	1.229	1.2271	1	0.8145	1.0776	0.4083	0.4088	1.1568	0.0691
传媒信息 D7	0.8683	0.8667	1.1195	1.5014	1.4959	1.2277	1	1.3222	0.4993	0.4989	1.4085	0.0846
其他服务 D8	0.6535	0.6558	0.8465	1.1297	1.1371	0.928	0.7563	1	0.3796	0.3792	1.0718	0.0641
产品制造 D9	1.7333	1.7362	2.2442	2.9855	3.0021	2.449	2.0026	2.6346	1	0.9953	2.8314	0.1692
产品销售 D10	1.7319	1.7248	2.2276	3.0062	3.0109	2.4463	2.0046	2.6371	1.0048	1	2.8389	0.1693
场地建设 D11	0.6116	0.6138	0.7939	0.9425	1.062	0.8645	0.71	0.933	0.3532	0.3522	1	0.0592

注：$\lambda_{max}=11.0011$；CR＝0.0001；CI＝0.0001

表 7－9　资源供给适应性判断矩阵

资源供给适应性	D1	D2	D3	D4	D5	D6	D7	D8	D9	D10	D11	权重(wi)
管理活动 D1	1	1.1282	0.8424	0.757	0.9219	0.5367	0.9233	0.6558	0.3777	0.378	1.0704	0.0619
竞赛表演 D2	0.8864	1	0.7471	0.6647	0.8168	0.4707	0.8159	0.5764	0.3325	0.3347	0.9406	0.0546
健身休闲 D3	1.187	1.3385	1	0.8982	1.0908	0.6342	1.094	0.7733	0.4456	0.4489	1.2596	0.0732
场地管理 D4	1.321	1.5044	1.1133	1	1.2218	0.7047	1.2236	0.8692	0.5024	0.499	0.7074	0.0769
经纪代理 D5	1.0847	1.2243	0.9167	0.8185	1	0.5762	1.0027	0.7051	0.408	0.4068	1.1532	0.0669
教育培训 D6	1.8634	2.1244	1.5768	1.4191	1.7354	1	1.7279	1.2219	0.7072	0.708	2.0036	0.1158
传媒信息 D7	1.083	1.2257	0.914	0.8173	0.9973	0.5787	1	0.7068	0.4077	0.4073	1.1501	0.0668
其他服务 D8	1.5249	1.735	1.2931	1.1504	1.4182	0.8184	1.4149	1	0.5798	0.5792	1.6372	0.0947
产品制造 D9	2.6476	3.0072	2.2442	1.9903	2.4512	1.4139	2.4527	1.7247	1	0.9953	2.8314	0.1637
产品销售 D10	2.6455	2.9874	2.2276	2.0042	2.4584	1.4124	2.4551	1.7264	1.0048	1	2.8389	0.1638
场地建设 D11	0.9342	1.0631	0.7939	1.4137	0.8672	0.4991	0.8695	0.6108	0.3532	0.3522	1	0.0617

注：λ_{max}＝11.0365；CR＝0.0024；CI＝0.0036

表 7－10　技术进步适应性判断矩阵

技术进步适应性	D1	D2	D3	D4	D5	D6	D7	D8	D9	D10	D11	权重(wi)
管理活动 D1	1	1.3349	1.2608	1.097	1.0908	1.0998	0.9973	0.896	0.7741	1.1833	0.7756	0.0925
竞赛表演 D2	0.7491	1	0.945	0.8141	0.8168	0.8153	0.7448	0.6655	0.576	0.8856	0.576	0.069
健身休闲 D3	0.7931	1.0582	1	0.8697	0.8624	0.8684	0.7895	0.706	0.6102	0.939	0.6098	0.0732
场地管理 D4	0.9116	1.2283	1.1499	1	0.9976	0.9965	0.912	0.8195	0.7105	1.0779	1.4147	0.09
经纪代理 D5	0.9168	1.2243	1.1596	1.0024	1	0.9981	0.9154	0.8142	0.7066	1.0762	0.7062	0.0845
教育培训 D6	0.9092	1.2265	1.1515	1.0035	1.0019	1	0.9107	0.8146	0.7072	1.0815	0.7084	0.0845
传媒信息 D7	1.0027	1.3427	1.2666	1.0965	1.0925	1.0981	1	0.894	0.7736	1.1805	0.7715	0.0926
其他服务 D8	1.1161	1.5026	1.4165	1.2202	1.2282	1.2276	1.1186	1	0.8697	1.3272	0.8683	0.1036
产品制造 D9	1.2919	1.7362	1.6389	1.4074	1.4152	1.4139	1.2927	1.1498	1	1.5203	1.001	0.1195
产品销售 D10	0.8451	1.1291	1.065	0.9277	0.9292	0.9246	0.8471	0.7535	0.6578	1	0.6571	0.0783
场地建设 D11	1.2894	1.736	1.6399	0.7069	1.4161	1.4117	1.2962	1.1517	0.999	1.5219	1	0.1122

注：λ_{max}＝11.0367；CR＝0.0024；CI＝0.0037

表 7－11　市场适应性判断矩阵

市场适应性	D1	D2	D3	D4	D5	D6	D7	D8	D9	D10	D11	权重(wi)
管理活动 D1	1	1.2186	1.0766	1.0014	1.1498	0.5797	0.9104	0.8179	0.7066	0.4083	1.1562	0.0746
竞赛表演 D2	0.8206	1	0.884	0.8141	0.9431	0.4707	0.7448	0.6655	0.576	0.3347	0.9406	0.061
健身休闲 D3	0.9288	1.1312	1	0.9297	1.0645	0.536	0.8441	0.7547	0.6523	0.3794	1.0645	0.0691
场地管理 D4	0.9986	1.2283	1.0756	1	1.1519	0.5754	0.912	0.8195	0.7105	0.4074	0.8663	0.0727
经纪代理 D5	0.8697	1.0603	0.9394	0.8681	1	0.499	0.7927	0.7051	0.6119	0.3523	0.9987	0.0647
教育培训 D6	1.7251	2.1244	1.8657	1.7381	2.0038	1	1.5773	1.4109	1.225	0.708	2.0036	0.1294
传媒信息 D7	1.0984	1.3427	1.1847	1.0965	1.2615	0.634	1	0.894	0.7736	0.4462	1.2598	0.0818
其他服务 D8	1.2226	1.5026	1.325	1.2202	1.4182	0.7088	1.1186	1	0.8697	0.5016	1.4178	0.0916
产品制造 D9	1.4152	1.7362	1.5331	1.4074	1.6341	0.8163	1.2927	1.1498	1	0.5746	1.6347	0.1056
产品销售 D10	2.4493	2.9874	2.6357	2.4546	2.8387	1.4124	2.2412	1.9935	1.7403	1	2.8389	0.183
场地建设 D11	0.8649	1.0631	0.9394	1.1543	1.0013	0.4991	0.7937	0.7053	0.6117	0.3522	1	0.0664

注：$\lambda_{max}=11.0062$；CR＝0.0004；CI＝0.0006

表 7－12　生态环境影响判断矩阵

生态环境影响	D1	D2	D3	D4	D5	D6	D7	D8	D9	D10	D11	权重(wi)
管理活动 D1	1	2.6325	1.4097	2.2392	1.7247	2.008	2.4429	1.7351	2.8265	2.0002	3.0038	0.173
竞赛表演 D2	0.3799	1	0.5358	0.8427	0.6549	0.7548	0.9251	0.6535	1.0665	0.7591	1.1313	0.0654
健身休闲 D3	0.7094	1.8664	1	1.5878	1.2196	1.4181	1.7298	1.2227	1.9928	1.4196	2.1124	0.1224
场地管理 D4	0.4466	1.1867	0.6298	1	0.7727	0.8913	1.0944	0.7775	1.271	0.8926	0.7456	0.0734
经纪代理 D5	0.5798	1.527	0.82	1.2941	1	1.1525	1.4181	0.9972	1.6318	1.1505	1.7298	0.1
教育培训 D6	0.498	1.3248	0.7052	1.1219	0.8677	1	1.2218	0.864	1.4145	1.0013	1.5027	0.0865
传媒信息 D7	0.4093	1.081	0.5781	0.9137	0.7052	0.8185	1	0.7068	1.1532	0.8146	1.2198	0.0707
其他服务 D8	0.5763	1.5302	0.8178	1.2862	1.0028	1.1574	1.4149	1	1.6399	1.1585	1.7365	0.1001
产品制造 D9	0.3538	0.9377	0.5018	0.7868	0.6128	0.707	0.8672	0.6098	1	0.7038	1.0618	0.0612
产品销售 D10	1/2	1.3173	0.7044	1.1204	0.8692	0.9987	1.2275	0.8632	1.421	1	1.5056	0.0866
场地建设 D11	0.3329	0.884	0.4734	1.3412	0.5781	0.6655	0.8198	0.5759	0.9418	0.6642	1	0.0609

注：$\lambda_{max}=11.0261$；CR＝0.0017；CI＝0.0026

二、准则层体育产业结构合理化评价与分析

合目的性和内外环境的适应性是我们评价产业结构的主要依据，也是评价产业结构是否合理的重要原则。评价体育产业结构是否合理，就必须要考察它对实现经济目标的合目的性和内外部环境的适应性、内部是否协调统一、各种资源是否被充分利用。层次分析结果表明，准则层 CR=0，说明该矩阵具有满意的一致性(见表 7－13)。

合目的性权重为 50.47%，说明合目的性对于体育产业结构合理化起重要作用。合目的性是指产业结构与实现社会经济活动的总目标相一致，即产业结构能够适应市场需求变化，具有较高的整体结构效果和各产业之间协调发展；内外部环境相适应性权重为 49.93%，同样对体育产业结构合理化起主要作用。内部环境是指产业结构内部各产业间的联系，各产业互为环境，必须相互协调发展；外部环境是指不依赖于产业活动而客观存在的客观事物，如资源条件、地理条件、劳动力(或人口)人数等，它们是制约产业发展的重要因素。内外部环境适应性是指制约产业结构的所有内部和外部因素之间要彼此协调、相互适应，实现产业结构效益最大化。

表 7－13　体育产业结构合理化判断矩阵

准则层	合目的性	内外部环境相适应性	权重(wi)
合目的性	1	1.0188	0.5047
内外部环境相适应性	0.9815	1	0.4953

注：$\lambda_{max}=2$；CR=0；CI=0

三、指标层体育产业结构合理化评价与分析

(一)体育产业结构合理化合目的性的评价与分析

在指标层，各因素相对于合目的性的权重排序依次是：需求适应性指标 43.67%，结构效果指标为 31.03%，产业协调发展指标 25.30%(见表 7－14)。说明在指标层中，需求适应性在实现产业结构合理化的合目的性方面起关键作用，结构效果和产业协调发展起重要作用。

表 7－14　合目的性判断矩阵

指标层	需求适应性指标	结构效果指标	产业协调发展指标	权重(wi)
需求适应性指标	1	1.4071	1.7265	0.4367
结构效果指标	0.7107	1	1.2265	0.3103
产业协调发展指标	0.5792	0.8154	1	0.253

注：$\lambda_{max}=3$；CR=0；CI=0

需求适应性指标是反映体育产业结构与社会经济需求结构的适应程度。需求结构

是产业结构演变的根本动因，应该从需求结构出发，推动产业结构的合理化①。市场经济下的经济活动的目的，就是为了满足市场的需求，体育产业结构作为一个资源的转换系统，其最基本的要求就是它的产出能够满足市场不同群体对体育产品多元化的需求。当某产业与社会需求充分适应时，说明产业结构处于协调发展状态，不会出现产品过剩和短缺；当市场需求大于产业生产能力时，市场表现为供不应求，如果连续多年出现这种情况，表明该产业已成为瓶颈产业，应加快其发展；当市场需求小于产业生产能力时，市场表现为供过于求，将会导致大量积压。正因为如此，对市场需求的适应程度也就成了判断一个产业结构是否合理的标准之一。随着经济的发展和人民生活水平的提高，人们对体育产品的需求结构会不断提升和变化，为了满足不断变化的需求结构的要求，必须通过调整体育产品供给结构的办法来实现两者的均衡(包括需求收入、弹性生产收入、弹性和需求生产弹性差值的均衡)。两者适应程度越高，则体育产业结构越合理。

结构效果指标是通过对不同产业结构经济效果的对比，对体育产业结构进行评价。产业结构理论研究从最终目的上来说，就是寻求产业结构效益的最大化，产业结构所体现的结构效益的高低，是对结构变化与效益变化因果关系的客观反映。具体来说，就是在相同投入情况下，产出越大说明产业结构越合理；相同产出情况下，投入消耗越小，产业结构越合理。由于体育产业结构的变化不可避免地带来经济效益的变化，这种变化的大小就意味着体育产业结构合理化的程度包括体育产业结构变化是体育产业总产出的增长和人、财、物投入成本的降低②。

产业协调发展指标是指各内部构成之间的协调发展情况，它是由体育产业结构的整体性决定的，各产业之间具有协调关系，要求产业之间保持合理的投入与产出关系，各产业之间相互依赖和相互促进，有较强的灵活性和转换能力，在生产、分配、交换、消费各个环节之间能和谐运作。相关产业间在价值创造能力、产业增长速度、技术进步速度和劳动生产率等方面不存在显著的不平衡，任何一个产业结构系统内部存在多种协调关系，如果缺乏产业间协调，就会削弱系统的生产能力和总的产出能力，当一个产业结构系统存在瓶颈产业时，整个系统的生产能力将受到限制，而各产业是否协调发展，主要标志是各产业的生产能力，能否配套体育产品的生产分配、交换和消费是否顺畅进行，在各产业协调发展的状态下，体育资源才没有或很少有闲置和浪费现象，如果体育产业结构中，有的部门生产能力过大而有的部门生产能力过小，则必然是短缺或短缺与过剩同时存在的不合理结构，对于一个合理的产业结构来说，在处理产业间均衡的比例关系上应该具备较强的自组织能力，在产业间的比例关系不均衡时，能够通过产业结构系统的自组织的机制调整，使得系统内部各产业之间的比例关系恢复到相对均衡的状态。

---

①傅家荣．消费需求结构是产业结构演进的根本：需求结构与产业结构关系问题的思考[J]．消费经济，1997(2)：22-27.

②胡昌铸．产业结构分析评价指标的建立与应用[J]．当代经济科学，1989(5)：42-50.

因此在体育产业结构优化升级的过程中，应针对市场需求和产业协调发展需求，重点考虑结构效果调整的作用，处理好体育产业各部门间的相互关系，确保相关产业间的协调发展，使资源配置得到最大程度的合理运用。

(二)体育产业结构合理化内外部环境适应性的评价与分析

在指标层，各因素相对于内外部环境适应性的权重排序依次是：资源供给适应性指标30.49%，市场适应性指标21.54%，技术进步适应性指标17.57%，生态环境影响指标15.22%和波及效应指标15.19%(见表7－15)。说明在指标层中，资源供给适应性在实现产业结构合理化的内外部环境相适应方面起关键作用，市场适应性和技术进步适应性起重要作用，同时生态环境和波及效应指标也是影响体育产业结构合理化的主要因素。

表7－15　内外部环境相适应性判断矩阵

	波及效应指标	资源供给适应性指标	技术进步适应性指标	市场适应性指标	生态环境影响指标	权重(wi)	排序
波及效应指标	1	0.4975	0.8632	0.7081	0.9957	0.1519	5
资源供给适应性指标	2.0101	1	1.739	1.4104	2.0035	0.3049	1
技术进步适应性指标	1.1584	0.575	1	0.8159	1.1548	0.1757	3
市场适应性指标	1.4122	0.709	1.2256	1	1.416	0.2154	2
生态环境影响指标	1.0043	0.4991	0.8659	0.7062	1	0.1522	4

注：$\lambda_{max}=5$；CR=0；CI=0

研究结果表明，资源供给适应性指标是影响产业结构内外部环境适应性的首要因素。随着市场需求的变动，产品供应方应随之调整产品结构，积极调整生产所需的人力、资金、能源等生产要素的配置，以适应市场需求的变动。

市场适应性指标是影响产业结构内外部环境适应性的主要因素。它反映了体育产业结构的市场适应能力，包括市场占有率、销售利润等。合理的体育产业结构表现为对外界刺激的反应，既不过分敏感也不过分迟钝①。

技术进步适应性指标是衡量体育产业结构对技术进步的适应性。合理的产业结构要有利于科学技术进步和向产业结构的合理化、高度化推进。衡量技术进步适应性的主要指标包括社会劳动生产率、固定资产投资效果及技术结构水平指标等。如果产业结构中高科技含量所占比例较低，说明产业结构对技术进步的适应性较差。

生态环境影响指标虽然在重要性上排在第四位，但也是影响产业结构内外部环境适应性的重要指标之一。绿色体育产业已成为当今体育产业发展的必然趋势，我国已经由经济高速发展阶段进入高质量发展阶段，我们要把改革重点放在推动产业结构转

①刘远祥．体育产业结构优化研究[M]．济南：山东大学出版社，2015.

型升级上，即促进经济、资源、环境的持续协调发展。

波及效应指标反映了体育产业结构中，某行业在整个区域产业结构中所占的比例及产生影响的潜力，它包括产值比重系数、影响力系数和感应度系数①。该系数越大说明一个产业在体育经济发展中的影响力及带动作用越大。体育产业在生产过程中的任何变化都可以通过产业间的关联关系对其他产业产生波及效应。

四、项目层体育产业结构现状评价与分析

在项目层，各产业在整个体育产业现状评价合成权重总排序前5位的依次是：产品销售业（占比15.01%），产品制造业（占比13.58%），教育培训业（占比10.03%），其他服务业（占比9.10%），健身休闲业（占比8.88%）（见表7-16）。

表7-16　体育产业现状评价合成权重总排序

底层元素	结论值（权重）	排序
体育管理活动	0.0817	6
体育竞赛表演活动	0.0652	11
体育健身休闲活动	0.0888	5
体育场地和设施管理	0.0756	7
体育经纪与代理、广告与会展、表演与设计服务	0.0697	9
体育教育与培训	0.1003	3
体育传媒与信息服务	0.0738	8
其他体育服务	0.091	4
体育用品及相关产品制造	0.1358	2
体育用品及相关产品销售、出租与贸易代理	0.1501	1
体育场地设施建设	0.0678	10

体育产业结构合理化的判断标准为：是否适应体育市场需求变化、是否有效地利用体育资源、体育产业内部各部门之间比例是否协调。由此判断，当前我国体育产业结构不合理，体育用品业占体育产业比重大、体育服务业占体育产业比重小。

以上统计数据表明，在目前体育产业框架下，体育用品及相关产品销售、出租与贸易代理业、体育用品及相关产品制造业、体育教育与培训业、其他体育服务业和体育健身休闲活动业在整个体育产业中起主导作用；体育场地和设施管理业和体育传媒与信息服务业等其他产业起主要作用。这一结果与2018年全国体育产业总规模和增加

①赵敏．水利产业结构评价指标体系及实证分析[J]．中国软科学，2004(3)：139-144.

值统计数据结果大致吻合①，但是由于合目的性和内外环境适应性的影响，个别产业在体育产业现状评价合成权重总排序中的先后顺序稍有差异(见表7－17)。

表7－17 2018年全国体育产业情况

分类名称	总量(亿元)		结构(%)	
	总产出	增加值	总产出	增加值
体育产业	26579	10078	100.0	100.0
体育服务业	12732	6530	47.9	64.8
体育管理活动	747	390	2.8	3.9
体育竞赛表演活动	292	103	1.1	1.0
体育健身休闲活动	1028	477	3.9	4.7
体育场地和设施管理	2632	855	9.9	8.5
体育经纪与代理、广告与会展、表演与设计服务	317	106	1.2	1.1
体育教育与培训	1722	1425	6.5	14.1
体育传媒与信息服务	500	230	1.9	2.3
体育用品及相关产品销售、出租与贸易代理	4116	2327	15.5	23.1
其他体育服务	1377	616	5.2	6.1
体育用品及相关产品制造	13201	3399	49.7	33.7
体育场地设施建设	646	150	2.4	1.5

(一)体育用品及相关产品销售、出租与贸易代理业

产品销售业在体育产业现状评价合成权重总排序中排在第一位，合成权重占比为15.01%，产品销售业，其产品主要是为了满足居民参与体育消费的物质需求，2018全国体育产业状况调查数据显示，体育用品及相关产品销售、出租与贸易代理业的总产出总量为4116亿元，增加值为2327亿元，在各产业增加值中排第二位，说明我国城镇居民对体育产品的需求旺盛，体育产品销售业在体育市场中占有较大份额，对其他相关产业有较大的影响力。

①2018年全国体育产业总规模和增加值数据公告．国家统计局，国家体育总局．http://www.gov.cn/xinwen/2020－01/21/content_5471152.htm.

(二)体育用品及相关产品制造业

体育用品及相关产品制造业在体育产业现状评价合成权重总排序中排在第二位，合成权重占比为13.58%，2018年该行业总产出为13201亿元，增加值为3399亿元，在各产业增加值中排第二位，说明现阶段体育用品及相关产品制造业仍然是我国体育产业中占比最大、发展势能最大的行业，实物型体育消费在居民体育消费结构中占据重要地位。

(三)体育教育与培训业

体育教育与培训业在体育产业现状评价合成权重总排序中排在第三位，合成权重占比为10.03%，2018年该行业总产出为1722亿元，增加值为1425亿元，在各产业增加值中排第三位，作为体育产业的本体产业，它以体育场馆为依托，以体育自身的价值和本质功能为资源，向社会提供体育教育与培训服务产品。随着我国体育人口的增加和居民体育消费意识的提高，体育教育与培训市场将具有广阔发展前景。

(四)体育竞赛表演

体育竞赛表演业虽然是体育产业的本体产业之一，但由于我国体育竞赛表演业起步晚、水平低，运营机制不健全等原因，致使目前该产业发展依然滞后。2018年，该行业总产出为292亿元，增加值仅为103亿元，在各产业增加值中排在末位，合成权重占比为6.52%。需要关注的是，从产业关联标准来看，竞赛表演业可以为体育用品提供广阔的市场，同时衍生了体育传媒业、体育广告业、体育经纪业、体育金融业(赞助、彩票、保险)、体育旅游业等相关产业，随着我国全面建设小康社会目标的逐步实现，人们的需求层次日益升级，竞赛表演业拥有非常可观的发展潜力。

第三节　小　结

层次结构分析结果表明，在准则层中，合目的性对于体育产业结构合理化起重要作用；内外部环境相适应性对于体育产业结构合理化起主要作用。在指标层中，需求适应性在实现产业结构合理化的合目的性方面起关键作用，结构效果和产业协调发展起重要作用；资源供给适应性在实现产业结构内外部环境相适应方面起关键作用，市场适应性和技术进步适应性起重要作用，同时生态环境和波及效应指标也是影响体育产业结构合理化的主要因素。在项目层中，合成权重总排序前5位的依次是：产品销售业、产品制造业、教育培训业、其他服务业和健身休闲业，它们在目前体育产业结构中占据主导地位。

当前我国体育产业结构不合理，体育用品业占体育产业比重大、体育服务业占体育产业比重小，体现在体育竞赛表演业在产业增加值排序中列于末位，在体育产业现状评价合成权重总排序中也是最后一位，表明目前我国体育竞赛表演业的发展仍相对滞后。

建议从居民体育消费需求结构出发，及时调整产品结构，满足不同群体对体育产品多元化的需求，进一步推动产业结构的合理化。应针对市场需求和产业协调发展需求，重点考虑结构效果调整的作用，处理好体育产业各部门间的相互关系，确保区域之间及相关产业间的协调发展，使资源配置得到最大程度的合理运用。

完善体育产业政策措施，大力发展体育休闲产业，将体育培训业和健身娱乐业作为体育主导产业重点发展，以带动其他相关产业链的发展。另外，应将体育竞赛表演业作为重点扶持对象，给予税收、信贷、融资、用地等方面的政策优惠，努力提高竞赛表演业的竞技水平、不断完善市场运营机制，使其尽快成长为促进市场繁荣的主导产业。建议加强中西部区域合作，共建地区体育竞赛市场，带动相关体育产业发展，积极推动体育赛事经济发展。

附　录

附录 1　我国城镇居民体育消费结构调查问卷

尊敬的各位居民您好：

我们正在进行一项关于我国城镇居民体育消费结构、特征和趋势等方面的研究。目的在于为政府相关部门和企业进行体育产业结构优化升级提供理论依据。请您根据自己的实际情况点选合适的答案，您的回答是本课题研究不可缺少的重要依据，请务必认真填写，并于 2019 年 1 月 20 日前提交。本调查以不记名的方式进行，答案无对错之分，请您如实点选不必有任何顾虑。

最后，请接受课题组全体成员对您的合作及付出的劳动致以最诚挚的谢意！

1. 个人基本信息

1.1 您的年龄(岁)：

15 岁以下	16～18	19～24	25～35	36～45	46～55	56～65	66 以上
□	□	□	□	□	□	□	□

1.2 您的性别：(1)男□(2)女□

1.3 您的文化程度：

初中及以下	高中(含中专、中职、技校)	大学(含大专)	研究生(硕士、博士)
□	□	□	□

1.4 您常住的城市(居住半年以上)：

东北		中部			东部					西部					
沈阳	长春	郑州	武汉	太原	北京	济南	上海	广州	杭州	西安	成都	南宁	西宁	兰州	贵阳
□	□	□	□	□	□	□	□	□	□	□	□	□	□	□	□
东北		中部			东部					西部					
沈阳	长春	郑州	武汉	太原	北京	济南	上海	广州	杭州	西安	成都	南宁	西宁	兰州	贵阳
□	□	□	□	□	□	□	□	□	□	□	□	□	□	□	□

1.5 您所从事的职业：

职业	政府机关公务人员	事业单位人员	企业人员	农业劳动者	个体私营业主	离退休人员	自由职业者	学生	待业失业人员	其他
选择(打"√")	□	□	□	□	□	□	□	□	□	□

注：1. 事业单位人员是指从事教育、科技、文化、卫生等活动的社会服务人员。

1.6 2018年您年可支配收入约多少元：

您的年可支配收入	1万以下	□
	10001～20000	□
	20001～30000	□
	30001～40000	□
	40001～50000	□
	50001～60000	□
	60001～70000	□
	70001～80000	□
	80001～90000	□
	90001～10万	□
	100001～12万	□
	120001～14万	□
	140001～16万	□
	160001～18万	□
	180001～20万	□
	200001～25万	□
	250001～30万	□
	300001～35万	□
	350001～40万	□
	400001～50万	□
	500001～60万	□
	600001～70万	□
	700001～80万	□
	800001～90万	□
	900001～100万	□
	100万以上	□

注：可支配收入是指居民工资及其他收入中扣除基本养老保险、基本医疗保险、失业保险、公积金和个人所得税等剩下的那部分收入以及学生的可自由支配金额。

2. 体育消费结构调查

2.1 您 2018 年的实物型体育消费

2.1.1 您 2018 年购买运动服装、饮品及纪念品的金额(元/年)：

消费项目	无消费	100 以下	101～300	301～500	501～700	701～900	901～1100	1101～1300	1301～1500	1501 以上
运动服装	□	□	□	□	□	□	□	□	□	□
运动鞋	□	□	□	□	□	□	□	□	□	□
运动帽	□	□	□	□	□	□	□	□	□	□
运动中的饮品	□	□	□	□	□	□	□	□	□	□
运动营养品	□	□	□	□	□	□	□	□	□	□
体育纪念品	□	□	□	□	□	□	□	□	□	□
其他(请打"√")	□	□	□	□	□	□	□	□	□	□

2.1.2 您 2018 年购买小型运动器材金额(元/年)：

消费项目	无消费	100 以下	101～300	301～500	501～700	701～900	901～1100	1101～1300	1301～1500	1501 以上
篮球	□	□	□	□	□	□	□	□	□	□
足球	□	□	□	□	□	□	□	□	□	□
排球	□	□	□	□	□	□	□	□	□	□
乒乓球及球拍	□	□	□	□	□	□	□	□	□	□
网球及球拍	□	□	□	□	□	□	□	□	□	□
羽毛球及球拍	□	□	□	□	□	□	□	□	□	□
瑜伽垫	□	□	□	□	□	□	□	□	□	□
哑铃	□	□	□	□	□	□	□	□	□	□
弹簧拉力器	□	□	□	□	□	□	□	□	□	□
弹力棒	□	□	□	□	□	□	□	□	□	□
握力器	□	□	□	□	□	□	□	□	□	□
迷你踏步机	□	□	□	□	□	□	□	□	□	□
其他(请打"√")	□	□	□	□	□	□	□	□	□	□

2.1.3 您2018年购买家用大型健身器械消费(元/年):

消费项目	无消费	2000以下	2001～4000	4001～6000	6001～8000	8001～10000	10001～12000	12001～14000	14001～16000	16001以上
跑步机	☐	☐	☐	☐	☐	☐	☐	☐	☐	☐
登山机	☐	☐	☐	☐	☐	☐	☐	☐	☐	☐
运动自行车	☐	☐	☐	☐	☐	☐	☐	☐	☐	☐
动感单车	☐	☐	☐	☐	☐	☐	☐	☐	☐	☐
拳击架	☐	☐	☐	☐	☐	☐	☐	☐	☐	☐
拳击沙袋	☐	☐	☐	☐	☐	☐	☐	☐	☐	☐
综合练习器	☐	☐	☐	☐	☐	☐	☐	☐	☐	☐
其他(请打"√")	☐	☐	☐	☐	☐	☐	☐	☐	☐	☐

注:大型家用健身器材每个家庭成员有一人填写即可。

2.1.4 您2018年购买运动辅助装备消费金额(元/年):

消费项目	无消费	100以下	101～300	301～500	501～700	701～900	901～1100	1101～1300	1301～1500	1501以上
护膝	☐	☐	☐	☐	☐	☐	☐	☐	☐	☐
泳镜	☐	☐	☐	☐	☐	☐	☐	☐	☐	☐
运动眼镜	☐	☐	☐	☐	☐	☐	☐	☐	☐	☐
球拍包	☐	☐	☐	☐	☐	☐	☐	☐	☐	☐
手机臂包	☐	☐	☐	☐	☐	☐	☐	☐	☐	☐
运动手表	☐	☐	☐	☐	☐	☐	☐	☐	☐	☐
汗带	☐	☐	☐	☐	☐	☐	☐	☐	☐	☐
帐篷	☐	☐	☐	☐	☐	☐	☐	☐	☐	☐
运动手环	☐	☐	☐	☐	☐	☐	☐	☐	☐	☐
运动背包	☐	☐	☐	☐	☐	☐	☐	☐	☐	☐
运动头盔	☐	☐	☐	☐	☐	☐	☐	☐	☐	☐
运动手套	☐	☐	☐	☐	☐	☐	☐	☐	☐	☐
其他(请打"√")	☐	☐	☐	☐	☐	☐	☐	☐	☐	☐

注:

(1)小型运动器材:指占地面积通常小于1平方米,健身功能相对单一的运动器材。如各种球、球拍、哑铃、壶铃、曲柄杠铃、弹簧拉力器、健身盘、弹力棒、握力器、迷你踏步机等。

(2)运动辅助装备:指在运动过程中能够起到预防运动损伤或提升运动体验效果作用的装备。如护膝、游泳镜、手机臂包、运动手表、汗带、帐篷、心率监测仪等。

(3)家用大型运动器材:指在家庭使用的跑步机、登山机、动感单车、拳击架、拳击沙袋及综合练习器等。

(4)运动眼镜:指运动中所佩戴的具有防风、防沙、防晒等功能的防护眼镜。

2.2 您 2018 年参与型体育消费

2.2.1 您 2018 年购买的健身会员年费(元/年):

消费项目	无消费	500以下	501~1000	1001~2000	2001~3000	3001~4000	4001~5000	5001~6000	6001~7000	7001~8000	8001~9000	9001~10000	10001以上
篮球	□	□	□	□	□	□	□	□	□	□	□	□	□
足球	□	□	□	□	□	□	□	□	□	□	□	□	□
排球	□	□	□	□	□	□	□	□	□	□	□	□	□
乒乓球	□	□	□	□	□	□	□	□	□	□	□	□	□
羽毛球	□	□	□	□	□	□	□	□	□	□	□	□	□
网球	□	□	□	□	□	□	□	□	□	□	□	□	□
瑜伽	□	□	□	□	□	□	□	□	□	□	□	□	□
健美	□	□	□	□	□	□	□	□	□	□	□	□	□
游泳	□	□	□	□	□	□	□	□	□	□	□	□	□
高尔夫	□	□	□	□	□	□	□	□	□	□	□	□	□
滑雪	□	□	□	□	□	□	□	□	□	□	□	□	□
路跑	□	□	□	□	□	□	□	□	□	□	□	□	□
登山	□	□	□	□	□	□	□	□	□	□	□	□	□
户外徒步	□	□	□	□	□	□	□	□	□	□	□	□	□
自行车	□	□	□	□	□	□	□	□	□	□	□	□	□
其他(请打"√")	□	□	□	□	□	□	□	□	□	□	□	□	□

2.2.2 您 2018 年参加健身培训的消费金额(元/年):

消费项目	无消费	1000以下	1001~2000	2001~3000	3001~4000	4001~5000	5001~6000	6001~7000	7001~8000	8001~9000	9001~10000	10001以上
篮球	□	□	□	□	□	□	□	□	□	□	□	□
足球	□	□	□	□	□	□	□	□	□	□	□	□
排球	□	□	□	□	□	□	□	□	□	□	□	□
乒乓球	□	□	□	□	□	□	□	□	□	□	□	□
羽毛球	□	□	□	□	□	□	□	□	□	□	□	□
网球	□	□	□	□	□	□	□	□	□	□	□	□
瑜伽	□	□	□	□	□	□	□	□	□	□	□	□
健美	□	□	□	□	□	□	□	□	□	□	□	□
游泳	□	□	□	□	□	□	□	□	□	□	□	□
高尔夫	□	□	□	□	□	□	□	□	□	□	□	□
滑雪	□	□	□	□	□	□	□	□	□	□	□	□
路跑	□	□	□	□	□	□	□	□	□	□	□	□
登山	□	□	□	□	□	□	□	□	□	□	□	□
自行车	□	□	□	□	□	□	□	□	□	□	□	□
其他(请打"√")	□	□	□	□	□	□	□	□	□	□	□	□

2.2.3 您 2018 年购买健身锻炼的门票消费(卡)金额(元/年):

消费项目	无消费	100以下	101～300	201～400	401～600	601～800	801～1000	1001～1200	1201～1400	1401～1600	1601以上
篮球	□	□	□	□	□	□	□	□	□	□	□
足球	□	□	□	□	□	□	□	□	□	□	□
排球	□	□	□	□	□	□	□	□	□	□	□
乒乓球	□	□	□	□	□	□	□	□	□	□	□
羽毛球	□	□	□	□	□	□	□	□	□	□	□
网球	□	□	□	□	□	□	□	□	□	□	□
瑜伽	□	□	□	□	□	□	□	□	□	□	□
健美	□	□	□	□	□	□	□	□	□	□	□
游泳	□	□	□	□	□	□	□	□	□	□	□
滑雪	□	□	□	□	□	□	□	□	□	□	□
登山	□	□	□	□	□	□	□	□	□	□	□
其他(请打“√”)	□	□	□	□	□	□	□	□	□	□	□

2.2.4 您 2018 年的器材租赁费金额(元/年):

消费项目	无消费	100以下	101～300	301～500	501～700	701～900	901～1100	1101～1300	1301～1500	1501以上
篮球	□	□	□	□	□	□	□	□	□	□
足球	□	□	□	□	□	□	□	□	□	□
排球	□	□	□	□	□	□	□	□	□	□
乒乓球	□	□	□	□	□	□	□	□	□	□
羽毛球	□	□	□	□	□	□	□	□	□	□
网球	□	□	□	□	□	□	□	□	□	□
瑜伽	□	□	□	□	□	□	□	□	□	□
健美	□	□	□	□	□	□	□	□	□	□
游泳	□	□	□	□	□	□	□	□	□	□
高尔夫	□	□	□	□	□	□	□	□	□	□
滑雪	□	□	□	□	□	□	□	□	□	□
登山	□	□	□	□	□	□	□	□	□	□
自行车	□	□	□	□	□	□	□	□	□	□
其他(请打“√”)	□	□	□	□	□	□	□	□	□	□

2.2.5 您 2018 年运动保健消费金额(元/年)：

消费项目	无消费	100以下	101～300	301～500	501～700	701～900	901～1100	1101～1300	1301～1500	1501以上
运动保健按摩	☐	☐	☐	☐	☐	☐	☐	☐	☐	☐
运动损伤治疗与康复	☐	☐	☐	☐	☐	☐	☐	☐	☐	☐
其他(请打“√”)	☐	☐	☐	☐	☐	☐	☐	☐	☐	☐

2.2.6 您 2018 年购买体育保险消费金额(元/年)：

消费项目	无消费	100以下	101～300	301～500	501～700	701～900	901～1100	1101～1300	1301～1500	1501以上
马拉松	☐	☐	☐	☐	☐	☐	☐	☐	☐	☐
足球	☐	☐	☐	☐	☐	☐	☐	☐	☐	☐
篮球	☐	☐	☐	☐	☐	☐	☐	☐	☐	☐
室内健身	☐	☐	☐	☐	☐	☐	☐	☐	☐	☐
游泳	☐	☐	☐	☐	☐	☐	☐	☐	☐	☐
登山	☐	☐	☐	☐	☐	☐	☐	☐	☐	☐
户外徒步	☐	☐	☐	☐	☐	☐	☐	☐	☐	☐
自行车	☐	☐	☐	☐	☐	☐	☐	☐	☐	☐
滑雪	☐	☐	☐	☐	☐	☐	☐	☐	☐	☐
其他(请打“√”)	☐	☐	☐	☐	☐	☐	☐	☐	☐	☐

2.2.7 您 2018 年体育旅游消费金额(元/年)：

消费项目	无消费	2000以下	2001～4000	4001～6000	6001～8000	8001～10000	10001～12000	12001～14000	14001～16000	16001以上
登山旅游	☐	☐	☐	☐	☐	☐	☐	☐	☐	☐
自行车旅游	☐	☐	☐	☐	☐	☐	☐	☐	☐	☐
参赛旅游	☐	☐	☐	☐	☐	☐	☐	☐	☐	☐
观赛旅游	☐	☐	☐	☐	☐	☐	☐	☐	☐	☐
户外徒步旅游	☐	☐	☐	☐	☐	☐	☐	☐	☐	☐
其他(请打“√”)	☐	☐	☐	☐	☐	☐	☐	☐	☐	☐

注：

(1)参赛旅游：指旅游者以参与、体验各种体育活动为目的，在借助于体育组织等中介机构或个人自由行进行的旅游活动中所支出的报名费、住宿、交通、办理签证、购买门票等费用。

(2)观赛旅游：指旅游者为了观看、欣赏各种体育赛事，在借助于体育组织等中介机构或个人自由行进行的旅游活动中支出的住宿、交通、办理签证、购买门票等费用。

(3)其他体育旅游：指滑雪、野外拓展、徒步等体育旅游活动中支付的费用。

(4)健身门票费(卡)：指为进行健身运动所购买的门票、健身卡和场地租赁等所支付的费用。

2.3 您 2018 年观赏型体育消费(观看比赛门票)

消费项目	无消费	100 以下	101～ 300	301～ 500	501～ 700	701～ 900	901～ 1100	1101～ 1300	1301～ 1500	1501 以上
田径	□	□	□	□	□	□	□	□	□	□
篮球	□	□	□	□	□	□	□	□	□	□
足球	□	□	□	□	□	□	□	□	□	□
排球	□	□	□	□	□	□	□	□	□	□
乒乓球	□	□	□	□	□	□	□	□	□	□
羽毛球	□	□	□	□	□	□	□	□	□	□
网球	□	□	□	□	□	□	□	□	□	□
台球	□	□	□	□	□	□	□	□	□	□
游泳	□	□	□	□	□	□	□	□	□	□
跳水	□	□	□	□	□	□	□	□	□	□
高尔夫	□	□	□	□	□	□	□	□	□	□
武术搏击类	□	□	□	□	□	□	□	□	□	□
冰上运动	□	□	□	□	□	□	□	□	□	□
赛车	□	□	□	□	□	□	□	□	□	□
其他(请打"√")	□	□	□	□	□	□	□	□	□	□

2.4 您 2018 年购买中国体育彩票消费金额(元/年)：

消费项目	无消费	100 以下	101～ 300	301～ 500	501～ 700	701～ 900	901～ 1100	1101～ 1300	1301～ 1500	1501 以上
超级大乐透	□	□	□	□	□	□	□	□	□	□
高频 11 选 5	□	□	□	□	□	□	□	□	□	□
排列 3	□	□	□	□	□	□	□	□	□	□
排列 5	□	□	□	□	□	□	□	□	□	□
七星彩	□	□	□	□	□	□	□	□	□	□
地方体彩	□	□	□	□	□	□	□	□	□	□
足球彩票	□	□	□	□	□	□	□	□	□	□
篮球彩票	□	□	□	□	□	□	□	□	□	□
顶呱刮	□	□	□	□	□	□	□	□	□	□
其他(请打"√")	□	□	□	□	□	□	□	□	□	□

2.5 您2018年体育传媒与信息消费金额(元/年)：

消费项目	无消费	100以下	101～300	301～500	501～700	701～900	901～1100	1101～1300	1301～1500	1501以上
体育书籍	☐	☐	☐	☐	☐	☐	☐	☐	☐	☐
体育期刊	☐	☐	☐	☐	☐	☐	☐	☐	☐	☐
体育报纸	☐	☐	☐	☐	☐	☐	☐	☐	☐	☐
体育音像制品	☐	☐	☐	☐	☐	☐	☐	☐	☐	☐
体育电子出版物	☐	☐	☐	☐	☐	☐	☐	☐	☐	☐
体育电视频道	☐	☐	☐	☐	☐	☐	☐	☐	☐	☐
体育电子竞技	☐	☐	☐	☐	☐	☐	☐	☐	☐	☐
体育动漫游戏	☐	☐	☐	☐	☐	☐	☐	☐	☐	☐
体育健身咨询	☐	☐	☐	☐	☐	☐	☐	☐	☐	☐
体育应用软件	☐	☐	☐	☐	☐	☐	☐	☐	☐	☐
其他(请打“√”)	☐	☐	☐	☐	☐	☐	☐	☐	☐	☐

注：体育传媒与信息消费是指购买体育期刊、书报、音像制品、体育应用软件等体育类应用软件、收看多媒体广播电视、网络广播电视的消费及体育健身、竞赛、管理、市场调查等信息咨询而进行的消费。

附录2　我国城镇居民体育消费结构调查专家效度评价问卷

尊敬的专家，您好：

我们正在进行国家社科基金项目关于我国城镇居民体育消费结构、特征和趋势等方面的研究。目的在于为政府相关部门和企业进行体育产业结构优化升级提供理论依据。以下是我们拟发放的问卷内容，请您对问卷内容设计、选项设计及结构的合理性做出评价，请将您选择的“答案小框”改为红色加粗即可，并将您对问题项的修改建议填写在建议栏内。

例如：

等级		合理	基本合理	一般	不太合理	不合理
内容设计		☐	☐	☐	☐	☐
选项设计	男	☐	☐	☐	☐	☐
	女	☐	☐	☐	☐	☐
建议						

您的评价是本课题研究不可缺少的重要依据。在此，感谢您在百忙中抽出时间根据问卷的内容、结构、整体设计给予的评价和指导！

2018 年 6 月

专家基本信息：

您的姓名：________ 性别：________ 年龄：________ 职称：____________
您主要从事的科研领域：__________ 从事该领域的年限：__________

我国城镇居民体育消费结构调查问卷专家效度评价

1. 个人基本信息

1.1 您的年龄(岁)：

20 岁以下	21～30	31～40	41～50	51～60	61 以上
□	□	□	□	□	□

效度检验表(请将您选择的“答案小框”改为红色加粗即可)

等级		合理	基本合理	一般	不太合理	不合理
内容设计		□	□	□	□	□
选项设计	20 岁以下	□	□	□	□	□
	21～30	□	□	□	□	□
	31～40	□	□	□	□	□
	41～50	□	□	□	□	□
	51～60	□	□	□	□	□
	61 以上	□	□	□	□	□
建议						

1.2 您的性别：(1)男 □ (2)女 □

效度检验表(请将您选择的“答案小框”改为红色加粗即可)

等级		合理	基本合理	一般	不太合理	不合理
内容设计		□	□	□	□	□
选项设计	男	□	□	□	□	□
	女	□	□	□	□	□
建议						

1.3 您的文化程度：根据国家文化程度代码标准填写(国家标准 GB4658－84)，

初中及以下	高中(含中专、中职、技校)	大学(含大专)	研究生(硕士、博士)
□	□	□	□

效度检验表(请将您选择的“答案小框”改为红色加粗即可)

等级		合理	基本合理	一般	不太合理	不合理
内容设计		□	□	□	□	□
选项设计	初中及以下	□	□	□	□	□
	高中(含中专、中职、技校)	□	□	□	□	□
	大学(含大专)	□	□	□	□	□
	研究生(含硕士、博士)	□	□	□	□	□
建议						

1.4 您常住的城市(居住半年以上):以中国四大经济区域为分层抽样依据——2016中国统计年鉴 6-8)。按照下列层次进行抽样:第一层,中国四大经济区域为分层抽样依据;第二层在各经济区抽取 50%的省份;第三层,以各抽取省份的 50%省会城市作为调查对象。(因调研人力资源所限,如果按照一线二线三线城市进行抽样调研难度太大无法完成。)

东北		中部			东部					西部					
沈阳	长春	郑州	武汉	太原	北京	济南	上海	广州	杭州	西安	成都	南宁	西宁	兰州	贵阳
□	□	□	□	□	□	□	□	□	□	□	□	□	□	□	□

效度检验表(请将您选择的“答案小框”改为红色加粗即可)

等级			合理	基本合理	一般	不太合理	不合理
内容设计			□	□	□	□	□
选项设计	东北	沈阳	□	□	□	□	□
		长春	□	□	□	□	□
	中部	郑州	□	□	□	□	□
		武汉	□	□	□	□	□
		太原	□	□	□	□	□
	东部	北京	□	□	□	□	□
		济南	□	□	□	□	□
		上海	□	□	□	□	□
		广州	□	□	□	□	□
		杭州	□	□	□	□	□
	西部	西安	□	□	□	□	□
		成都	□	□	□	□	□
		南宁	□	□	□	□	□

续表

等级			合理	基本合理	一般	不太合理	不合理
内容设计			□	□	□	□	□
选项设计	西部	西宁	□	□	□	□	□
		兰州	□	□	□	□	□
		贵阳	□	□	□	□	□
建议							

1.5 您所从事的职业：

职业	政府机关公务人员	事业单位人员	企业人员	农业劳动者	个体私营业主	离退休人员	自由职业者	学生	待业失业人员	其他
选择	□	□	□	□	□	□	□	□	□	□

注：事业单位人员是指从事教育、科技、文化、卫生等活动的社会服务人员。

效度检验表(请将您选择的“答案小框”改为红色加粗即可)

等级		合理	基本合理	一般	不太合理	不合理
内容设计		□	□	□	□	□
选项设计	政府机关公务人员	□	□	□	□	□
	事业单位人员	□	□	□	□	□
	企业人员	□	□	□	□	□
	农业劳动者	□	□	□	□	□
	个体私营业主	□	□	□	□	□
	离退休人员	□	□	□	□	□
	自由职业者	□	□	□	□	□
	学生	□	□	□	□	□
	待业/失业人员	□	□	□	□	□
	其他	□	□	□	□	□
建议						

1.6 您 2018 年可支配收入约多少元？(参照国家统计局 2017 年发布城镇居民人均可支配收入 36396 元)

您的年可支配收入	3 万以下	□
	30001～50000	□
	50001～70000	□

续表

您的年可支配收入	70001～90000	□
	90001—110000	□
	110001～130000	□
	130001～150000	□
	150001～170000	□
	170001～190000	□
	190001～210000	□
	210001～230000	□
	230001～250000	□
	250001～270000	□
	270001～290000	□
	290001～310000	□
	31 万以上	□

注：可支配收入是指居民工资及其他收入中扣除基本养老保险、基本医疗保险、失业保险、公积金、个人所得税等剩下的那部分收入以及学生的可自由支配金额。

效度检验表(请将您选择的“答案小框”改为红色加粗即可)

等级		合理	基本合理	一般	不太合理	不合理
内容设计		□	□	□	□	□
选项设计	3 万以下	□	□	□	□	□
	30001～50000	□	□	□	□	□
	50001～70000	□	□	□	□	□
	70001～90000	□	□	□	□	□
	90001—110000	□	□	□	□	□
	110001～130000	□	□	□	□	□
	130001～150000	□	□	□	□	□
	150001～170000	□	□	□	□	□
	170001～190000	□	□	□	□	□
	190001～210000	□	□	□	□	□
	210001～230000	□	□	□	□	□
	230001～250000	□	□	□	□	□
	250001～270000	□	□	□	□	□
	270001～290000	□	□	□	□	□
	290001～310000	□	□	□	□	□
	31 万以上					
建议						

2. 体育消费结构调查

2.1 您 2018 年实物型体育消费金额(元):

消费项目	无消费	1～100	101～300	301～500	501～700	701～900	901～1100	1101～1300	1301～1500	1501以上
运动服装	□	□	□	□	□	□	□	□	□	□
运动鞋	□	□	□	□	□	□	□	□	□	□
运动帽	□	□	□	□	□	□	□	□	□	□
小型运动器材	□	□	□	□	□	□	□	□	□	□
运动辅助装备	□	□	□	□	□	□	□	□	□	□
运动中的饮品	□	□	□	□	□	□	□	□	□	□
运动营养品	□	□	□	□	□	□	□	□	□	□
体育纪念品	□	□	□	□	□	□	□	□	□	□
其他	□	□	□	□	□	□	□	□	□	□
消费项目	无消费	1～2000	2001～4000	4001～6000	6001～8000	8001～10000	10001～12000	12001～14000	14001～16000	16001以上
大型运动器材(每户限填一次)	□	□	□	□	□	□	□	□	□	□

注:1)运动辅助装备指在运动过程中能够起到预防运动损伤或提升运动体验效果作用的装备,如护膝、游泳镜、手机包、运动手表、汗带、帐篷、心率监测仪等。

2)大型运动器材:家用跑步机、登山机、踏步机、动感单车、拳击架、沙袋及综合练习器等。

效度检验表(请将您选择的"答案小框"改为红色加粗即可)

等级		合理	基本合理	一般	不太合理	不合理
内容设计		□	□	□	□	□
选项设计	无消费	□	□	□	□	□
	1～100	□	□	□	□	□
	101～300	□	□	□	□	□
	301～500	□	□	□	□	□
	501～700	□	□	□	□	□
	701～900	□	□	□	□	□
	901～1100	□	□	□	□	□
	1101～1300	□	□	□	□	□
	1301～1500	□	□	□	□	□
	1501以上	□	□	□	□	□
建议						

效度检验表(请将您选择的"答案小框"改为红色加粗即可)

等级		合理	基本合理	一般	不太合理	不合理
内容设计		□	□	□	□	□
选项设计	运动服装	□	□	□	□	□
	运动鞋	□	□	□	□	□
	运动帽	□	□	□	□	□
	小型运动器材	□	□	□	□	□
	运动辅助装备	□	□	□	□	□
	运动中的饮品	□	□	□	□	□
	运动营养品	□	□	□	□	□
	体育纪念品	□	□	□	□	□
	其他	□	□	□	□	□
建议						

效度检验表【大型运动器材】(请将您选择的"答案小框"改为红色加粗即可)

等级		合理	基本合理	一般	不太合理	不合理
内容设计		□	□	□	□	□
选项设计	无消费	□	□	□	□	□
	1～2000	□	□	□	□	□
	2001～4000	□	□	□	□	□
	4001～6000	□	□	□	□	□
	6001～8000	□	□	□	□	□
	8001～10000	□	□	□	□	□
	10001～12000	□	□	□	□	□
	12001～14000	□	□	□	□	□
	14001～16000	□	□	□	□	□
	16001 以上	□	□	□	□	□
建议						

效度检验表【大型运动器材】(请将您选择的"答案小框"改为红色加粗即可)

等级		合理	基本合理	一般	不太合理	不合理
内容设计		□	□	□	□	□
选项设计	大型运动器材	□	□	□	□	□
建议						

2.2 您 2018 年参与型体育消费金额(元)：

消费项目	无消费	1～100	101～300	301～500	501～700	701～900	901～1100	1101～1300	1301～1500	1501以上
健身会员费	□	□	□	□	□	□	□	□	□	□
健身培训费	□	□	□	□	□	□	□	□	□	□
健身门票费(卡)	□	□	□	□	□	□	□	□	□	□
器材租赁费	□	□	□	□	□	□	□	□	□	□
运动保健费	□	□	□	□	□	□	□	□	□	□
体育保险费	□	□	□	□	□	□	□	□	□	□
其他	□	□	□	□	□	□	□	□	□	□
消费项目	无消费	1～2000	2001～4000	4001～6000	6001～8000	8001～10000	10001～12000	12001～14000	14001～16000	16001以上
登山旅游	□	□	□	□	□	□	□	□	□	□
自行车旅游	□	□	□	□	□	□	□	□	□	□
参赛旅游	□	□	□	□	□	□	□	□	□	□
观赛旅游	□	□	□	□	□	□	□	□	□	□
其他体育旅游	□	□	□	□	□	□	□	□	□	□

注：

1)参赛旅游：指旅游者以参与、体验各种体育活动为目的，在借助于体育组织等中介机构或个人自由行进行的旅游活动中所支出的报名费、住宿、交通、办理签证、购买门票等费用。

2)观赛旅游：指旅游者为了观看、欣赏各种体育赛事，在借助于体育组织等中介机构或个人自由行进行的旅游活动中支出的住宿、交通、办理签证、购买门票等费用。

3)其他体育旅游：指滑雪、野外拓展、徒步等体育旅游活动中支付的费用。

4)健身门票费(卡)：指为进行健身运动所购买的门票、健身卡和场地租赁等所支付的费用。

2.2 效度检验表(请将您选择的“答案小框”改为红色加粗即可)

等级		合理	基本合理	一般	不太合理	不合理
内容设计		□	□	□	□	□
选项设计	无消费	□	□	□	□	□
	1～100	□	□	□	□	□
	101～300	□	□	□	□	□
	301～500	□	□	□	□	□
	501～700	□	□	□	□	□
	701～900	□	□	□	□	□
	901～1100	□	□	□	□	□
	1101～1300	□	□	□	□	□
	1301～1500	□	□	□	□	□
	1501 以上	□	□	□	□	□
建议						

2.2 效度检验表(请将您选择的"答案小框"改为红色加粗即可)

等级		合理	基本合理	一般	不太合理	不合理
内容设计		□	□	□	□	□
选项设计	健身会员费	□	□	□	□	□
	健身培训费	□	□	□	□	□
	健身门票费(卡)	□	□	□	□	□
	器材租赁费	□	□	□	□	□
	运动保健费	□	□	□	□	□
	体育保险费	□	□	□	□	□
	其他	□	□	□	□	□
建议						

2.2 效度检验表【旅游类参与项目】(请将您选择的"答案小框"改为红色加粗即可)

等级		合理	基本合理	一般	不太合理	不合理
内容设计		□	□	□	□	□
选项设计	无消费	□	□	□	□	□
	1～2000	□	□	□	□	□
	2001～4000	□	□	□	□	□
	4001～6000	□	□	□	□	□
	6001～8000	□	□	□	□	□
	8001～10000	□	□	□	□	□
	10001～12000	□	□	□	□	□
	12001～14000	□	□	□	□	□
	14001～16000	□	□	□	□	□
	16001 以上	□	□	□	□	□
建议						

2.2 效度检验表【旅游类参与项目】(请将您选择的"答案小框"改为红色加粗即可)

等级		合理	基本合理	一般	不太合理	不合理
内容设计		□	□	□	□	□
选项设计	登山旅游	□	□	□	□	□
	自行车旅游	□	□	□	□	□
	参赛旅游	□	□	□	□	□
	观赛旅游	□	□	□	□	□
	其他体育旅游	□	□	□	□	□
建议						

2.3 您 2018 年观赏型体育消费(观赛门票)金额(元):

消费项目	无消费	1～100	101～300	301～500	501～700	701～900	901～1100	1101～1300	1301～1500	1501以上
田径	☐	☐	☐	☐	☐	☐	☐	☐	☐	☐
篮球	☐	☐	☐	☐	☐	☐	☐	☐	☐	☐
足球	☐	☐	☐	☐	☐	☐	☐	☐	☐	☐
排球	☐	☐	☐	☐	☐	☐	☐	☐	☐	☐
乒乓球	☐	☐	☐	☐	☐	☐	☐	☐	☐	☐
羽毛球	☐	☐	☐	☐	☐	☐	☐	☐	☐	☐
网球	☐	☐	☐	☐	☐	☐	☐	☐	☐	☐
台球	☐	☐	☐	☐	☐	☐	☐	☐	☐	☐
游泳	☐	☐	☐	☐	☐	☐	☐	☐	☐	☐
跳水	☐	☐	☐	☐	☐	☐	☐	☐	☐	☐
高尔夫	☐	☐	☐	☐	☐	☐	☐	☐	☐	☐
武术搏击类	☐	☐	☐	☐	☐	☐	☐	☐	☐	☐
冰上运动	☐	☐	☐	☐	☐	☐	☐	☐	☐	☐
赛车	☐	☐	☐	☐	☐	☐	☐	☐	☐	☐
其他项目	☐	☐	☐	☐	☐	☐	☐	☐	☐	☐

效度检验表(请将您选择的“答案小框”改为红色加粗即可)

等级		合理	基本合理	一般	不太合理	不合理
内容设计		☐	☐	☐	☐	☐
选项设计	无消费	☐	☐	☐	☐	☐
	1～100	☐	☐	☐	☐	☐
	101～300	☐	☐	☐	☐	☐
	301～500	☐	☐	☐	☐	☐
	501～700	☐	☐	☐	☐	☐
	701～900	☐	☐	☐	☐	☐
	901～1100	☐	☐	☐	☐	☐
	1101～1300	☐	☐	☐	☐	☐
	1301～1500	☐	☐	☐	☐	☐
	1501 以上	☐	☐	☐	☐	☐
建议						

效度检验表(请将您选择的"答案小框"改为红色加粗即可)

等级		合理	基本合理	一般	不太合理	不合理
内容设计		□	□	□	□	□
选项设计	田径	□	□	□	□	□
	篮球	□	□	□	□	□
	足球	□	□	□	□	□
	排球	□	□	□	□	□
	乒乓球	□	□	□	□	□
	羽毛球	□	□	□	□	□
	网球	□	□	□	□	□
	台球	□	□	□	□	□
	游泳	□	□	□	□	□
	跳水	□	□	□	□	□
	高尔夫	□	□	□	□	□
	武术搏击类	□	□	□	□	□
	冰上运动	□	□	□	□	□
	赛车	□	□	□	□	□
	其他项目	□	□	□	□	□
建议						

2.4 您 2018 年中国体育彩票消费金额(元):

消费项目	无消费	1～100	101～300	301～500	501～700	701～900	901～1100	1101～1300	1301～1500	1501以上
超级大乐透	□	□	□	□	□	□	□	□	□	□
高频 11 选 5	□	□	□	□	□	□	□	□	□	□
排列 3	□	□	□	□	□	□	□	□	□	□
排列 5	□	□	□	□	□	□	□	□	□	□
七星彩	□	□	□	□	□	□	□	□	□	□
地方体彩	□	□	□	□	□	□	□	□	□	□
足球彩票	□	□	□	□	□	□	□	□	□	□
篮球彩票	□	□	□	□	□	□	□	□	□	□
顶呱刮	□	□	□	□	□	□	□	□	□	□
其他	□	□	□	□	□	□	□	□	□	□

效度检验表(请将您选择的“答案小框”改为红色加粗即可)

等级		合理	基本合理	一般	不太合理	不合理
内容设计		□	□	□	□	□
选项设计	无消费	□	□	□	□	□
	1～100	□	□	□	□	□
	101～300	□	□	□	□	□
	301～500	□	□	□	□	□
	501～700	□	□	□	□	□
	701～900	□	□	□	□	□
	901～1100	□	□	□	□	□
	1101～1300	□	□	□	□	□
	1301～1500	□	□	□	□	□
	1501 以上	□	□	□	□	□
建议						

效度检验表(请将您选择的“答案小框”改为红色加粗即可)

等级		合理	基本合理	一般	不太合理	不合理
内容设计		□	□	□	□	□
选项设计	超级大乐透	□	□	□	□	□
	高频 11 选 5	□	□	□	□	□
	排列 3	□	□	□	□	□
	排列 5	□	□	□	□	□
	七星彩	□	□	□	□	□
	地方体彩	□	□	□	□	□
	足球彩票	□	□	□	□	□
	篮球彩票	□	□	□	□	□
	顶呱刮	□	□	□	□	□
	其他	□	□	□	□	□
建议						

2.5 您2018年体育传媒与信息消费金额(元)：依据：2015国家体育产业统计分类。

消费项目	无消费	1～100	101～300	301～500	501～700	701～900	901～1100	1101～1300	1301～1500	1501以上
体育书籍	□	□	□	□	□	□	□	□	□	□
体育期刊	□	□	□	□	□	□	□	□	□	□
体育报纸	□	□	□	□	□	□	□	□	□	□
体育音像制品	□	□	□	□	□	□	□	□	□	□
体育电子出版物	□	□	□	□	□	□	□	□	□	□
体育电视频道	□	□	□	□	□	□	□	□	□	□
体育电子竞技	□	□	□	□	□	□	□	□	□	□
体育动漫游戏	□	□	□	□	□	□	□	□	□	□
体育健身咨询	□	□	□	□	□	□	□	□	□	□
体育应用软件	□	□	□	□	□	□	□	□	□	□
其他	□	□	□	□	□	□	□	□	□	□

注：体育传媒与信息消费是指购买体育期刊、书报、音像制品、体育应用软件等体育类应用软件、收看多媒体广播电视、网络广播电视的消费及体育健身、竞赛、管理、市场调查等信息咨询而进行的消费。

效度检验表(请将您选择的"答案小框"改为红色加粗即可)

等级		合理	基本合理	一般	不太合理	不合理
内容设计		□	□	□	□	□
选项设计	无消费	□	□	□	□	□
	1～100	□	□	□	□	□
	101～300	□	□	□	□	□
	301～500	□	□	□	□	□
	501～700	□	□	□	□	□
	701～900	□	□	□	□	□
	901～1100	□	□	□	□	□
	1101～1300	□	□	□	□	□
	1301～1500	□	□	□	□	□
	1501以上	□	□	□	□	□
建议						

效度检验表（请将您选择的“答案小框”改为红色加粗即可）

等级		合理	基本合理	一般	不太合理	不合理
内容设计		□	□	□	□	□
选项设计	体育书籍	□	□	□	□	□
	体育期刊	□	□	□	□	□
	体育报纸	□	□	□	□	□
	体育音像制品	□	□	□	□	□
	体育电子出版物	□	□	□	□	□
	体育电视频道	□	□	□	□	□
	体育电子竞技	□	□	□	□	□
	体育动漫游戏	□	□	□	□	□
	体育健身咨询	□	□	□	□	□
	体育应用软件	□	□	□	□	□
	其他	□	□	□	□	□
建议						

3. 问卷整体效度检验表（请将您选择的“答案小框”改为红色加粗即可）

等级	合理	基本合理	一般	不太合理	不合理
内容设计	□	□	□	□	□
选项设计	□	□	□	□	□
整体设计	□	□	□	□	□
建议					

感谢您的支持和帮助！

附录 3　我国城镇居民体育消费需求结构影响因素调查表

（专家函询问卷——第一轮）

尊敬的专家、学者：

您好！

我们正在进行关于我国城镇居民体育消费需求结构影响因素的研究。特请您作为函询专家，拟采用层次分析法，将影响因素分为目标层、准则层和指标层，现罗列出各层次影响因素若干供您参考。请依据您的经验分别将各影响因素按其重要程度依次排序并填写在横线上，如果您认为所列因素还不够全面或不是很重要，可任意补充或删除。对您的辛勤劳动和付出表示衷心的感谢！

专家基本信息

姓名________ 性别________ 年龄________ 单位________ 职称或职务________

从事的研究领域________、________ 研究或工作年限________

目标层 A 我国城镇居民体育消费需求结构的影响因素

准则层 B1 经济发展水平 B2 个人因素 B3 消费体验 B4 产业结构 B5 相关政策法规

请按其重要程度依次排序________。

其他因素：B6 ________、B7 ________。

准则层 B1 经济发展状况

指标层 C1－1 国民经济发展水平 C1－2 区域经济发展水平 C1－3 城市经济发展水平

请按其重要程度依次排序________。

其他因素：C1－4 ________、C1－5 ________。

准则层 B2 个人因素

指标层 C2－1 消费观念 C2－2 收入水平 C2－3 闲暇时间 C2－4 教育程度 C2－5 运动技能 C2－6 年龄

请按其重要程度依次排序________。

其他因素：C2－7 ________、C2－8 ________。

准则层 B3 消费体验

指标层 C3－1 商品价格 C3－2 商品质量 C3－3 服务质量 C3－4 消费环境 C3－5 商品品牌

请按其重要程度依次排序________。

其他因素：C3－6 ________、C3－7 ________。

准则层 B4 产业结构

指标层 C4－1 体育用品及相关产品制造 C4－2 体育场馆服务 C4－3 体育培训与教育 C4－4 体育健身休闲活动 C4－5 体育场地设施建设 C4－6 体育用品及相关产品销售、贸易代理与出租 C4－7 体育竞赛表演活动 C4－8 体育传媒与信息服务

请按其重要程度依次排序________。

其他因素：C4－9 ________、C4－10 ________。

准则层 B5 相关政策法规

指标层 C5－1“健康中国 2030”规划纲要 C5－2 体育产业发展“十三五”规划 C5－3 促进体育消费相关政策 C5－4 加快发展健身休闲产业相关政策 C5－5 加强体育场馆建设相关政策

请按其重要程度依次排序________。

其他因素：C5－6 ________、C5－7 ________。

课题组

附录4　我国城镇居民体育消费需求结构影响因素调查表

（专家函询问卷——第二轮）

尊敬的专家、学者：

您好！

根据前两轮专家函询结果，我们构建了我国城镇居民体育消费需求结构影响因素层次模型，请根据您的经验分别对准则层和指标层中的各影响因素进行重要性两两比较并打分，为确保判断逻辑正确性，判断附值的趋势从左至右应是由小到大，例如：

X1/X1	X1/X2	X1/X3	X1/X4	X1/X5
1	2	4	4	7

一、专家基本信息

姓名_______　性别_______　年龄_______　单位_______　职称或职务_______

从事的研究领域_______、_______　　研究或工作年限_______

二、准则层影响因素重要性赋值

表1　准则层影响因素

内容	B1/B1	B1/B2	B1/B3	B1/B4	B1/B5
经济发展水平 B1	1				
个人因素 B2		1			
消费体验 B3			1		
产业结构 B4				1	
相关政策法规 B5					1

标度值(K_{ij})	1	3	5	7	9
因素 i 比因素 j	同样重要	稍微重要	明显重要	强烈重要	极端重要
K=2，4，6，8，表示相对重要性处于上述各种情况之间时使用					

三、指标层影响因素重要性判断赋值

表2　指标层（经济发展状况）影响因素

内容	C11/C11	C11/C12	C11/C13
C11 城市经济发展水平	1		

续表

内容	C11/C11	C11/C12	C11/C13
C12 区域经济发展水平		1	
C13 国民经济发展水平			1

标度值(K_{ij})	1	3	5	7	9
因素 i 比因素 j	同样重要	稍微重要	明显重要	强烈重要	极端重要
$K=2$，4，6，8，表示相对重要性处于上述各种情况之间时使用					

表 3 指标层(个人因素)影响因素

内容	C21/ C21	C21/C22	C21/C23	C21/C24	C21/C25	C21/C26	C21/C27
C21 消费观念	1						
C22 闲暇时间		1					
C23 教育程度			1				
C24 收入水平				1			
C25 运动技能					1		
C26 年龄						1	
C27 性别							1

标度值(K_{ij})	1	3	5	7	9
因素 i 比因素 j	同样重要	稍微重要	明显重要	强烈重要	极端重要
$K=2$，4，6，8，表示相对重要性处于上述各种情况之间时使用					

表 4 指标层(消费体验)影响因素

内容	C31/C31	C31/C32	C31/C33	C31/C34	C31/C35
C31 商品价格	1				
C32 商品质量		1			
C33 服务质量			1		
C34 消费环境				1	
C35 商品品牌					1

标度值(K_{ij})	1	3	5	7	9
因素 i 比因素 j	同样重要	稍微重要	明显重要	强烈重要	极端重要
$K=2$，4，6，8，表示相对重要性处于上述各种情况之间时使用					

表5　指标层(产业结构)影响因素

内容	C41/C41	C41/C42	C41/C43	C41/C44	C41/C45	C41/C46	C41/C47	C41/C48
C41 体育用品及相关产品制造	1							
C42 体育场地设施建设		1						
C43 体育教育与培训			1					
C44 体育健身休闲活动				1				
C45 体育场馆服务					1			
C46 体育用品及相关产品销售贸易代理与出租						1		
C47 体育竞赛表演活动							1	
C48 体育传媒与信息服务								1

标度值(K_{ij})	1	3	5	7	9
因素 i 比因素 j	同样重要	稍微重要	明显重要	强烈重要	极端重要
K=2，4，6，8，表示相对重要性处于上述各种情况之间时使用					

表6　指标层(相关政策法规)影响因素

内容	C51/ C51	C51/C52	C51/C53	C51/C54	C51/C55
C51“健康中国2030”规划纲要	1				
C52 体育产业发展“十三五”规划		1			
C53 促进体育消费相关政策			1		
C54 加快发展健身休闲产业相关政策				1	
C55 加强体育场馆建设相关政策					1

标度值(K_{ij})	1	3	5	7	9
因素 i 比因素 j	同样重要	稍微重要	明显重要	强烈重要	极端重要
K=2，4，6，8，表示相对重要性处于上述各种情况之间时使用					

感谢您的辛勤付出！

课题组

附录5 我国体育产业结构合理化评价

（专家函询问卷排序）

尊敬的专家、学者：

您好！

我们正在进行关于我国体育产业结构优化升级的研究。特聘请您为函询专家，拟采用层次分析法，对我国体育产业结构合理化进行评价。请根据您的经验对准则层和指标层中的各项指标重要性进行排序。

对您的辛勤劳动和付出再次表示衷心的感谢！

专家基本信息：

姓名________ 性别________ 年龄________ 单位________ 职称或职务________

从事的研究领域________、________ 研究或工作年限________

表1 体育产业结构合理化

内容	排序
合目的性 B1	
内外部环境相适应性 B2	

表2 合目的性

内容	排序
C1－1 结构效果指标	
C1－2 需求适应性指标	
C1－3 产业协调发展指标	

表3 内外部环境相适应性

内容	排序
C2－1 波及效应指标	
C2－2 资源供给适应性指标	
C2－3 技术进步适应性指标	
C2－4 市场适应性指标	
C2－5 生态环境影响指标	

表4 结构效果指标

内容	排序
D4－1 体育管理活动	
D4－2 体育竞赛表演活动	

续表

内容	排序
D4－3 体育健身休闲活动	
D4－4 体育场馆服务	
D4－5 体育中介服务	
D4－6 体育教育与培训	
D4－7 体育传媒与信息服务	
D4－8 其他与体育相关服务	
D4－9 体育用品及相关产品制造	
D4－10 体育用品及相关产品销售、贸易代理与出租	
D4－11 体育场地设施建设	

表 5　需求适应性指标

内容	排序
D4－1 体育用品及相关产品制造	
D4－2 体育场馆服务	
D4－3 体育教育与培训	
D4－4 体育健身休闲活动	
D4－5 体育场地设施建设	
D4－6 体育用品及相关产品销售、贸易代理与出租	
D4－7 体育竞赛表演活动	
D4－8 体育传媒与信息服务	
D4－9 体育中介服务	
D4－10 其他与体育相关服务	
D4－11 体育管理活动	

表 6　产业协调发展指标

内容	排序
D4－1 体育管理活动	
D4－2 体育竞赛表演活动	
D4－3 体育健身休闲活动	
D4－4 体育场馆服务	
D4－5 体育中介服务	
D4－6 体育教育与培训	

续表

内容	排序
D4－7 体育传媒与信息服务	
D4－8 其他与体育相关服务	
D4－9 体育用品及相关产品制造	
D4－10 体育用品及相关产品销售、贸易代理与出租	
D4－11 体育场地设施建设	

表 7　波及效应指标

内容	排序
D4－1 体育管理活动	
D4－2 体育竞赛表演活动	
D4－3 体育健身休闲活动	
D4－4 体育场馆服务	
D4－5 体育中介服务	
D4－6 体育教育与培训	
D4－7 体育传媒与信息服务	
D4－8 其他与体育相关服务	
D4－9 体育用品及相关产品制造	
D4－10 体育用品及相关产品销售、贸易代理与出租	
D4－11 体育场地设施建设	

表 8　资源供给适应性指标

内容	排序
D4－1 体育管理活动	
D4－2 体育竞赛表演活动	
D4－3 体育健身休闲活动	
D4－4 体育场馆服务	
D4－5 体育中介服务	
D4－6 体育教育与培训	
D4－7 体育传媒与信息服务	
D4－8 其他与体育相关服务	
D4－9 体育用品及相关产品制造	
D4－10 体育用品及相关产品销售、贸易代理与出租	
D4－11 体育场地设施建设	

表 9　技术进步适应性指标

内容	排序
D4－1 体育管理活动	
D4－2 体育竞赛表演活动	
D4－3 体育健身休闲活动	
D4－4 体育场馆服务	
D4－5 体育中介服务	
D4－6 体育教育与培训	
D4－7 体育传媒与信息服务	
D4－8 其他与体育相关服务	
D4－9 体育用品及相关产品制造	
D4－10 体育用品及相关产品销售、贸易代理与出租	
D4－11 体育场地设施建设	

表 10　市场适应性指标

内容	排序
D4－1 体育管理活动	
D4－2 体育竞赛表演活动	
D4－3 体育健身休闲活动	
D4－4 体育场馆服务	
D4－5 体育中介服务	
D4－6 体育教育与培训	
D4－7 体育传媒与信息服务	
D4－8 其他与体育相关服务	
D4－9 体育用品及相关产品制造	
D4－10 体育用品及相关产品销售、贸易代理与出租	
D4－11 体育场地设施建设	

表 11　生态环境影响指标

内容	排序
D4－1 体育用品及相关产品制造	
D4－2 体育场馆服务	
D4－3 体育教育与培训	
D4－4 体育健身休闲活动	
D4－5 体育场地设施建设	
D4－6 体育用品及相关产品销售、贸易代理与出租	

续表

内容	排序
D4－7 体育竞赛表演活动	
D4－8 体育传媒与信息服务	
D4－9：体育中介服务	
D4－10 其他与体育相关服务	
D4－11 体育管理活动	

课题组

附录 6　我国体育产业结构合理化评价

（专家函询问卷）

尊敬的专家、学者：

您好！

我们正在进行关于我国体育产业结构优化研究。特请您作为函询专家，拟采用层次分析法，对我国体育产业结构合理化进行评价。请根据您的经验对准则层和指标层中的各项指标进行重要性两两比较，并参照“赋权标度值及含义表”按其重要程度进行赋权，将得分填入赋权列内。

对您的辛勤劳动和付出再次表示衷心的感谢！

专家基本信息：

姓名________　性别________　年龄________　单位________　职称或职务________

从事的研究领域________、________　研究或工作年限________

表 1　体育产业结构合理化

内容	B1	B2
合目的性 B1	1	
内外部环境相适应性 B2		1

标度值（K_{ij}）	1	3	5	7	9
因素 i 比因素 j	同样重要	稍微重要	明显重要	强烈重要	极端重要
K＝2，4，6，8，表示相对重要性处于上述各种情况之间时使用					

注：

B1 合目的性：主要指产业结构应能适应需求变化，具有较高的整体结构效果，产业之间能协调发展。

B2 内外部环境相适应性：是指内部环境和外部环境必须相互适应、协调发展。内部环境是指产业结构内部各产业间的联系，如物质环境、制度环境、行为环境、精神环境等；外部环境是指政治、经济、技术、文化、社会生活以及来自资源供给者、生产协作者、竞争者、用户和消费者等方面的影响。

表 2　合目的性

内容	赋权	C1－1	C1－2	C1－3
C1－1 结构效果指标		1		
C1－2 需求适应性指标			1	
C1－3 产业协调发展指标				1

标度值(K_{ij})	1	3	5	7	9
因素 i 比因素 j	同样重要	稍微重要	明显重要	强烈重要	极端重要
$K=2$，4，6，8，表示相对重要性处于上述各种情况之间时使用					

注：

C1 结构效果：是指产业结构所体现出的结构效益的高低，是对结构变化与效益变化因果关系的客观反映。

C2 需求适应性：是指体育产业结构与社会经济需求结构的适应程度。

C3 产业协调发展：是指各产业之间要保持合理的投入和产出，相互依赖，相互促进，在生产、分配、交换、消费等各环节之间能和谐运转。

表 3　内外部环境相适应性

内容	赋权	C2－1	C2－2	C2－3	C2－4	C2－5
C2－1 波及效应指标		1				
C2－2 资源供给适应性指标			1			
C2－3 技术进步适应性指标				1		
C2－4 市场适应性指标					1	
C2－5 生态环境影响指标						1

标度值(K_{ij})	1	3	5	7	9
因素 i 比因素 j	同样重要	稍微重要	明显重要	强烈重要	极端重要
$K=2$，4，6，8，表示相对重要性处于上述各种情况之间时使用					

注：

C4 波及效应：是指体育产业结构中某行业在整个体育产业结构中所占比例及产生影响的潜力，包括产值比重系数、影响力系数和感应系数。

C5 资源供给适应性：是指产业的资源供给应具有较强的适应性和应变能力。

C6 技术进步适应性：是指体育产业结构对技术进步的适应，包括社会劳动生产率、固定资产投资效果系数和技术结构水平指标。

C7 市场适应性：是指产业结构能够迅速、较平稳或较少波动的、成本较低的适应环境变化的能力。

C8 生态环境影响：是指在体育产业结构的变动过程中，必须充分考虑生态系统与社会系统和经济系统的内在联系和协调发展。

表4　结构效果指标

内容	D4-1	D4-2	D4-3	D4-4	D4-5	D4-6	D4-7	D4-8	D4-9	D4-10	D4-11
D4-1 体育用品及相关产品制造	1										
D4-2 体育场馆服务		1									
D4-3 体育教育与培训			1								
D4-4 体育健身休闲活动				1							
D4-5 体育场地设施建设					1						
D4-6 体育用品及相关产品销售、贸易代理与出租						1					
D4-7 体育竞赛表演活动							1				
D4-8 体育传媒与信息服务								1			
D4-9 体育中介服务									1		
D4-10 其他与体育相关服务											
D4-11 体育管理活动											

表5　需求适应性指标

内容	D4-1	D4-2	D4-3	D4-4	D4-5	D4-6	D4-7	D4-8	D4-9	D4-10	D4-11
D4-1 体育用品及相关产品制造	1										
D4-2 体育场馆服务		1									
D4-3 体育教育与培训			1								
D4-4 体育健身休闲活动				1							
D4-5 体育场地设施建设					1						
D4-6 体育用品及相关产品销售、贸易代理与出租						1					
D4-7 体育竞赛表演活动							1				
D4-8 体育传媒与信息服务								1			
D4-9 体育中介服务									1		
D4-10 其他与体育相关服务											
D4-11 体育管理活动											

标度值(K_{ij})	1	3	5	7	9
因素 i 比因素 j	同样重要	稍微重要	明显重要	强烈重要	极端重要
K=2，4，6，8，表示相对重要性处于上述各种情况之间时使用					

表 6　产业协调发展指标

内容	D4－1	D4－2	D4－3	D4－4	D4－5	D4－6	D4－7	D4－8	D4－9	D4－10	D4－11
D4－1 体育用品及相关产品制造	1										
D4－2 体育场馆服务		1									
D4－3 体育教育与培训			1								
D4－4 体育健身休闲活动				1							
D4－5 体育场地设施建设					1						
D4－6 体育用品及相关产品销售、贸易代理与出租						1					
D4－7 体育竞赛表演活动							1				
D4－8 体育传媒与信息服务								1			
D4－9 体育中介服务									1		
D4－10 其他与体育相关服务											
D4－11 体育管理活动											

标度值(K_{ij})	1	3	5	7	9
因素 i 比因素 j	同样重要	稍微重要	明显重要	强烈重要	极端重要
K＝2，4，6，8，表示相对重要性处于上述各种情况之间时使用					

表 7　波及效应指标

内容	D4－1	D4－2	D4－3	D4－4	D4－5	D4－6	D4－7	D4－8	D4－9	D4－10	D4－11
D4－1 体育用品及相关产品制造	1										
D4－2 体育场馆服务		1									
D4－3 体育教育与培训			1								
D4－4 体育健身休闲活动				1							
D4－5 体育场地设施建设					1						
D4－6 体育用品及相关产品销售、贸易代理与出租						1					
D4－7 体育竞赛表演活动							1				
D4－8 体育传媒与信息服务								1			
D4－9 体育中介服务									1		
D4－10 其他与体育相关服务											
D4－11 体育管理活动											

标度值(K_{ij})	1	3	5	7	9
因素 i 比因素 j	同样重要	稍微重要	明显重要	强烈重要	极端重要
K=2，4，6，8，表示相对重要性处于上述各种情况之间时使用					

表 8 资源供给适应性指标

内容	D4-1	D4-2	D4-3	D4-4	D4-5	D4-6	D4-7	D4-8	D4-9	D4-10	D4-11
D4-1 体育用品及相关产品制造	1										
D4-2 体育场馆服务		1									
D4-3 体育教育与培训			1								
D4-4 体育健身休闲活动				1							
D4-5 体育场地设施建设					1						
D4-6 体育用品及相关产品销售、贸易代理与出租						1					
D4-7 体育竞赛表演活动							1				
D4-8 体育传媒与信息服务								1			
D4-9 体育中介服务									1		
D4-10 其他与体育相关服务											
D4-11 体育管理活动											

标度值(K_{ij})	1	3	5	7	9
因素 i 比因素 j	同样重要	稍微重要	明显重要	强烈重要	极端重要
K=2，4，6，8，表示相对重要性处于上述各种情况之间时使用					

表 9 技术进步适应性指标

内容	D4-1	D4-2	D4-3	D4-4	D4-5	D4-6	D4-7	D4-8	D4-9	D4-10	D4-11
D4-1 体育用品及相关产品制造	1										
D4-2 体育场馆服务		1									
D4-3 体育教育与培训			1								
D4-4 体育健身休闲活动				1							
D4-5 体育场地设施建设					1						
D4-6 体育用品及相关产品销售、贸易代理与出租						1					
D4-7 体育竞赛表演活动							1				
D4-8 体育传媒与信息服务								1			
D4-9 体育中介服务									1		
D4-10 其他与体育相关服务											
D4-11 体育管理活动											

标度值(K_{ij})	1	3	5	7	9
因素 i 比因素 j	同样重要	稍微重要	明显重要	强烈重要	极端重要
K=2，4，6，8，表示相对重要性处于上述各种情况之间时使用					

表 10　市场适应性指标

内容	D4-1	D4-2	D4-3	D4-4	D4-5	D4-6	D4-7	D4-8	D4-9	D4-10	D4-11
D4-1 体育用品及相关产品制造	1										
D4-2 体育场馆服务		1									
D4-3 体育教育与培训			1								
D4-4 体育健身休闲活动				1							
D4-5 体育场地设施建设					1						
D4-6 体育用品及相关产品销售、贸易代理与出租						1					
D4-7 体育竞赛表演活动							1				
D4-8 体育传媒与信息服务								1			
D4-9 体育中介服务									1		
D4-10 其他与体育相关服务											
D4-11 体育管理活动											

标度值(K_{ij})	1	3	5	7	9
因素 i 比因素 j	同样重要	稍微重要	明显重要	强烈重要	极端重要
K=2，4，6，8，表示相对重要性处于上述各种情况之间时使用					

表 11　生态环境影响指标

内容	D4-1	D4-2	D4-3	D4-4	D4-5	D4-6	D4-7	D4-8	D4-9	D4-10	D4-11
D4-1 体育用品及相关产品制造	1										
D4-2 体育场馆服务		1									
D4-3 体育教育与培训			1								
D4-4 体育健身休闲活动				1							
D4-5 体育场地设施建设					1						
D4-6 体育用品及相关产品销售、贸易代理与出租						1					
D4-7 体育竞赛表演活动							1				
D4-8 体育传媒与信息服务								1			

续表

内容	D4-1	D4-2	D4-3	D4-4	D4-5	D4-6	D4-7	D4-8	D4-9	D4-10	D4-11
D4-9 体育中介服务									1		
D4-10 其他与体育相关服务											
D4-11 体育管理活动											

标度值(K_{ij})	1	3	5	7	9
因素 i 比因素 j	同样重要	稍微重要	明显重要	强烈重要	极端重要
$K=2$，4，6，8，表示相对重要性处于上述各种情况之间时使用					